Informatik-Fachberichte 197

Herausgegeben von W. Brauer
im Auftrag der Gesellschaft für Informatik (GI)

M. Leszak H. Eggert

Petri-Netz-Methoden und -Werkzeuge

Hilfsmittel zur Entwurfsspezifikation und -validation von Rechensystemen

Springer-Verlag
Berlin Heidelberg New York
London Paris Tokyo

Autoren

M. Leszak
Philips Kommunikations Industrie AG
Thurn-und-Taxis-Straße 14, D–8500 Nürnberg 10

H. Eggert
Kernforschungszentrum Karlsruhe GmbH
Institut für Datenverarbeitung in der Technik (IDT)
Postfach 3640, D–7500 Karlsruhe 1

CR Subject Classification (1987): D.2.1, D.2.4

ISBN-13:978-3-540-50642-3   e-ISBN-13:978-3-642-74363-4
DOI: 10.1007/978-3-642-74363-4

CIP-Titelaufnahme der Deutschen Bibliothek.
Leszak, Marek:
Petri-Netz-Methoden und -Werkzeuge: Hilfsmittel zur Entwurfsspezifikation u. -validation
von Rechensystemen / M. Leszak ; H. Eggert. – Berlin; Heidelberg; New York; London;
Paris; Tokyo: Springer, 1988
   (Informatik-Fachberichte; 197)
   ISBN-13:978-3-540-50642-3

NE: Eggert, Horst:; GT

2145/3140 – 543210 – Gedruckt auf säurefreiem Papier

VORWORT

Dieser Bericht faßt die Ergebnisse des Vorhabens "Petri-Netz-Methoden und -Werkzeuge für eine Software-Produktions-Umgebung (SPU)" im Zeitraum 1986-87 zusammen. Dieses Vorhaben wurde Anfang 1986 am Institut für Datenverarbeitung in der Technik (IDT, Leiter: Prof. Dr. H. Trauboth) im Kernforschungszentrum Karlsruhe begonnen.

In der Abteilung "Zuverlässige Software" des Instituts werden u.a. Probleme im Rahmen von Genehmigungsfragen für Softwaresysteme in sicherheitsrelevanten Bereichen (z.B. rechnergestützte Schutzsysteme in Kernkraftwerken) bearbeitet. Neben "analytischen Maßnahmen der Softwarequalitätssicherung" (z.B. Testen), werden verstärkt auch die "konstruktiven Maßnahmen der Softwarequalitätssicherung" (hier insbesondere formale Spezifikationsmethoden) weiterentwickelt und in Anwendungen erprobt.

Zu Beginn der Aktivitäten in bezug auf formale Spezifikationsmethoden sollte neben algebraischen Spezifikationsmethoden und dazugehörigen Werkzeugen eine Klassifikation und Bewertung der Merkmale von existierenden Petri-Netz-Werkzeugen erarbeitet werden, die sich zur Spezifikation, Dokumentation und Validation von Software-Entwürfen eignen. Als Merkmale waren sowohl Benutzer-Schnittstellen zur Netzkonstruktion als auch Analysemethoden auf Petri-Netzen zu betrachten. Die Bewertung dient als Entscheidungsgrundlage zur Auswahl geeigneter Software-Werkzeuge, die dann in die zukünftige Software-Produktionsumgebung unter UNIX integriert werden können.

Einschränkend sollten diejenigen Werkzeuge betrachtet werden, die eine Klasse "höherer" Petri-Netze unterstützen (um Zeitverhalten und/oder individuelle Marken erweiterte Stellen-Transitions-Netze), da nur diese zur Spezifikation komplexer Hardware/Software-Systeme praktisch geeignet sind.

Diese Arbeit konnte inzwischen abgeschlossen werden und ist neben der Beschreibung eines eigenen Petri-Netz-Werkzeuges in diesem Bericht dokumentiert.

Die angefangenen zukunftsweisenden Aktivitäten im Bereich Software-Engineering und -Qualitätssicherung und der Ansatz, auf Petri-Netzen basierende Software-Werkzeuge in der DV-Praxis einzusetzen, sollen in Zukunft im IDT kontinuierlich fortgesetzt und weiterentwickelt werden.

Allen Beteiligten ist bewußt, daß es sich hierbei um eine langfristige Arbeit handelt, da aufgrund der hohen Komplexität sowie der noch nicht annähernd ausgereiften Werkzeuge sehr große Probleme bei der Modellierung von Software-Systemen auftreten.

Diese Probleme dürfen uns jedoch nicht abhalten, die begonnene Arbeit fortzusetzen, da Softwaresysteme in sicherheitsrelevanten Anlagen möglichst einem Korrektheitsnachweis im Rahmen einer wohldefinierten Zuverlässigkeit genügen sollten und "formale Spezifikationsverfahren" einen notwendigen (leider noch nicht hinreichenden) Beitrag dazu leisten können.

Herrn Prof. Trauboth sei an dieser Stelle dafür gedankt, daß er vertrauensvoll diese mit hohem Erfolgsrisiko behaftete institutseigene Forschungsarbeit unterstützt.

Weiterhin möchten wir Herrn H.-J. Schwarz (ehemaliger Mitarbeiter des IDT) für seine wertvolle Mitarbeit beim Entwurf der auf dem Erreichbarkeitsgraphen basierenden Analyseverfahren sowie für die von ihm durchgeführte textuelle Erstellung der PROVER-Syntaxdiagramme danken.

Für die äußerst mühsame textuelle Erstellung der meisten sonstigen Bilder sei Herrn C. Düpmeier vom IDT gedankt.

Bei der Abfassung der formalen Definitionen und Sätze im Anhang dieses Berichts haben die Herren C. Düpmeier und W. Süß vom IDT und Herr Dr. W. Korczynski von der Universität Warschau durch kritische Diskussionen und zahlreiche Anregungen beigetragen, denen wir hierfür ebenfalls danken.

Die in diesem Bericht vorliegende Dokumentation wäre in dieser Form ohne geeignete Rechnerunterstützung nicht möglich gewesen. Hierzu wurden die unter UNIX† verfügbaren, auf *troff* basierenden Werkzeuge [KELE82] zur Text- und Graphik-Verarbeitung, insbesondere Formel-, Tabellen- Bild- und Literaturlisten-Erstellung, extensiv eingesetzt.

Karlsruhe, im Oktober 1988   H. Eggert

---

† UNIX ist ein Markenzeichen der AT&T Bell Laboratorien.

ZUSAMMENFASSUNG

Petri-Netze und damit verwandte Systemmodelle sind zur Spezifikation, formalen Untersuchung und zur Simulation von Software in verschiedenen Phasen der Entwicklung komplexer Rechensysteme geeignet. In diesem Bericht wurden 22 existierende Software-Werkzeuge (ohne Anspruch auf Vollständigkeit) klassifiziert und bewertet, die jeweils eine Teilmenge der denkbaren Untersuchungsmethoden unterstützen, bzw. einen graphischen Editor zur Netzkonstruktion aufweisen. Klassifikation und Bewertung der Merkmale erfolgten mittels eines speziellen Beschreibungskatalogs. Dabei wird erstmals versucht, die wichtigsten Klassen von Petri-Netzen zu bestimmen.

Als Ergebnis vorliegender Untersuchung zeigte sich, daß kein bisher realisiertes Werkzeug alle geforderten Merkmale aufweist, sodaß eine Kooperation unterschiedlicher Werkzeuge empfohlen wird.

Im einzelnen werden folgende Werkzeuge am besten bewertet: ISAC/Graph oder NETLAB zur graphischen Netzkonstruktion, PETSI oder SERPE zur Netzinvarianten-Analyse, PRENA oder PROSIT zur Erreichbarkeits-Analyse, GreatSPN zur Leistungs-Verifikation durch Markovketten-Analyse. (Eine eindeutige Bevorzugung eines Werkzeugs für die jeweilige Analysemethode war aus dem verfügbaren Informationsmaterial und ohne praktische Erprobung nicht möglich.)

Zur stochastischen Simulation und zur Programm-Generation (zur Unterstützung des Rapid Prototyping) kommt keines der betrachteten Petri-Netz-Werkzeuge zum Einsatz in der SPU in Betracht.

Der zweite Teil des Berichts beschreibt informell (an Hand eines Beispiels) und formal (Definition der verwendeten Netzklasse und aller darauf realisierten Analyseverfahren) das am IDT verwendete Petri-Netz-Werkzeug **PROVER** (Predicate/Transition net oriented Verification system). Nach den Erkenntnissen aus der Werkzeug-Untersuchung wurde ein auf Prädikat/Transitions-Netzen (PRT-Netzen) basierendes Werkzeug beschafft, das die Netzspezifikation und Erreichbarkeits-Analyse unterstützt und unter UNIX in die SPU integriert werden konnte. Dieses Werkzeug wurde funktional und bezüglich dem Benutzer-Komfort wesentlich verbessert und erweitert. Ein weiterer Ausbau, speziell in Richtung auf zusätzliche Analysemethoden, ist vorgesehen. Die nun vorliegende Version geht bezüglich den realisierten Analyseverfahren (Lebendigkeits- und Fairness-Eigenschaften) über die meisten der untersuchten Petri-Netz-Werkzeuge hinaus.

Indexterme:
Petri-Netze, Prädikat/Transitions-Netze, Software-Entwurf, Software-Werkzeuge, Entwurfs-Spezifikation, Entwurfs-Validation, Leistungsvorhersage, Erreichbarkeits-Analyse, Lebendigkeits-Eigenschaften, Fairness-Eigenschaften, System-Verklemmung.

Klassifikation nach ACM Computer Reviews:
D.2.1 (Spezifikations-Sprachen und -Werkzeuge), D.2.4 (Entwurfs-Validation)

INHALTSVERZEICHNIS

1 EINLEITUNG 1

2 EINE KLASSIFIKATION VON PETRI-NETZ-KLASSEN 5

   2.1 Grobklassifikation 6

   2.2 Feinklassifikation 6
      2.2.1 Stellen-Parameter 7
      2.2.2 Transitions-Parameter 7
      2.2.3 Kanten-Parameter 10
      2.2.4 Markenidentifikations- und Markenstruktur-Parameter 12
      2.2.5 Stochastische Parameter 18

   2.3 Zusammenfassung 21

   2.4 Klassifikation gängiger Netzklassen 22

3 EINE KLASSIFIKATION VON SPEZIFIKATIONS- UND ANALYSEMETHO-
DEN FÜR PETRI-NETZE 24

   3.1 Spezifikations-Schnittstelle 24
      3.1.1 Netzeditor 24
      3.1.2 Konstruktions-Unterstützung für große Netze 26
      3.1.3 Operationen auf Subnetzen 27
      3.1.4 Speicherung von und Zugriff auf Netze 27

   3.2 Invarianten-Analyse 28

   3.3 Erreichbarkeits-Analyse 29
      3.3.1 Konstruktion des Erreichbarkeits-Graphen 29
      3.3.2 Dynamische funktionelle Validation durch Erreichbarkeits-
           Analyse 32
      3.3.3 Quantitative Validation auf Erreichbarkeits-Graphen durch
           Markovketten-Analyse 33

   3.4 Diskrete Simulation 34

   3.5 Programm- und Netz-Generation 37

   3.6 Netz-Reduktion 38

4 KLASSIFIKATION UND BEWERTUNG EXISTIERENDER PETRI-NETZ-WERKZEUGE 39

   4.1 Beschreibungs-Katalog für Petri-Netz-Werkzeuge 39

   4.2 Klassifikation und Bewertung existierender Werkzeuge auf höheren Petri-Netzen 43

   4.3 Zusammenfassung 65

5 AUSWAHL GEEIGNETER PETRI-NETZ-WERKZEUGE 66

   5.1 Werkzeuge zur graphischen Netzkonstruktion 66

   5.2 Werkzeuge zur strukturellen funktionellen Validation durch Invarianten-Analyse 67

   5.3 Werkzeuge zur dynamischen funktionellen Validation durch Erreichbarkeits-Analyse 68

   5.4 Werkzeuge zur quantitativen Validation durch Markovketten-Analyse 69

   5.5 Werkzeuge zur quantitativen Validation durch Simulation 70

   5.6 Werkzeuge zur Programm-Generation und zur Netzreduktion 71

   5.7 Zusammenfassung 72

6 FUNKTIONALITÄT UND BENUTZEROBERFLÄCHE DES PETRI-NETZ-WERKZEUGES 'PROVER' 73

   6.1 Überblick über das Petri-Netz-Werkzeug 'PROVER' 73

   6.2 Modellbeschreibung eines Multi-tasking Monitors 75
      6.2.1 Informelle Beschreibung 76
      6.2.2 PDL-Spezifikation 79

   6.3 Ergebnisse der Erreichbarkeitsanalyse 85
      6.3.1 Stellen- und Variablen-Information 88
      6.3.2 Dynamisches Verhalten von Transitionen 90
      6.3.3 Starke Zusammenhangs-Komponenten 93
      6.3.4 Anfragen zur Selektion von Markierungs-Teilmengen 100
      6.3.5 Fehler-Erkennung: Kapazitäts-Überlauf 102
      6.3.6 Fehler-Erkennung: tote Stellen und Transitionen 104
      6.3.7 Fehler-Erkennung: Deadlocks bzw. Endzustände 104

6.3.8   Fehler-Erkennung: Livelocks 108
6.3.9   Reproduzierbare Markierungen 115
6.3.10 Homezustände 119
6.3.11 Gemeinsame Folgezustände 120
6.3.12 Konflikte zwischen Transitionen 121

6.4   Ergebnisse der S-Invarianten-Analyse 128

7   AUSBLICK 130

7.1   Fortgeschrittene Spezifikationssprachen für höhere Netze 130
7.1.1   Erweiterung der PDL um höhere funktionale Konstrukte 130
7.1.2   Hierarchische Netzspezifikation 131

7.2   Fortgeschrittene Analysemethoden auf höheren Netzen 132
7.2.1   Neue Konstruktionsverfahren für Erreichbarkeitsgraphen 132
7.2.2   Analyse von Synchronie- und Fairness-Eigenschaften 133
7.2.3   Analyse toter dynamischer Netzteile (gefrorene Marken) 134
7.2.4   Programm- und Netz-Generierung 134

7.3   Fortgeschrittene integrierte Petri-Netz-Werkzeuge 135
8   ANHANG A: PROVER-ONLINE-DOKUMENTATION 137
8.1   PROVER-Kommandos 137
8.2   PDL-Compiler 'PDLC' 138
8.3   Erreichbarkeitsgraph-Generator 'RGG' 140
8.4   Erreichbarkeitsgraph-Anfragesystem 'RGI' 142
9   ANHANG   B: SYNTAX   UND   SEMANTIK   DER   SPEZIFIKA-
TIONSSPRACHE 'PDL' (PREDICATE/TRANSITION NET DESCRIPTION
LANGUAGE) 148
9.1   In PROVER realisierte PDL 148
9.2   Entwurf einer erweiterten PDL 164
10 ANHANG   C: DEFINITION   UND   EIGENSCHAFTEN   DER
PRÄDIKAT/TRANSITIONS-NETZE 171
10.1 Prädikatenlogische und mengentheoretische Grundlagen 173
10.2 Prädikat/Transitions-Netz 182
10.3 Erreichbarkeits-Graph 194
10.4 Konflikte und Kontakte 197
10.5 Starke Zusammenhangs-Komponenten 200
10.6 Lebendigkeits-Eigenschaften 203
10.7 Fairness-Eigenschaften 214
10.8 Gefrorene Marken 219
10.9 Abbildungen der Beispiele 223

ANHANG D   GLOSSAR 231

LITERATURVERZEICHNIS 248

ABBILDUNGEN UND TABELLEN

Tab. 1–1 :   Petri-Netz-Werkzeuge 4
Abb. 2.2.2–1 :   Transitions- und Kanten-Parameter: Anwendungsbeispiele 9
Abb. 2.2.4–1 :   Petri-Netz mit strukturierten Marken: Anwendungsbeispiel 13
Abb. 2.2.4–2 :   Petri-Netz mit FIFO-Stellenzugriff: Anwendungsbeispiel 15
Abb. 2.2.4–3 :   Partielle Schaltregel: Anwendungsbeispiel 17
Tab. 2.4–1 :   Klassifikation der Petri-Netze 22
Abb. 3.1.1–1 :   Integration eines Petri-Netz-Werkzeuges in eine Software-Produktionsumgebung 25
Abb. 3.3.1–1 :   Analysemethoden auf dem Erreichbarkeits-Graphen 30
Tab. 4.3–1 :   Klassifikation und Bewertung von Petri-Netz-Werkzeugen 65
Tab. 5.1–1 :   Werkzeuge zur graphischen Netzkonstruktion 66
Tab. 5.3–1 :   Werkzeuge zur Erreichbarkeits-Analyse 68
Tab. 5.4–1 :   Werkzeuge zur Markovketten-Analyse 70
Abb. 6.1–1 :   Interne Struktur des Petri-Netz-Werkzeuges **PROVER** 74
Abb. 6.2–1 :   PRT-Modell eines Multi-tasking Monitors 76
Abb. 9.2–1 :   Anwendungsbeispiele der vordefinierten Funktionen *min, max, first, last* 167
Abb. 10.9–1 :   Äquivalente Darstellungsarten von Kanten- und Transitions-Inschriften eines Prädikat/Transitions-Netzes 223
Abb. 10.9–2 :   Ein Prädikat/Transitions-Netz und dessen Erreichbarkeits-Graph 224
Abb. 10.9–3 :   Ein inkonsistentes Prädikat/Transitions-Netz 225
Abb. 10.9–4 :   Ein stark nebenläufiges Prädikat/Transitions-Netz 225
Abb. 10.9–5 :   Ein Prädikat/Transitions-Netz. $\oplus$ ist die modulo-2-Addition 226
Abb. 10.9–6 :   Ein Stellen/Transitions-Netz 227
Abb. 10.9–7 :   Ein nicht verklemmungsfreies Stellen/Transitions-Netz 228
Abb. 10.9–8 :   Ein konflikt-behaftetes, lebendiges, schwach faires Prädikat/Transitions-Netz. 229
Abb. 10.9–9 :   Ein Prädikat/Transitions-Netz mit einer gefrorenen Marke 230
Abb. 10.9–10 :   Beispiel zur Äquivalenz von Substitutionen 230

1   EINLEITUNG

Petri-Netze und damit verwandte formale Beschreibungsmethoden für nebenläufige, zustandsdiskrete (Rechner-)Systeme bilden einen neueren, sehr vielversprechenden Ansatz zur Entwurfs-Spezifikation und -Validation von komplexen Hardware/Software-Systemen.

Eine *Spezifikation* wird als eine symbolische Beschreibung eines Objekts (hier: des externen Verhaltens und der internen Struktur eines intendierten Systems) in einer gegebenen Beschreibungssprache definiert. Eine Spezifikation ist *formal*, wenn die Beschreibungssprache eine eindeutige, mathematische Grundlage aufweist. D.h., es gibt strikte Regeln sowohl für die Konstruktion von Ausdrücken in dieser Sprache ('Syntax'), als auch für die Interpretation solcher Ausdrücke ('Semantik').

Die Erstellung einer *Entwurfs-Spezifikation* besteht aus einer Folge von Arbeitsschritten, beginnend mit einer informellen Anforderungs-Spezifikation E_0, und endend mit einer formalen, detaillierten Spezifikation E_n des zu entwickelnden Systems. In jedem formalen Schritt ist eine formale Beschreibungssprache zu verwenden.

Eine Entwurfs-Spezifikation sollte *abstrakt* und *ausführbar* sein, d.h. eine gewisse Implementierungs-Unabhängigkeit (und spätere -Wahlfreiheit) aufweisen, aber trotzdem den partiellen Test der intendierten Funktionalität des Systems gestatten. Der Begriff der ausführbaren Spezifikation ist dem Begriff *Prototyp* verwandt.

Eine *Validation* einer Entwurfs-Spezifikation E_i ist der Nachweis der funktionalen und quantitativen (d.h. zeitlichen) Korrektheit der Spezifikation E_i gegenüber E_{i-1}.

Das Interesse an der Allgemeinen Netztheorie ist den letzten Jahren stark gewachsen, was zu einer Konsolidierung dieser Theorie und zu einer stetig wachsenden Anzahl von Software-Werkzeugen führte, die die Spezifikation von Netzmodellen und die Untersuchung von Systemeigenschaften auf der Basis dieser Modelle unterstützen. Trotzdem steht die Entwicklung von Analysemethoden und -Algorithmen und deren Realisierung in Werkzeugen noch am Anfang. Daher ist das Ziel, Petri-Netz-Werkzeuge zur Entwurfsunterstützung in frühen Phasen der Systementwicklung mit anderen Werkzeugen zur SW-Produktion zu integrieren, bisher noch nicht erreicht worden. Dieser Bericht soll einen ersten Schritt zur Werkzeug-Integration aufzeigen.

Petri-Netze erscheinen besonders als Software-Entwurfssprachen geeignet, wenn man die wesentlichen Anforderungen an solche Sprachen betrachtet:

(1)   Formalität und Verständlichkeit
Die Sprache soll ein formales, konsistentes, eindeutiges, klar verständliches Basiskonzept aufweisen. Verständlichkeit wird z.B. durch deskriptive und vor allem graphische Beschreibungen erreicht.

(2)   Anwendungsbreite
Die Sprache soll zur Beschreibung möglichst aller Komponenten eines Rechensystems auf unterschiedlichen *Abstraktionsniveaus* geeignet sein (Hardware und Software, Kontrollfluß und Datenfluß, Realzeitsysteme mit nebenläufigen Tasks und komplexen Taskverwaltungs-Strategien im Betriebssystem-Kern, Verteilte Systeme mit hoher Nebenläufigkeit bzw. indeterministischem Verhalten und komplexen Kommunikationsprotokollen auf mehreren Systemschichten, Informations- und Datenverwaltungssysteme mit komplexer Datenhaltung, fehlertolerierende Systeme mit wohldefiniertem Verhalten im Normalfall als auch in Ausfallsituationen).

(3)   Kompaktheit
Beschreibungen mit der Sprache sollen kompakt sein, d.h. daß die Sprache eine kleine Menge 'höherer', abstrakter Sprachkonstrukte anbieten muß. Die Modellgröße soll möglichst nur linear mit der Komplexität des zu modellierenden Systems ansteigen; 'fußballfeld-große' Modelle sind zu vermeiden.

(4)   Analysierbarkeit
Eine Spezifikation mit dieser Sprache soll möglichst vielfältige, rechnergestützt durchführbare Untersuchungsmöglichkeiten bieten, insbesondere:

- Ermittlung kausaler Systemeigenschaften, die zur funktionalen Korrektheit des Systems beitragen, wie z.B. Erreichbarkeit gewünschter Zustände, Lebendigkeit, Deadlock-Freiheit, Fairness, Nebenläufigkeits-Grad, wechselseitiger Ausschluß, Invarianz bestimmter Zustandsmengen.

- Ermittlung des voraussichtlichen zeitlichen Verhaltens (sowohl stationäres als auch transientes Verhalten). Das betrifft sowohl Aspekte der Systemleistung (performance) als auch der -zuverlässigkeit (dependability).

Die Reihenfolge ist hierbei strikt einzuhalten: Die Validation der Kausalstruktur liefert *zeitinvariante* Aussagen. Erst nach erfolreicher Validation können stochastische und zeitliche Attribute in die Modellspezifikation integriert werden, da diese prinzipiell zu unterschiedlichem, da eingeschränkten kausalen Systemverhalten führen können.

(5)   Ausführbare Spezifikationen
Eine Systembeschreibung mit dieser Sprache soll eine möglichst automatische Umsetzung der Spezifikation in eine funktionsfähige (Teil-)Implementierung des Zielsystems erlauben. Damit wird *evolutionäres Prototyping* durch Programmgenerierung möglich, um die Qualität einer Systemimplementierung wesentlich zu verbessern.

Petri-Netzsprachen, speziell solche mit Erweiterungen in Richtung auf individuelle Marken und Zeitverhalten, erfüllen die genannten Anforderungen besonders gut:

(1)   Die *formale Basis* ist fest in der Allgemeinen Netztheorie begründet, zumindest was Petri-Netze ohne Zeit als Grundkonzept betrifft. Es existiert eine Beschreibungsform, die graphische mit deskriptiven Sprachelementen vereint. Letztere erscheinen als Inschriften von graphisch repräsentierten Netzelementen.

(2)   Da mit einigen sinnvollen Erweiterungen der Petri-Netze bereits die Spezifikations-Mächtigkeit von Turingmaschinen erreicht wird, ist die Anwendungsbreite auf Systeme mit endlichem Zustandsraum beschränkt. Insbesondere läßt sich ein System sowohl in seiner statischen Struktur als auch im dynamischen Verhalten beschreiben, im Gegensatz zu vielen anderen Spezifikationsansätzen. Besonders geeignet sind Petri-Netze zur Beschreibung nebenläufiger Prozesse, sowie für komplexe Mehrschichten-Systeme: Durch Verfeinerungen können verschiedene Subsysteme auf unterschiedlichem Detaillierungsgrad mit demselben Beschreibungsmittel spezifiziert werden.

(3)   Die Kompaktheit einer Netzspezifikation ist durch die in neuerer Zeit vorgeschlagene Einführung erweiterter Petri-Netze (z.B. in Richtung auf individuelle, strukturierte Marken und deren flexible Manipulation im Netz) gewährleistet, ohne deren Analysierbarkeit einzubüßen.

(4)   Zur Analyse prädikativer Eigenschaften stehen auch für viele erweiterte Petri-Netze mächtige Methoden zur Verfügung, die sich auf Erreichbarkeitsanalyse ('dynamische Netzanalyse') sowie auf den Netzinvarianten-Kalkül ('strukturelle Netzanalyse') stützen.

Keine sonstige Methode bietet so vielfältige Möglichkeiten der Verifikation nebenläufiger Systeme.

Zur Analyse des zeitlichen Verhaltens ist stochastische Simulation -wie bei allen zustandsorientierten Spezifikationssprachen- anwendbar, nachdem ein Netz um stochastische Attribute erweitert wurde.

Als komplementärer oder sogar ergänzender Ansatz kämen auch Methoden auf der Basis Abstrakte Datentypen (ADT) in Frage, da damit sicherlich ein Teil der gestellten Anforderungen ebenfalls erfüllbar wären. Ob allerdings auch Nebenläufigkeits- und Zeit-Aspekte zufriedenstellend behandelbar sind, bliebe einer weiteren Untersuchung vorbehalten, die den Rahmen dieses Berichts sprengen würde. Insbesondere erscheint eine Integration von Petri-Netz- und ADT-Konzepten vielversprechend zu sein, wie sie im Verbundprojekt GRASPIN [KRA85a,b] angestrebt wird.

Dieser Bericht ist wie folgt strukturiert: Im ersten Teil des Berichts (Kapitel 2 bis 5) werden Petri-Netz-Klassen, -Analysemethoden und rechnergestützte -Werkzeuge klassifiziert. Im zweiten Teil des Berichts (Kapitel 6) wird das am IDT verwendete Petri-Netz-Werkzeug **PROVER** (Predicate/Transition net oriented **Ver**ification system) auf Prädikat/Transitions-Netzen vorgestellt. Dazu wird ein einfaches Beispiel in PROVER's Netzsprache spezifiziert. Anschließend werden alle Analysemöglichkeiten des Werkzeugs speziell durch eine Erreichbarkeits-Analyse des Beispielnetzes demonstriert. Alle formalen Grundlagen zu PROVER's Netzsprache und die realisierten Analyseverfahren, zusammen mit einer Dokumentation der Benutzer-Schnittstelle, sind im Anhang zusammengefaßt.

In den Kapiteln 4 und 5 werden 22 existierende Petri-Netz-Werkzeuge (PW), die um Zeitverhalten und/oder individuelle Marken erweiterte Stellen/Transitions-Netze (place/transition nets, PTN) unterstützen, klassifiziert und bewertet. Dazu wird ein spezieller Beschreibungs-Katalog verwendet. Die dabei betrachteten Haupt-Merkmale sind: realisierte Netzklasse (s. Klassifikation in Kap. 2), sowie folgende Merkmale der Benutzeroberfläche und der realisierten Analyseverfahren (s. Kap. 3): Spezifikations-Schnittstelle (SPEC), Invarianten-Analyse (INV), Erreichbarkeits-Analyse (REACH), Leistungs-Verifikation durch Markovketten-Analyse (MKV), Simulation (SIM), Programm-und Netz-Generation (GEN), Netzreduktion (RED).

Folgende Werkzeuge wurden klassifiziert und bewertet:

Untersuchte Petri-Netz-Werkzeuge		
Werkzeug	Netzklasse	Haupt-Merkmale
AISPE	Stochastisches PRT-Netz (PRTSPN)	SPEC SIM GEN
DAIMI	"Neues" coloured Petri Net (NCPN)	INV REACH
DEMON	DEMON-Netz (DN)	SPEC SIM
ESP	Phasentyp-Stochast. Petri-Netz (PHSPN)	REACH MKV
FUN-GNED	Funktionsnetz (FN)	SPEC INV SIM GEN
GALILEO	GALILEO-Netz (GN)	SPEC INV REACH SIM RED
GreatSPN	Generalisiertes Stoch. Petri-Netz (GSPN)	SPEC INV REACH MKV SIM
GTPN	Generalisiertes Stoch. Petri-Netz (GSPN)	REACH MKV
ISAC/GRAPH	Channel-Agency-Netz (CAN)	SPEC
NET	Stochastisches PRT-Netz (PRTSPN)	SPEC SIM
NETLAB	Präd./Trans.-Netz (PRTN)	SPEC SIM
PESYS	Modifiziertes PRT-Netz (MPRTN)	SPEC INV SIM
PETRIPOTE	Präd./Trans.-Netz (PRTN)	SPEC SIM
PETSI	Präd./Trans.-Netz (PRTN)	INV
P-NUT	Enabling/firing Timed Petri-Netz (EFTPN)	REACH
PRENA	Dynamisches PRT-Netz (DYPRTN)	REACH
PROSIT	Produkt-Netz (PRODN)	SPEC REACH
PROTEAN	Numerisches Petri-Netz (NPN)	SPEC REACH
PRT-PROLOG	Präd./Trans.-Netz (PRTN)	REACH
RAFAEL	FIFO-Netz (FIFN)	INV REACH GEN
RDPS	Generalisiertes Stoch. Petri-Netz (GSPN)	INV REACH MKV
SERPE	Präd./Trans-Netz (PRTN)	INV REACH

Tab. 1–1 : Petri-Netz-Werkzeuge

2 EINE KLASSIFIKATION VON PETRI-NETZ-KLASSEN

Die im vergangenen Jahrzehnt entwickelten Stellen/Transitions-Netze (place/transition nets, PTN [BEFE86]) haben sich für den praktischen Einsatz in Software-Entwicklungs-Projekten aus mehreren Gründen als unzureichend erwiesen. Die Spezifikation relativ einfacher Entwürfe resultierte in sehr großen PT-Netzen. Deren Zustandsraum (Erreichbarkeits-Menge) wächst i.d.R. exponentiell, wenn ein PT-Netz bereits um einige Elemente erweitert wird. Eine Ursache dafür ist, daß sich komplexe Datenobjekte mit Operationen darauf nicht mit adäquatem Abstraktionsgrad in einem PT-Netz repräsentieren lassen. Darüber hinaus läßt sich das Zeitverhalten eines Systems mit PT-Netzen überhaupt nicht modellieren, sodaß aus einer solchen Netzspezifikation keine Vorhersage des Leistungsverhaltens möglich ist.

Daher wurden in den letzten Jahren viele Erweiterungen des PTN-Ansatzes definiert und untersucht. Zwei Entwicklungslinien werden dabei verfolgt, die beide zu höheren Petrinetzen führen. Die erste Linie reichert PT-Netze mit einer *Objektstruktur* an, die in individuellen Marken repräsentiert und von Netztransitionen verändert werden kann. Typischer Vertreter sind hier die Prädikat/Transitions-Netze (PRTN, [GELA81]). Die zweite Linie reichert PT-Netze um *stochastische Parameter* wie z.B. Transitions-Zeitverbrauch an, wie etwa in den Verallgemeinerten Stochastischen Petri-Netzen (GSPN, s. [MCB84], [MBC87b]). Es wurden auch Netze definiert, die sowohl Objektstruktur als auch stochastische Parameter zu spezifizieren gestatten, z.B. die DEMON-Netze (DN, s. [LES86a]).

Bei beiden Entwicklungslinien wurden bisher über 50 unterschiedliche Petri-Netzklassen definiert. Jede Klasse weist eigene Merkmale (in diesem Bericht "Parameter" genannt) auf. Die Parameter einer Netzklasse sind als konzeptionelle Erweiterungen des PT-Netzansatzes zu verstehen, um für den Anwender die Modellierungs-Mächtigkeit zu erhöhen. Die wichtigsten Konzepte der Netztheorie wie Markierung, Schaltregel, Konflikt sind in jeder Klasse unterschiedlich definiert.

Während wir Netzklassen als *Erweiterungen* des Basiskonzepts der PT-Netze betrachten, lassen sich zu jeder dieser Klasse Unterklassen definieren, die *Einschränkungen* der Netzstatik (d.h. -Topologie) oder der Netzdynamik darstellen. Beispiele sind konfliktfreie Netze ("Synchronisationsgraphen"), konfusionsfreie Netze ("Free-Choice-Netze"), zusammenhängende Netze, lebendige Netze, und sichere Netze. Eine solche Klassifikation ist komplementär zu unserer, wird aber nicht weiter betrachtet: Topologische Einschränkungen schränken die spezifizierbare Klasse von Systemen sehr stark ein und sind daher nur für theoretische Untersuchungen interessant.

Das folgende *Klassifikationsschema* für Netzklassen ist durch Erarbeitung gemeinsamer bzw. unterschiedlicher Netz-Parameter der aus der Literatur bekannten Ansätze enstanden. Dieses Schema ist eine revidierte Version der in [LES86c] erarbeiteten. Dort wurde für die meisten der nachfolgend aufgeführten Parameter eine formale Definition deren Semantik durch verhaltensäquivalente PRT-Teilnetze erarbeitet.

Unser Klassifikationsschema enthält informelle Beschreibungen von Netzklassen. Eine formale Definition der wichtigen Klasse der Prädikat/Transitions-Netze befindet sich im Anhang C. Bezüglich formalen Definitionen anderer Netzklassen wird auf einschlägige Literatur verwiesen.

Andere Versuche, höhere Petri-Netze (ohne Zeitattribute) zu klassifizieren, finden sich in [DIAZ82], [GRHE86], [RIMA82].

2.1   Grobklassifikation

Eine erste grobe Klassifikation liefert eine Partitionierung aller Netze in 4 Oberklassen:

(0)   Netze ohne individuelle Marken, ohne definiertes Zeitverhalten (z.B. PTN)

(1)   Netze mit individuellen Marken, ohne definiertes Zeitverhalten (z.B. PRTN)

(2)   Netze ohne individuelle Marken, mit definiertem Zeitverhalten (z.B. GSPN)

(3)   Netze mit individuellen Marken, mit definiertem Zeitverhalten (z.B. DN)

Es folgt nun eine Detaillierung in Unterklassen.

2.2   Feinklassifikation

Im folgenden werden Erweiterungen als zusätzliche Parameter unterschiedlicher PT-Netzelemente vorgeschlagen (Stellen, Transitionen, Kanten, Marken). Neben diesen logischen Erweiterungen werden stochastische Erweiterungen definiert.
   Diese Arten von Parametern sind auf folgende, oben definierte Netz-Oberklassen anwendbar:

PTN-Erweiterung	anwendbar auf Netz-Oberklasse			
	0	1	2	3
Stellen-Parameter	x	x	x	x
Transitions-Parameter	x	x	x	x
Kanten-Parameter	x	x	x	x
Marken-Parameter		x		x
Stochastische Parameter			x	x

Die Beschreibung der relevanten Parameter in den nächsten Abschnitten orientiert sich an folgendem *Darstellungsschema*:

PAR   Parameter-Name und -Ausprägungen, d.h. dessen unterschiedliche Werte und deren Bedeutung

DEF   (verbale) Definition des Parameters mit seinen Ausprägungen

CONSTR   Randbedingungen zur Benutzung des Parameters

TRAFO   Abbildbarkeit eines Netzes mit diesem Parameter in ein endliches (PT-)Netz ohne diesen Parameter. Damit kann die *Semantik* eines "höheren" Konstrukts durch die Abbildung auf ein Basisnetz aus "niederen" Konstrukten verdeutlicht werden.

APPLIC   Typische Anwendung des Parameters bei der Netzspezifikation, mit Anwendungsbeispiel

2.2.1   Stellen-Parameter

PAR: PLACE-CAP (place capacity, Kapazität)

0   undefiniert (Stellen mit unbeschränkter Kapazität möglich)

1   beschränkt (alle Stellen haben beschränkte Kapazität)

DEF: Stellen-Kapazität ist eine Abbildung von der Menge aller Stellen auf natürliche Zahlen, bzw. auf "unendlich" im Fall CAP0. Die Kapazität einer Stelle ist die maximale Anzahl von Marken, die in irgendeiner zulässigen Markierung des Netzes vorkommen darf.

   Im Fall CAP1 kann die Netzdynamik von den Kapazitäten beeinflußt werden: Eine *Kontaktsituation* tritt auf, wenn eine Transition prinzipiell schalten könnte, aber lediglich wegen einer durch das Schalten verursachten Kapazitätsüberschreitung einer Output-Stelle der Transition daran gehindert wird.

CONSTR: Obige Definition gilt auch bei Netzen mit individuellen Marken, d.h. es wird stets die *Anzahl* aller Marken auf einer Stelle betrachtet. Bei Marken gleicher Individualität wird die Summe aus der Anzahl der Marken der jeweiligen Multimenge bestimmt.

TRAFO: Ein Netz mit beschränkten Kapazitäten kann stets in ein (wesentlich komplexeres) Netz ohne solche Kapazitäten transformiert werden, aber i.d.R. nicht umgekehrt [REI86a, S. 73].

APPLIC: Bei der Modellierung von Rechensystemen können Stellen als endliche Puffer interpretiert werden.

   Es empfiehlt sich, beschränkte Kapazitäten zu vergeben, da bestimmte Phänomene z.B. des Verhaltens von Kommunikationsprotokollen nicht spezifiziert werden können, wenn man unbeschränkte Kommunikationskanäle annimmt. Dazu gehört z.B. Rückstau-Verhalten ("backpressure") bei der Flußkontrolle.

2.2.2   Transitions-Parameter

PAR: TRANSITION-CONC (transition concurrency degree, Nebenläufigkeits-Grad)

0   undefiniert (Transitionen mit unbeschränktem Grad möglich)

1   sequentiell (Grad = 1 für alle Transitionen)

2   reentrant/constant (beschränkt, Grad > 1 möglich)

3   reentrant/variabel (beschränkt, Grad > 1 möglich, markierungs-abhängig)

DEF: CONC gibt an, wie oft maximal eine Transition nebenläufig "zu sich selbst" schalten darf. Im Fall CONC0 gibt es hierzu keine Beschränkungen. Im Fall CONC1 kann eine Transition erst dann wieder schalten, wenn ihr eigener Schaltvorgang abgeschlossen ist. Im Fall CONC2 bzw. CONC3 wird eine Obergrenze vorgegeben. Diese liegt im Fall CONC2 für jede Transition statisch fest; bei CONC3 kann die Obergrenze dynamisch verändert werden.

CONSTR: Der tatsächlich erreichbare Nebenläufigkeitsgrad einer Transition t wird neben dem Wert des CONC-Parameters von t beschränkt durch die kleinste Kapazität aller t-Input- und t-Outputstellen.

TRAFO: Jedes Netz mit CONC1,2,3 kann auf ein Netz mit CONC0 transformiert werden [LES86a].

APPLIC: CONC dient zur Spezifikation *beschränkter Systemressourcen.* Bei CONC1,2,3 wird die potentielle Nebenläufigkeit des Systementwurfs eingeschränkt. Bei CONC1 bzw. CONC2 wird eine Ressource selbst durch eine Transition repräsentiert; CONC gibt dann an, wie oft diese Ressource vorhanden ist. Bei CONC3 kann der Grad dynamisch gesetzt werden.
 Beispiel 2.2.2-1a zeigt ein Stellen/Transitions-Netz. Der maximale Schaltschritt besteht aus 2-maligem nebenläufigen Schalten der Transition t. Dies wird durch die Kapazität der t-Outputstelle erzwungen.

PAR: TRANSITION-PRIO (transition firing priority, Transitions-Schaltpriorität)

0   undefiniert

1   statisch

2   dynamisch (markierungs-abhängig)

DEF: Sind Schaltprioritäten definiert (d.h. CONC1, CONC2 bzw. CONC3), können in jeder erreichten Markierung des Netzes nur solche Transitionen schalten, die in der Menge aller aktivierbaren Transitionen *maximale Priorität* aufweisen. Die Priorität einer Transition kann im Fall CONC2 dynamisch zugeordnet werden.

TRAFO: Ein Netz mit Prioritäten kann stets auf ein (i.d.R. wesentlich komplexeres) Netz ohne Prioritäten und mit Verbotskanten (s.u.) transformiert werden [PETE81]. Falls alle Stellen beschränkte Kapazität aufweisen, ist auch eine Transformation auf ein Netz ohne Verbotskanten möglich.

APPLIC: PRIO1 bzw. PRIO2 schränkt i.d.R. die Nebenläufigkeiten des Systems ein. Hauptanwendung liegt in der Spezifikation von Multi-Tasking mit statischen und dynamischen Prioritäten, sowie von Schichten-Architekturen bei Kommunikationssystemen.
 In Beispiel 2.2.2-1b kann nur Transition t1 schalten, da t2 geringere Priorität hat.

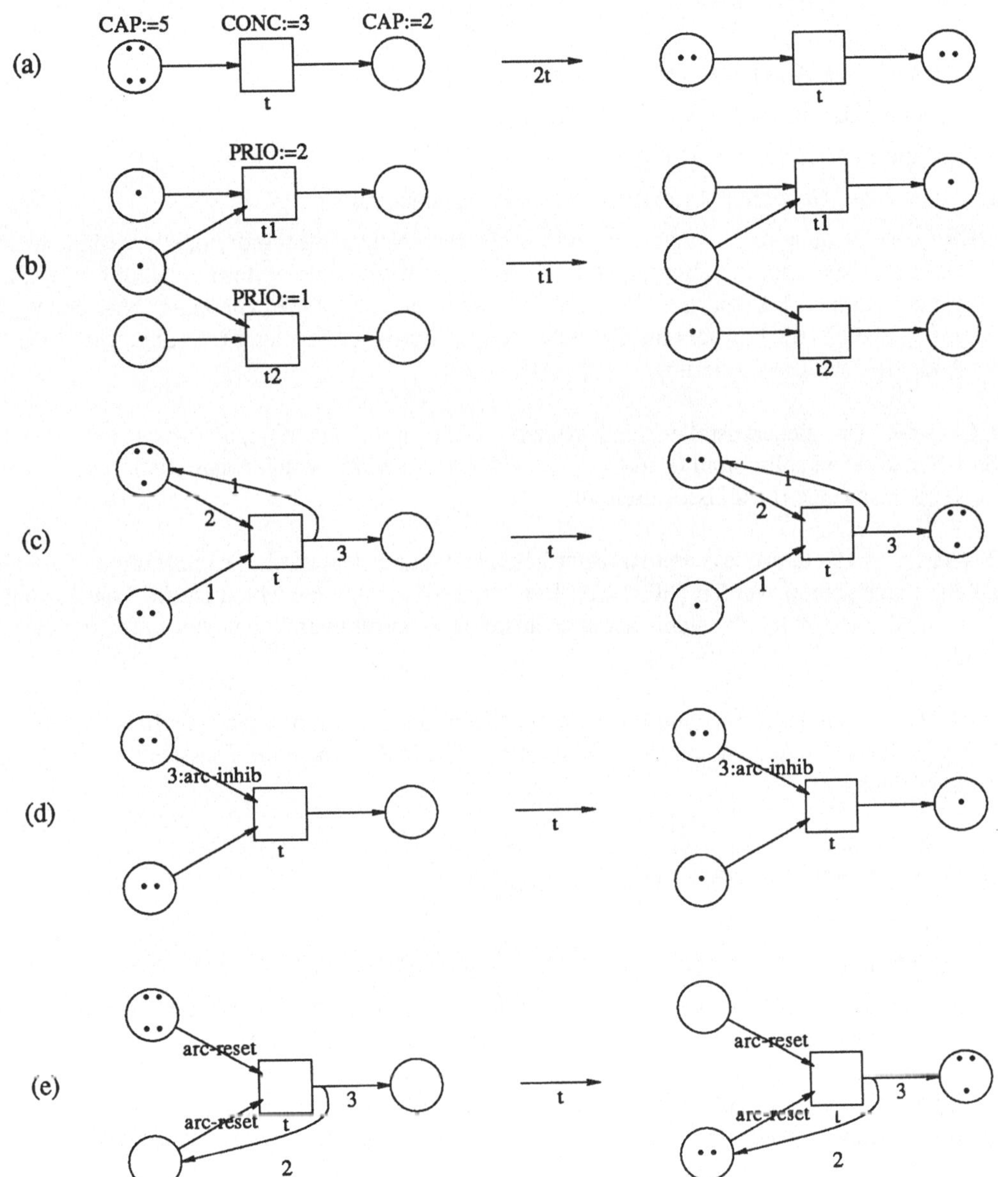

Abb. 2.2.2–1 : Transitions- und Kanten-Parameter: Anwendungsbeispiele

2.2.3   Kanten-Parameter

PAR: ARC-WEIGHT (arc weight, Kanten-Gewicht)

0   undefiniert (Gewicht = 1 für alle Kanten)

1   constant (Gewicht > 1 möglich)

2   variabel (Gewicht > 1 möglich, markierungs-abhängig)

DEF: Ein Kantengewicht legt fest, wie viele (bei Netzen mit individuellen Marken auch welche) Marken beim Schalten einer Transition von einer Stelle entfernt bzw. auf einer Stelle abgelegt werden. Kanten mit Gewicht > 1 werden als *Mehrfachkanten* bezeichnet. Bei Mehrfachkanten mit konstantem Gewicht ist die Anzahl entfernter bzw. abgelegter Marken unabhängig von der Markierung.

CONSTR: Um sicherzustellen, daß prinzipiell alle Input- und Output-Kanten einer Stelle s Schalten können, sollte kein (s,t)- bzw. (t',s)-Kantengewicht (von Transitionen t von s bzw. t' zu s) die Kapazität von s überschreiten.

TRAFO: Ein Netz mit konstanten Mehrfachkanten kann stets in ein (komplexeres) Netz ohne solche transformiert werden [PETE81]. Bei variablen Kantengewichten ist die Transformation prinzipiell auch möglich, wenn auch noch keine konstruktiven Lösungen erarbeitet worden sind.

APPLIC: Kantengewichte sind für die meisten Netzspezifikationen sehr nützlich. Das Beispiel 2.2.2-1c zeigt das dynamische Verhalten eines Stellen/Transitions-Netzes mit Kantengewichten.

PAR: ARC-INHIB (inhibitor arc, Verbotskante)

0   undefiniert

1   definiert

DEF: Bei einer Verbotskante mit Kantengewicht k von Stelle s zu Transition t kann t nur dann schalten, wenn auf s weniger als k Marken liegen. (Dies ist eine notwendige Bedingung für das Schalten von t.)
     Es existiert eine Verallgemeinerung auf Netze mit individuellen Marken. Dabei dürfen als Aktivierungsbedingung für t *keine* k Marken mit der durch die Kantenbeschriftung gegebenen Charakteristik auf s liegen.

CONSTR: Transitionsschalt-Prioritäten sind das allgemeinere Konzept. Falls also eine Netzklasse mit PRIO1 bzw. PRIO2 vorliegt, sind Verbotskanten unnötig.

TRAFO: Eine Transformation eines Netzes mit Verbotskanten in ein endliches Netz ohne solche existiert nur, falls alle Stellen beschränkte Kapazität haben [REI86a]. Die Größe des Netzes ohne Verbotskanten hängt allerdings von den Stellen-Kapazitäten ab.

APPLIC: Mit Verbotskanten kann eine Vorrangregelung zwischen zwei Transitionen einfach spezifiziert werden.

Im Beispiel 2.2.2-1d kann Transition t schalten, da auf der t-Inputstelle s weniger Marken liegen als das (s,t)-Kantengewicht. Jede höhere s-Markierung würde das Schalten von t verhindern.

Eine Anwendung bei der Modellierung einer Nachrichtenempfangs-Operation mit Zeitschranken zeigt [LES86a, S. 172].

PAR: ARC-RESET (reset arc, Rücksetzkante)

0   undefiniert

1   definiert

DEF: Eine Rücksetzkante von Stelle s zu Transition t hat keinen Einfluß auf die Aktivierung von t: Beim Schalten von t werden *alle* Marken aus s entfernt. Transition t schaltet auch, wenn auf s keine Marken liegen, d.h. die Schalt-Vorbedingung von t muß durch andere t-Inputstellen definiert werden. (Die Schalt-Nachbedingung von t hängt prinzipiell nicht von den aus s entnommenen Marken ab).

TRAFO: Ein Netz mit Rücksetzkanten kann stets in ein Netz mit Verbotskanten transformiert werden [LES86c].

APPLIC: Typische Anwendungen liegen im Bereich fehlertolerierender Rechensysteme, z.B. Modellierung von spontanem Hauptspeicher-Verlust bei Prozessor-Ausfall. Ein anderes Beispiel ist die Vernichtung aller Nachrichten aus einer Warteschlange bei Verbindungsabbruch in speziellen Kommunikationsprotokollen für Rechnernetze.

Im Beispiel 2.2.2-1e wird gezeigt, daß Transition t auch bei einer nicht belegten Stelle s schalten kann, wenn eine Rücksetzkante von s nach t existiert.

PAR: ARC-COPY (copy arc / access arc, Kopierkante bzw. Zugriffskante)

0   undefiniert

1   definiert

DEF: Eine Kopierkante von Stelle s zu Transition t spezifiziert dasselbe wie eine *Nebenbedingung*, d.h. es werden beim Schalten von t entsprechend der Kantenbeschriftung Marken von s entnommen, und nach Beendigung des Schaltvorgangs werden dort *dieselben Marken* wieder abgelegt.

APPLIC: Der durch eine Kopierkante spezifizierte 'Lesezugriff' auf Marken einer Stelle wird hauptsächlich verwendet, um den Kopiervorgang graphisch zu veranschaulichen. Der Lesezugriff kann allerdings nur bei Netzen mit individuellen Marken Einfluß auf das Schaltverhalten haben. Bei Netzen mit anonymen Marken sind Kopierkanten daher überflüssig.

Ein Beispiel eines Netzes mit individuellen Marken und mit Kopierkanten wird im nächsten Abschnitt gegeben (s. Abb. 2.2.4-1).

2.2.4   Markenidentifikations- und Markenstruktur-Parameter

Die Hauptunterscheidung zwischen "höheren" (high-level) und "niederen" Petri-Netz-Klassen liegt darin, daß Repräsentanten der ersten Klasse individuelle, unterscheidbare Marken aufweisen.

Die in diesem Abschnitt beschriebenen Parameter können nur im Fall individueller Marken definiert werden.

PAR: TOKEN-INDIV (token individuality, Marken-Individualität)

0   undefiniert (alle Marken sind "anonym", d.h. ununterscheidbar)

1   individuell / unstrukturiert / endliche Objektbereiche (Marken sind unterscheidbar, aber besitzen keine Internstruktur)

2   individuell / unstrukturiert / nichtendliche Objektbereiche (Marken sind unterscheidbar, aber besitzen keine Internstruktur)

3   individuell / strukturiert / endliche Objektbereiche (Marken sind unterscheidbar und besitzen Internstruktur)

4   individuell / strukturiert / nichtendliche Objektbereiche (Marken sind unterscheidbar und besitzen Internstruktur)

DEF: Netze mit individuellen und evtl. zusätzlich strukturierten Marken können wie folgt charakterisiert werden:

- Jede zulässige Marke ohne Struktur besitzt eine Identifikation ('Farbe'). I.d.R. sind mehrere Marken derselben Farbe zulässig.

  Jede zulässige strukturierte Marke ist ein n-tupel aus Werten aus n Objektbereichen. Marken derselben Stelligkeit (arity) n und mit denselben Objektbereichen gehören zum selben Markentyp.

- Die Farben bzw. Markentypen, aus denen zulässige Marken auf einer Stelle des Netzes gebildet werden können, sind bei allen gängigen Netzklassen mit individuellen Marken vorgegeben. I.d.R. können Marken einer Stelle nur von genau einer Farbe bzw. von genau einem Markentyp sein.

  Aus dieser Regel ergeben sich die zulässigen Anfangsmarkierungen eines Netzes mit individuellen Marken.

- Welche Marken von Inputstellen einer Transition t bei deren Aktivierung abgezogen bzw. welche Marken auf t-Outputstellen abgelegt werden können, wird durch symbolische Inschriften an den entsprechenden Input- und Outputkanten sowie an der Transition t selbst geregelt.

  Üblicherweise bestehen symbolische Kantenbeschriftungen aus Ausdrücken über Variablen. Beim Schalten der Transition t sind alle Variablen an den Umgebungskanten von t durch 'geeignete' Konstanten zu substituieren. Konstanten sind im Fall strukturierter Marken mögliche Komponenten solcher Marken. Im Fall unstrukturierter Marken sind Konstanten mögliche Farben.

  Welche Marken bei einer Substitution der Inschriften von t-Inputkanten tatsächlich ausgewählt werden, hängt von der aktuellen Markenbelegung der entsprechenden t-Inputstellen ab.

Bei t-Outputkanten kann die Substitution vom Ergebnis einer "Markenmanipulations-Funktion" ab. Eine solche Funktion bildet als t-Inschrift aktuelle Input- auf Output-Marken ab. Man bezeichnet solche Funktionen oft als Transitions-Nachbedingungen.

In der Klasse der Netze mit individuellen Marken sind zusätzliche Unterscheidungsmerkmale denkbar, die wir aber nicht weiter betrachten:

- Können Kopien von Marken auf einer Stelle existieren, bzw. sind alle Marken auf einer Stelle für jede Markierung eindeutig? (Unterscheidung zwischen "multiset marked nets" bzw. "set marked nets" [GRHE86])

- Sind in einem Netz mit strukturierten Marken alle Marken (d.h. hier: n-tupel) von der gleichen Stelligkeit n (arity), und gehört jedes Attribut eines solchen n-tupels zu demselben Objektbereich?

CONSTR: Eine rechnergestützte Netzspezifikation ist natürlich nur auf der Basis einer Netzklasse mit endlichen Objektbereichen möglich. Netzklassen mit nichtendlichen Objektbereichen sind nur von theoretischer Relevanz.

TRAFO: Jedes Netz mit individuellen Marken und endlichen Objektbereichen kann mittels der bekannten Faltungsoperation auf ein verhaltensäquivalentes Netz mit anonymen Marken (Stellen/Transitions-Netz) transformiert werden [GEN86a].

APPLIC: Für praktische Anwendungen sind Netzklassen mit individuellen, strukturierten Marken am interessantesten, da sie im Vergleich zu anderen Klassen zu den kompaktesten und übersichtlichsten Spezifikationen führen.

Das Beispiel in Abbildung 2.2.4-1 zeigt ein solches höheres Petri-Netz. Dabei bestehen Transitions-Inschriften aus einer (optionalen) Schaltvorbedingung (*if*-Teil in der Transition t1, s. auch Parameter TOKEN-GUARD unten) sowie einer Schaltnachbedingung (*do*-Teil in der Transition t1). Die von Stelle s2 ausgehenden Kanten sind Kopierkanten. Bei der Anfangsmarkierung auf den Stellen s1, s2 können beide Transitionen t1 und t2 nebenläufig schalten. Dabei gibt es genau eine Aktivierungs-Möglichkeit, die durch die Variablen-Substitutionen x=2,y=3,a=8 für t1 und x=1,y=0,a=8 für t2 bestimmt wird.

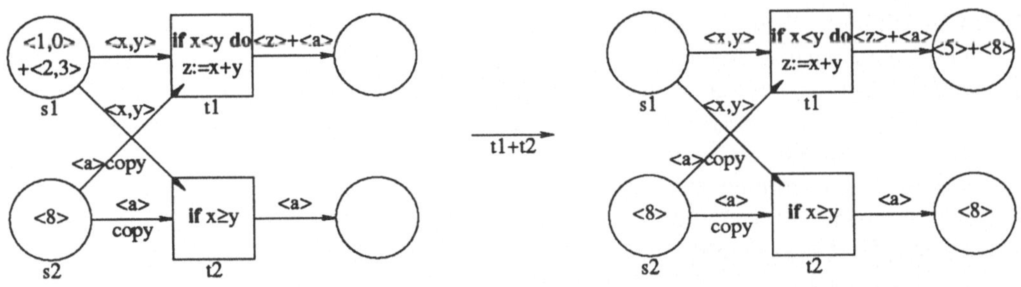

Abb. 2.2.4–1 : Petri-Netz mit strukturierten Marken: Anwendungsbeispiel

PAR: TOKEN-ACCESS (token access mode [onto places], Marken-Zugriffsmodus)

0   undefiniert ("wahlfreier" Mengen-Zugriff auf alle Marken einer Stelle beim Schalten einer Transition)

1   abhängig von Ablage-Historie (Zugriff entspr. Reihenfolge bzw. Inhalt der auf einer Stelle nach einem Transitions-Schalten abgelegten Marken [FIFO- bzw. PRIO-Zugriff])

2   stellenspezifisch wahlfreier bzw. historie-abhängiger Zugriff

DEF: Bei 'undefiniertem' Zugriffsmodus einer Stelle s eines Netzes mit individuellen Marken werden solche Marken auf s z.B. durch eine Schalt-Vorbedingung einer s-Outputtransition ausgewählt. Die Auswahlbedingung wählt Marken in Abhängigkeit von ihrem Namen bzw. ihrem Inhalt (bei strukturierten Marken) aus, unabhängig jedoch von anderen Marken auf Stelle s.

Bei FIFO-Stellenzugriff hängt die Entnahmereihenfolge von der Ablage-Historie auf Stelle s ab, falls die Kapazität der Stelle >1 ist, und falls es >1 unterscheidbare Marke auf Stelle s gibt. Entsprechend der FIFO-Relation wird stets die 'älteste' Marke entnommen, d.h. diejenige Marke die von der kausal am frühesten aktivierten Transition auf s abgelegt wurde. FIFO ist hier verallgemeinert als Halbordnung aufzufassen: Falls eine Transition t mir Kantengewicht $|W(t,s)| > 1$ schaltet, sind alle $|W(t,s)|$ Marken auf s 'gleichalt'. Es ist dann möglich, daß eine andere Transition t' bei einer Aktivierung mehrere 'gleichalte' Marken von s abzieht. Ist $|W(s,t')|$ nicht größer als die Anzahl 'gleichalter' und 'ältester' Marken auf s, dann wird aus s eine *indeterministische Auswahl* vorgenommen. Andernfalls werden auch weniger 'alte' Marken entnommen (s. Beispiel unten).

Bei PRIO-Stellenzugriff hängt die Entnahmereihenfolge von einer (u.U. mehrstelligen) Halbordnungs-Relation ab, die über einen Teil der Attribute aller strukturierten Marken definiert ist, die sich auf Stelle s befinden können. (In Anhang B.2 ist genauer beschrieben, wie solche Relationen aussehen können.)

Bei FIFO- und PRIO-Zugriff kann die Markenauswahl-Entscheidung bei der Aktivierung einer s-Outputtransition von Namen bzw. Inhalt *aller Marken auf Stelle s* abhängen; bei Mengenzugriff hingegen können solche Abhängigkeiten nicht formuliert werden.

TRAFO: Ein Netz mit FIFO- bzw. PRIO-Stellen und beschränkten Stellen-Kapazitäten und beschränkten Marken-Objektbereichen kann stets in ein (wesentlich komplexeres) Netz ohne solche Stellen verhaltensgleich transformiert werden [LES86c].

APPLIC: FIFO-Stellenzugriffsmodus kann sehr oft bei der realitätsnahen Modellierung von Auftrags-Bearbeitung in Rechen- und Kommunikations-Systemen angewandt werden, reicht manchmal aber nicht aus, alle Bearbeitungs-Disziplinen zu beschreiben. Kommen Umordnungs- oder Überholvorgänge vor, kann das mit dem allgemeineren Konzept des PRIO-Stellenzugriffs spezifiziert werden. Solche Vorgänge entstehen z.B. bei einer prioritäts-gesteuerten Taskscheduling-Strategie, bei der Zugriffssynchronisation auf Datenbanken, und beim Aufsammeln und Sortieren von Nachrichtenpacketen in einem packet-orientierten Rechnernetz (packet assembly).

In Abb. 2.2.4-2 ist ein Beispiel eines Netzes mit FIFO-Stellenzugriff gezeigt. Interessant ist dabei das Schalten von Transition t3 im Beispiel 2.2.4-2c. Der FIFO-Zugriff auf Marken, die sich auf Stelle s befinden, wird durch das Schalten von Transition t3 bewirkt. Dies wird durch eine spezielle Funktion *first* als Teil der t3-Inschrift spezifiziert.

In der Abbildung wird eine Aktivierung von t3 gezeigt mit Entfernung der zwei ältesten Marken <1> und <2>, z.B. durch die Substitution a=1,b=2. Da die Marken <2> und <3> gleichalt sind (s. Schalten von Transition t2 in Abb. 2.2.4-2b), könnte in 2.2.4-2c auch <3> anstatt <2> indeterministisch ausgewählt werden. Eine solche Auswahl wäre nicht möglich, wenn alle Inputstellen mit FIFO-Zugriff Kantengewicht 1 aufweisen würden.

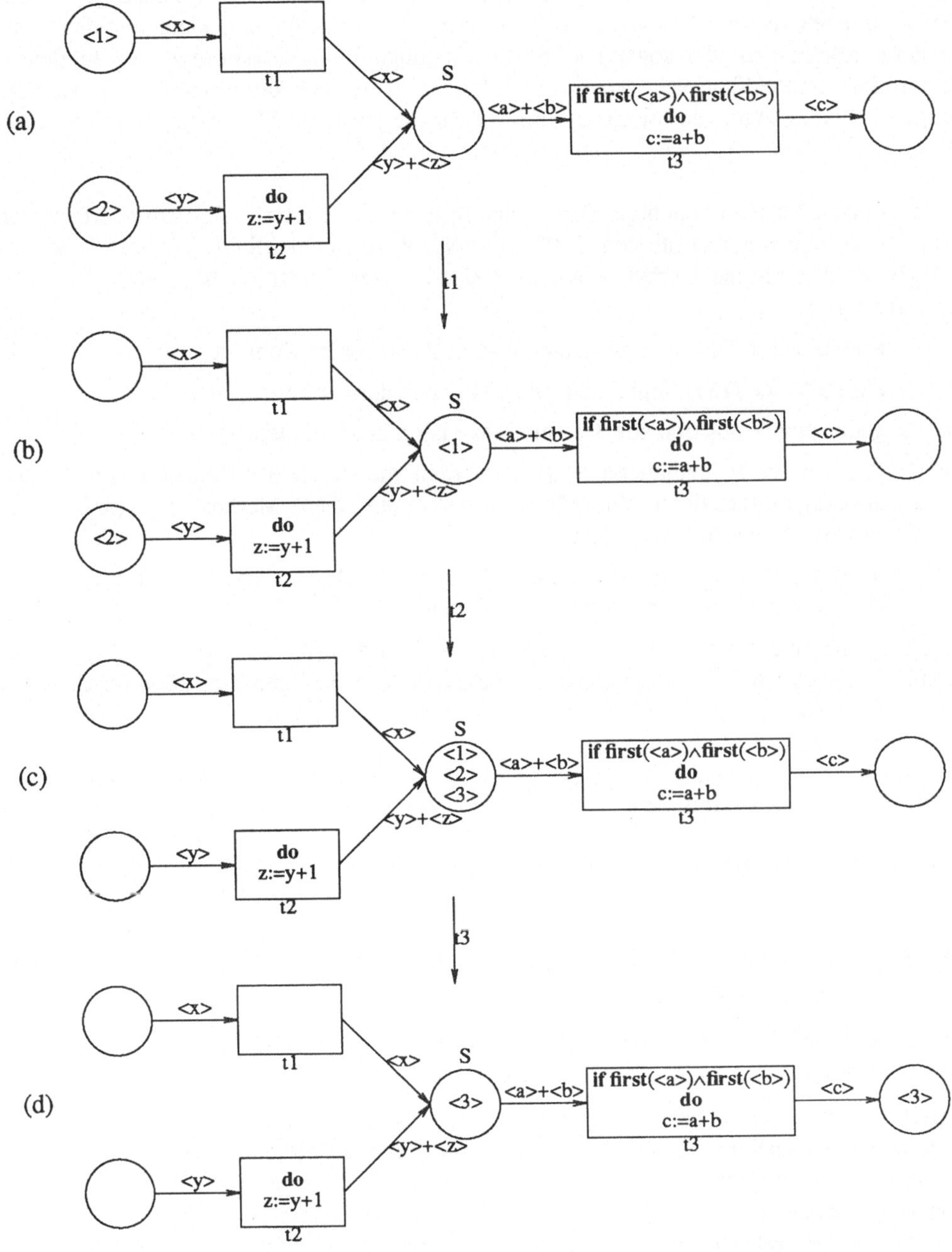

Abb. 2.2.4–2 : Petri-Netz mit FIFO-Stellenzugriff: Anwendungsbeispiel

PAR: TOKEN-GUARD (transition guard, Transitions-Schaltvorbedingung für Input-Marken)

0   undefiniert

1   definiert

DEF: Eine Transitions-Schaltvorbedingung ist ein boolesches Prädikat über den Werten der Inputmarken einer Transition. Diese Werte ergeben sich aus den zulässigen Variablen-Substitutionen dieser Marken. Eine Transition mit Vorbedingung kann nur dann schalten, wenn (zusätzlich zu allen sonstigen Schaltbedingungen) eine Substitution so gefunden werden kann, daß das Prädikat wahr wird. Andernfalls wird die Transition trotz Gültigkeit aller sonstigen Schaltbedingungen 'blockiert', d.h. ist für die jeweilige Markierung am Schalten gehindert.

CONSTR: Läßt man beliebige Vorbedingungen zu, dann kann nicht verhindert werden, daß eine Teilmenge von Transitionen t1, t2, ... im Nachbereich einer Stelle s je nach Markierung M folgendes dynamische Verhalten aufweist (jede dieser Transition habe eine Vorbedingung spezifiziert):

- Einige dieser Transitionen stehen in M miteinander im Konflikt, oder

- einige dieser Transitionen können in M nebenläufig schalten, oder

- genau eine Transition aus der Teilmenge kann in M schalten, oder

- gewisse, in M enthaltene Marken werden nie durch das Schalten von Transitionen abgezogen, d.h. deren Vorbedingungen "frieren" diese Marken "ein" (s. Kapitel 7.2.3, Frozen-Token-Problem), oder

- überhaupt keine dieser Transitionen kann in M schalten, da keine Vorbedingung durch die aktuelle Markierung erfüllt werden kann.

Es kann also nicht ausgeschlossen werden, daß Guards nicht wechselseitig disjunkt definiert sind, oder sogar so definiert sind, daß das Schalten der jeweiligen Transition überhaupt verhindert wird. Andererseits ist es nicht möglich, einen Test auf Disjunktheit allein aus der statischen Netzdefinition abzuleiten.

APPLIC: Guards sind sehr nützlich, um indeterministische Konflikte durch logische Bedingungen über der jeweiligen Markierung aufzulösen. D.h., ab einer gewissen Verfeinerungsstufe wird man kaum ohne sie auskommen können.

PAR: TOKEN-OUT (transition selection condition for partial arc output, Transitions-Selektion von Output-Kanten)

0   undefiniert (totale Ausgabe auf alle Transitions-Outputstellen)

1   definiert (partielle Ausgabe spezifizierbar)

DEF: Innerhalb einer Nachbedingung einer Transition t wird eine gewisse Teilmenge aller t-Outputkanten selektiert. Damit werden bei t-Aktivierung Marken nur an die entsprechenden t-Outputstellen ausgegeben. Die selektierte Teilmenge kann dynamisch von der jeweiligen Markierung abhängen.

Diese Generalisierung der bekannten Schaltregel wird auch als *partielle Schaltregel* [LES86a] bezeichnet.

TRAFO: Eine verhaltensbewahrende Transformation auf ein Netz mit "totaler" Schaltregel ist stets möglich, dieses Netz ist aber wesentlich komplexer [LES86c].

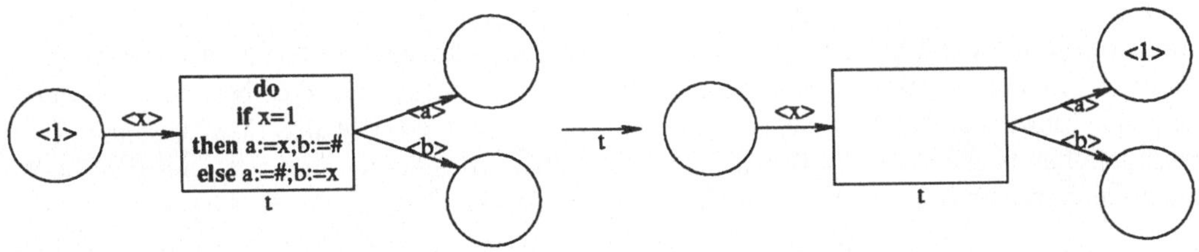

Abb. 2.2.4–3 : Partielle Schaltregel: Anwendungsbeispiel

APPLIC: Eine erheblich reduzierte Netzdarstellung erzielt man bei Transitionen mit wesentlich mehr als zwei Outputkanten, wobei bei der Selektion mehr als eine Kante ausgewählt wird.

Typische Anwendung wäre die Spezifikation eines Botschaftenaustausch-Systems zwischen mehreren Partnern, wobei die Teilmenge kommunizierender Partner bei jeder Botschaft variieren kann. Ein einfaches Beispiel der Realisierung einer partiellen Schaltregel in einer Sprache für Prädikat/Transitions-Netze zeigt Abb. 2.2.4-3. Dabei werden beim Schalten von Transition t nur dann Marken auf eine t-Outputstelle s transferiert, wenn keine Variable in der Beschriftung der (t,s)-Kante bei der Variablen-Substitution den Wert # zugewiesen bekommt.

Ein Nachteil der reduzierten Netzdarstellung ist allerdings, daß die Netzdynamik aus der statischen Darstellung wesentlich schwieriger nachvollzogen werden kann.

PAR: TOKEN-VAR (data variables in transition conditions, Datenvariablen)

0   undefiniert

1   definiert

DEF: Datenvariablen sind lokale Variablen einer Transition. Solche Variablen sind über einen (endlichen) Objekttyp definiert, besitzen einen wohldefinierten Anfangswert, und können sowohl in der Vor- als auch der Nachbedingung der Transition gelesen bzw. verändert werden. Nach Aktivierung der Transition bleibt der zuletzt gesetzte Wert einer Variablen erhalten.

TRAFO: Im Fall eines Netztyps mit strukturierten Marken ist die Elimination von Datenvariablen durch Einführung zusätzlicher Stellen und Nebenbedingungen auf diesen Stellen trivialerweise stets möglich. Dabei werden n Variablen durch den Wert eines n-tupels repräsentiert, das von einer solchen Stelle "gelesen" bzw. auf eine solche Stelle "geschrieben" wird.

APPLIC: Datenvariable sind in Netzen mit strukturierten Marken überflüssig. Sie sind hier nur deshalb erwähnt, da es Netzklassen gibt, die Datenvariablen unterstützen.

2.2.5 Stochastische Parameter

Die Erweiterung eines Netzes um stochastische Parameter soll eine auf der Netzspezifikation basierende Leistungs- bzw. Zuverlässigkeits-Vorhersage ermöglichen. Diese Parameter verändern die bekannte Schaltregel in Petri-Netzen. Es sollte stets berücksichtigt werden, wie sich diese Änderungen auf das dynamische Netzverhalten auswirken. Z.B. besteht die Gefahr, daß eine Teilmenge der von der Anfangsmarkierung aus erreichbaren Markierungen (des ursprünglichen Netzes ohne Zeit) nicht mehr erreicht werden kann. Dies kann nur dann nicht passieren, wenn der Zeitverbrauch aller Transitionen exponential-verteilt ist (s.u.).

PAR: STOCHASTIC-TYPE (type of transition time consumption, Zeitverbrauchs-Typ)

0   undefiniert (Netz ohne Zeitverhalten)

1   Transitions-Schaltdauer (firing time)

2   Transitions-Schaltbereitschaftsdauer (enabling time)

3   Schaltdauern und Schaltbereitschaftsdauern

DEF: Ein Zeitverbrauch bzw. eine Zeitverzögerung wird als die Zeitdauer einer Aktivität bzw. einer Operation im System interpretiert. Daher wird den aktiven Systemelementen, die durch Transitionen spezifiziert sind, ein Zeitverhalten zugeordnet. Die Zuordnung von Zeitverbrauch zu Stellen ist zwar auch vorgeschlagen worden, widerspricht aber der gängigen Netzinterpretation und kann in Transitions-Zeitverbrauch transformiert werden.

Im wesentlichen gibt es zwei unterschiedliche semantische Interpretationen des Zeitverbrauchs von Transitionen. Zunächst wird von der Existenz einer globalen Zeitachse ausgegangen. Die Markierung zum Zeitpunkt $z=0$ ist die Anfangsmarkierung des Netzes. Transitionen die aktiviert sind und nicht an einem Konflikt beteiligt sind, *müssen* sofort schalten. (Bei klassischen Petri-Netzen ohne Zeit *können sie* schalten.)

Bezieht sich der Zeitverbrauch einer aktivierbaren Transition t auf die Schaltdauer $D(t) \geq 0$, dann werden zu Beginn des Schaltvorgangs zum Zeitpunkt z die entsprechenden Marken von den t-Inputstellen entfernt; nach Ablauf der Schaltdauer wird zum Zeitpunkt $z + D(t)$ der Schaltvorgang durch die Ablage von Marken auf die t-Outputstellen beendet.

Bezieht sich der Zeitverbrauch einer aktivierbaren Transition t auf die Schaltbereitschaftsdauer, dann bleiben während des gesamten Schaltvorgangs die entsprechenden Marken auf den t-Inputstellen erhalten; nach Ablauf der Schaltdauer findet in einer 'atomaren', zeitlosen Operation der eigentliche Schaltvorgang statt.

Der Hauptunterschied zwischen diesen Zeitsemantiken ist, daß nur im zweiten Fall *andere* Transitionen $t' \neq t$, die durch Marken auf t-Inputstellen ebenfalls aktivierbar sind, *nebenläufig* mit t Zeit verbrauchen können, obwohl schließlich z.B. nur Transition t schaltet.

APPLIC: Bei der Spezifikation von Rechensystemen wird *Zeitverbrauch* Software-Komponenten, z.B. Task-Schritten, zugeordnet. *Zeitverzögerung* kommt vor z.B. bei zyklischer Taskbeauftragung, Timeout-Überwachung in Kommunikationsprotokollen, sowie Ausfall- und Reparatur-Verhalten von Hardware-Ressourcen.

Die Spezifikation von Schaltbereitschafts-Dauern ist immer dann vorzuziehen, wenn die Aktivierung von zeitverbrauchenden Transitionen <u>unterbrechbar</u> sein soll, z.B. für Taskscheduling mit Preemption oder für Timeout-Überwachung.

PAR: STOCHASTIC-DISTR (stochastic distribution of time consumption, Verteilungsfunktion des Zeitverbrauchs)

0   undefiniert (Netz ohne Zeitverhalten)

1   deterministisch (nicht-negativ, konstant)

2   exponential-verteilt oder deterministisch

3   phasentyp-verteilt oder deterministisch

4   beliebige Verteilungsfunktion (kontinuierlich, nicht-negativ, stetig)

DEF: Die Verteilung des Zeitverbrauchs einer Transition t legt fest, wie das Zeitverhalten von t ist, wenn man (außer im Fall konstanter Zeiten) unendlich viele t-Aktivierungen beobachten würde.

Deterministischer Zeitverbrauch bedeutet, daß t bei jeder Aktivierung konstant $D(t) \geq 0$ Zeiteinheiten verbraucht.

Negativ-exponentieller Zeitverbrauch mit Rate $D(t) > 0$ läßt als aktuellen Verbrauch jeden rationalen Wert im Intervall $(0, \infty)$ zu.

Phasentyp-verteilter Zeitverbrauch [BOCU84] gestattet die Spezifikation einer Vielzahl bekannter theoretischer Verteilungen (z.B. Exponential-, Erlang-, Gamma-Verteilung) mit Rate $D(t) > 0$ und Varianz $V(t) \geq 0$. Als aktueller Verbrauch kann sich ebenfalls jeder rationale Wert im Intervall $(0, \infty)$ ergeben.

'Beliebige' Zeitverbrauchs-Funktionen sind insbesondere solche, die nicht exakt durch eine bekannte theoretische Verteilung beschrieben werden können.

CONSTR: Die Vergabe von nicht-konstanten Zeitverbrauchs-Funktionen vom Typ DISTR2,3,4 an eine Transition t setzt voraus, daß t potentiell unbeschränkt oft aktiviert werden kann. (Andernfalls wäre die Spezifikation eines stochastischen Zeitverbrauchs fehlerhaft, d.h. das stochastische Petri-Netz wäre nicht wohldefiniert.)

Kommt für eine Transition t ein konstanter Zeitverbrauch $D(t) = 0$ vor, dann darf t nicht in einer zyklischen Transitions-Aktivierungsfolge auftreten. (Andernfalls wäre kein 'Fortschritt' in der Aktivierung anderer Transitionen möglich.)

Die exakte analytische Untersuchung eines stochastischen Petri-Netzes ist nur dann möglich, wenn die Verteilungsfunktion vom Typ DISTR1, DISTR2 oder DISTR3 ist (wir gehen darauf später in Kapitel 3.3.3 noch ein). Nur in diesen Fällen kann exakt der Teilgraph $RG' \subseteq RG$ ermittelt werden, der die Dynamik des stochastischen Netzes in Abhängigkeit des Erreichbarkeitsgraphen RG des entsprechenden 'zeitlosen' Petri-Netzes repräsentiert.

TRAFO: Prinzipiell kann jede statistische Verteilung, die kontinuierlich und stetig ist, durch eine Phasentyp-Verteilung beliebig genau approximiert werden. Die entsprechenden Transformationen auf Petrinetz-Ebene erzeugen aber i.d.R. ein derart komplexeres Netz, daß diese Transformation unpraktikabel ist [BOCU84].

APPLIC: Zur Entwurfsspezifikation von Rechensystemen werden häufig unterschiedliche Zeitverbrauchs-Funktionen angewendet:

-      Solange über das Zeitverhalten des Systems wenig bekannt ist, ist DISTR2 ausreichend (vergl. [MCB84]):

      Komplexe Software-Bausteine, die im Mittel D Zeiteinheiten verbrauchen, werden durch Transitionen t modelliert, deren Zeitverbrauch negativ-exponential verteilt ist, mit Mittelwert $D(t)$.

Einfache Software-Bausteine, die als Entscheidungspunkte für den logischen Kontrollfluß im System dienen, werden durch Transitionen t' modelliert, die D(t')=0 Zeit verbrauchen.

Bei Hardware-Bausteinen hingegen wird meist angenommen, daß sie adäquat durch Transitionen t'' mit vorhersagbarem, deterministischen Zeitverbrauch D(t'')>0 spezifiziert werden können.

- Das reale Zeitverhalten einer bereits realisierten Komponente kann durch Zeitmessung bestimmt werden. In aller Regel wird dabei keine theoretische, sondern eben eine empirische Verteilungsfunktion herauskommen. Die Spezifikation solcher Komponenten wird daher meist zum allgemeinsten Fall DISTR4 führen.

PAR: STOCHASTIC-CONFL (stochastic distribution of transition conflict resolution, Konfliktauflösungs-Verteilung)

0   undefiniert (Netz ohne Zeitverhalten)

1   Vorauswahl (preselection)

2   Konkurrenz (critical race)

DEF: Die Konfliktauflösungs-Strategie ist für Netze ohne Zeitverhalten undefiniert: ein (Vorwärts-)Konflikt im Netz führt zu einer Verzweigung im zugehörigen Erreichbarkeits-Graph. Im dynamischen Verhalten können alle Verzweigungen vorkommen. Hingegen interessiert in zeitbehafteten Netzen, mit welcher *Relativ-Rate* welche Verzweigung gewählt wird.

Im Fall der Vorauswahl (CONFL1) wird das Konzept der <u>Konfliktmenge</u> [RAPH84] realisiert:

- Jede Transition t gehört zu genau einer Konfliktmenge C, wobei alle in C befindlichen Transitionen mindestens eine Inputstelle gemeinsam haben.

- Jedem t in C wird eine <u>relative Schaltwahrscheinlichkeit</u> $F(t) \geq 0$ zugeordnet. Die Summe der $F(t)$ in C ist 1. Falls zu einem bestimmten Zeitpunkt ein Konflikt zwischen einer Teilmenge $M \subseteq C$ der Transitionen in C auftritt, wird die Schalt-Wahrscheinlichkeit von $t \in M$ als Quotient zwischen $F(t)$ und der Summe der $F(t')$ definiert, wobei $t' \in M$.

Bei $F(t)=0$ kann die Transition t nur dann schalten, wenn keine andere, in t's Konfliktmenge C befindliche Transition aktiviert ist. Damit kann eine Priorisierung von Transitionen modelliert werden.

Eine Konfliktauflösung durch Konkurrenz (CONFL2) liegt vor, wenn bei Konflikten diejenige Transition schalten darf, die minimale Schalt(bereitschafts-)dauer aufweist [CUMA85]. Bei stochastischen Dauern kann zwar die Auflösung wie bei CONFL1 dynamisch zwischen unterschiedlichen, im Konflikt stehenden Transitionen wechseln; bei CONFL2 liegt aber ein Verhalten unabhängig von den Zeitverbrauchs-Werten vor.

APPLIC: Bei Strategie CONFL1 führen identische $F(t)$ für alle Transitionen t einer Konfliktmenge zu *fairen Konfliktauflösungen*. Diese Strategie herrscht bei Netzklassen mit Transitions-Schaltdauern (TYPE1, s.o.) vor.

Konfliktauflösung durch Race-Bedingungen (CONFL2) wird meist bei Schalt-bereitschaftsdauern angewendet. Damit kann man z.B. eine 'Shortest-Job-First' Scheduling-Strategie für die Auftragsbearbeitung in Betriebssystemen modellieren.

2.3   Zusammenfassung

In diesem Kapitel wurden zwei Arten von Erweiterungen der grundlegenden Stellen/Transitions-Netze vorgeschlagen:

(1)   *Logische Parameter* an Stellen, Transitionen, Kanten und Marken führen zu kompakteren und übersichtlicheren Netzen.

Ein Netz mit solchen Parametern kann meist durch ein (endliches) PT-Netz mit äquivalentem dynamischen Verhalten beschrieben werden, wie konstruktiv in [LES86c] gezeigt wurde. Dies ist jedoch nicht möglich, falls im Netz sowohl unbeschränkte Stellen-Kapazitäten (CAP0), als auch Schaltprioritäten (PRIO1), Verbotskanten (INHIB1) bzw. Rücksetzkanten (RESET1), bzw. FIFO-Stellenzugriffe (ACCESS1,2) spezifiziert sind. Entsprechendes gilt, wenn ein Netz individuelle Marken aufweist, die keinen endlichen Objektbereich haben, d.h. im Fall INDIV2,4. In jedem dieser Fälle existiert kein endliches äquivalentes PT-Netz. (Damit wird die Komplexität einer Turing-Maschine erreicht.)

Ein äquivalentes PT-Netz ist komplexer als das ursprüngliche "höhere" Netz mit Parametern. Oft ist auch der Erreichbarkeits-Graph (RG) des höheren Netzes kleiner als der RG des äquivalenten PT-Netzes. Das trifft inbesondere in folgenden Fällen zu:

- ACCESSi (i>0) bzw. GUARD1 (da damit die Menge möglicher Variablen-Substitutionen von Inputkanten einer Transition eingeschränkt wird),

- CONCi (i>0), da die Anzahl nebenläufiger Transitions-Aktivierungen u.U. eingeschränkt wird,

- PRIO1 (da Transitionen niedriger Priorität am Schalten gehindert werden).

Im Fall CAP0 bzw. INDIV2,4 (d.h. nichtendliche Wertebereiche von Marken-Farben oder -Attributen) kann allerdings der RG des Netzes unendlich groß werden, sodaß gewisse Analysemethoden nicht anwendbar sind (näheres hierzu s. Kap. 3.3).

(2)   *Zeitliche und stochastische Parameter* ermöglichen die quantitative, analytische oder simulative Vorhersage der System-Performance.

Schließlich ist zu bemerken, daß die vorgeschlagenen Erweiterungen zwar aus der Erfahrung vieler praktische Anwendungen resultieren, jedoch keineswegs als abgeschlossen betrachtet werden können.

Theoretisch ergibt unser Klassifikationsschema 525600 unterschiedliche Netzklassen. Davon wurden bisher ca. lediglich 50 formal definiert und untersucht, deren bekannteste Vertreter im nächsten Abschnitt bewertet werden. Wichtig ist aber, zukünftige Netztypen so zu definieren, daß mindestens die in unserem Schema betrachteten Parameter spezifiziert werden können, um dem Anwender *maximale Modellierungs-Mächtigkeit und -Flexibilität* zu bieten.

2.4 Klassifikation gängiger Netzklassen

Die folgende Tabelle zeigt eine Klassifikation der gängigsten Netzklassen, entsprechend dem oben definierten Bewertungsschema. Null-Einträge sind in der Matrix nicht repräsentiert. Einträge der Form x/y bedeuten, daß beide Parameterwerte x und y zulässig sind.

A classification of Petri net classes

PETRI NET CLASS	REF.	ABBR.	BROAD CLASS	PLACE- CAP	TRANSITION- CONC	TRANSITION- PRIO	ARC- WEIGHT	ARC- INHIB	ARC- RESET	ARC- COPY	TOKEN- INDIV	TOKEN- ACCESS	TOKEN- GUARD	TOKEN- OUT	TOKEN- VAR	STOCHASTIC- TYPE	STOCHASTIC- DISTR	STOCHASTIC- CONFL
place/transition net	[BEFE86]	PTN	0	1			1											
predicate/transition net	[GELA81]	PRTN	1	0/1			1				3/4		1					
dynamical pred./trans. net	[GEN86a]	DYPRTN	1	0/1			2				3/4		1	1				
coloured Petri net	[JEN83]	CPN	1				2				1/2		1					
new coloured Petri net	[JEN86a]	NCPN	1				2				3/4		1					
FIFO-place place/trans. net	[FIME83]	FIFN	1								2	1						
product net	[ECPR84]	PRODN	1	1			1/2	1	0/1	1	3		1					
numerical Petri net	[WHEE85]	NPN	1				2	1	1		3	2	1		1			
modified pred./trans. net	[STVI85]	MPRTN	1	1			1	1	1		3	2						
pred./trans.-PASCAL net	[JSW86]	PRTPN	1	1			1	1			3	2	1					
generalized stoch. Petri net	[MCB84]	GSPN	2		2	1	1	1								2	2	1/2
phase-type stoch. Petri net	[CUMA85]	PHSPN	2				1									2	3	1/2
M-timed stoch. Petri net	[ZUBE85]	MSPN	2					1								1	2	1
enabling/firing time Petri net	[RAPH84]	EFTPN	2													3	1	1
stochastical pred./trans. net	[WINK85]	PRTSPN	3	1							3		1			1	4	1
stoch. coloured Petri net	[ZENI85]	CPSPN	3				2				1/2		1			2	2	1/2
GALILEO-net	[MORE86]	GN	3								3		1		1	1	4	1
function net	[GODB83]	FN	3		1					1	3	1		1	1	1	4	1
DEMON-net	[LES86a]	DN	3		3			1	1	1	3	2	1	1	1	1	4	1

Tab. 2.4–1 : Klassifikation der Petri-Netze

Anmerkungen zur Netzklassen-Klassifikation:

- In Netzklasse NPN werden *enabling weights* und *firing weights* unterschieden (Parameter ARC-WEIGHT).

- In Netzklassen GSPN, FN und DN können Transitions-Zeitverbrauchs-Raten, in Netzklasse GSPN Konfliktauflösungs-Wahrscheinlichkeiten (Parameter STOCH-DISTR, -CONFL) markierungs-abhängig definiert werden.

- In Netzklasse DN kann ein maximaler Nebenläufigkeits-Grad (Parameter TRANSITION-CONC) nicht für einzelne Transitionen, sondern für *Teilmengen* von Transitionen definiert werden. Der Grad wird dann als *Multiplizität* einer Ressource interpretiert, auf der alle Transitionen dieser Teilmenge ablaufen.

23

- Das Konzept der Rücksetz-Kanten (ARC-RESET) ist in DN verallgemeinert (vergl. [LES86a, Kap. 6]).

- In Netzklasse PRODN wird zwischen den Unterklassen PRODN1 und PRODN2 unterschieden [ECPR84, Kap. 7] und [ECPR85]. Dynamische Kantengewichte und Rücksetz-Kanten sind nur in PRODN2 definiert.

- Folgende bekannten Netzklassen sind in der Tabelle nicht enthalten:

  -- Kanal/Instanz-Netze (CAN [REI85a]) repräsentieren die Klasse der "informellen", "nicht ausführbaren" Petri-Netze. In CAN sind weder Marken noch Schaltregel definiert.

  -- Zeitattributierte (timed Petri nets, TPN) und stochastische Petri-Netze (stochastical Petri nets, SPN) bilden die Oberklasse von Stellen/Transitions-Netzen mit Zeitverbrauch in Transitionen. Ein Vertreter dieser Oberklasse sind die Generalized stochastic Petri nets, GSPN.

  -- Unäre PRT-Netze (UPRTN [MEVA86]) bilden eine Unterklasse der PRT-Netze, bei denen alle strukturierten Marken aus 1-Tupeln bestehen.

Das Ergebnis aus dieser Übersicht ist, daß bisher kein Netztyp definiert (und auch nicht in einem Netz-Werkzeug realisiert) worden ist, der alle geforderten Parameter enthält. Die in der letzten Zeile bewerteten DEMON-Netze bieten noch die größte Modellierungs-Mächtigkeit, da alle Parameter außer CAP, PRIO und WEIGHT mit dieser Netzklasse spezifiziert werden können.

3 EINE KLASSIFIKATION VON SPEZIFIKATIONS- UND ANALYSEMETHODEN FÜR PETRI-NETZE

3.1 Spezifikations-Schnittstelle

<u>Netzspezifikation</u> ist eine Spezifikation mit Hilfe eines Petri-Netzes. Im engeren Sinne ist damit ein Entwurfsobjekt gemeint, das im Rahmen des Entwurfsprozesses eines Systems, der - ausgehend von einer informellen Anforderungs-Spezifikation - in einem (Petri-)Netz resultiert, welches einen Teilentwurf des Gesamtsystems darstellt. Damit verwandt ist der Begriff "Netzmodellierung".

Die wesentlichen Arbeitsschritte und benötigten Werkzeuge zum Entwurfsprozeß mit Petri-Netzen sind in Abb. 3.1.1-1 zusammengefaßt. Diese Werkzeuge werden als Teile einer (i.d.R. wesentlich mehr umfassenden) Software-Produktionsumgebung verstanden.

3.1.1 Netzeditor

Als Mindestanforderung an geeignete Benutzerschnittstellen zur Netzspezifikation soll das Eingeben, Ändern und Löschen von Netzelementen und deren Inschriften (Kapazität, Transitionsformel, Zeitparameter u.ä.) durch einen *dedizierten Netzeditor* unterstützt werden. Entsprechend dem unterstützten Netzklasse ist die Einhaltung der syntaktischen und semantischen Konsistenz eines Netzmodells vom Editor zu erzwingen, soweit diese in der Spezifikationsphase überprüfbar ist.

Eine weitere wichtige Anforderung ist die Unterstützung *entwicklungsbegleitender Dokumentation*. Speziell wird gefordert, beliebige Kommentartexte für jedes Netzelement eingeben zu können. Damit kann ein Netz zunächst informell als Kanal/Instanz-Netz konstruiert werden; durch einen iterativen Verfeinerungs-Prozeß soll dann schließlich eine formale Spezifikation -z.B. als Prädikat/Transitions-Netz- resultieren, die mit entsprechenden Analyse-Methoden validiert werden kann, und die als Basis einer (zukünftig teil-automatisierten) Generierung einer Systemimplementierung dient (s. Kap. 3.5). Auch die streng formale Spezifikation soll umgangssprachliche Dokumentationsteile enthalten können.

Ein Netzeditor ist entweder text-orientiert oder graphik-orientiert. Bei einem *Text-Editor* erfolgt die Eingabe und Änderung von Netzen per Kommandosprache oder per Eingabe-Menues.

Ein *Graphik-Editor* erfordert einen graphischen Arbeitsplatz. Bei "höheren" Netzen mit Inschriften ist auch eine textuelle Eingabe bestimmter Netzteile vorzusehen.

Ein Text-Editor ist auch dann sinnvoll, wenn ein Graphik-Editor existiert: Bei einer begrenzten Anzahl von Graphik-Terminals können damit andere Benutzer via einfachen alphanumerischen Bildschirmen Netze rechnergestützt konstruieren. Ferner kann ein textueller Netzeditor zur Eingabe großer Netze rationeller sein [JEN86c].

Zwar kommt man prinzipiell auch ohne Graphik-Netzeditor aus, aber die Konsistenzsicherung zwischen manuellen Netzentwürfen und der internen Netzrepräsentation im Rechner wird damit wesentlich erleichtert. Im Idealfall erfolgt die Netzspezifikation nur noch rechnergestützt. Eine effiziente Unterstützung der Eingabe und Änderung komplexer Netze durch Operationen wie Verfeinerung von Netzelementen oder Kopieren von Teilnetzen sind nur bei einem Graphik-Editor sinnvoll einsetzbar (s.u.).

Um Portabilität zwischen unterschiedlichen Graphik-Systemen zu sichern, wird eine Realisierung des Editors auf der operationalen Schnittstelle des *GKS-Standards* gefordert. Allerdings reicht das noch nicht aus: Netzeditoren, die auf einer graphischen Arbeitsstation realisiert werden, setzen i.d.R. auf einem Window-Management-System auf. Auch hier ist Standard anzustreben (X-Windows).

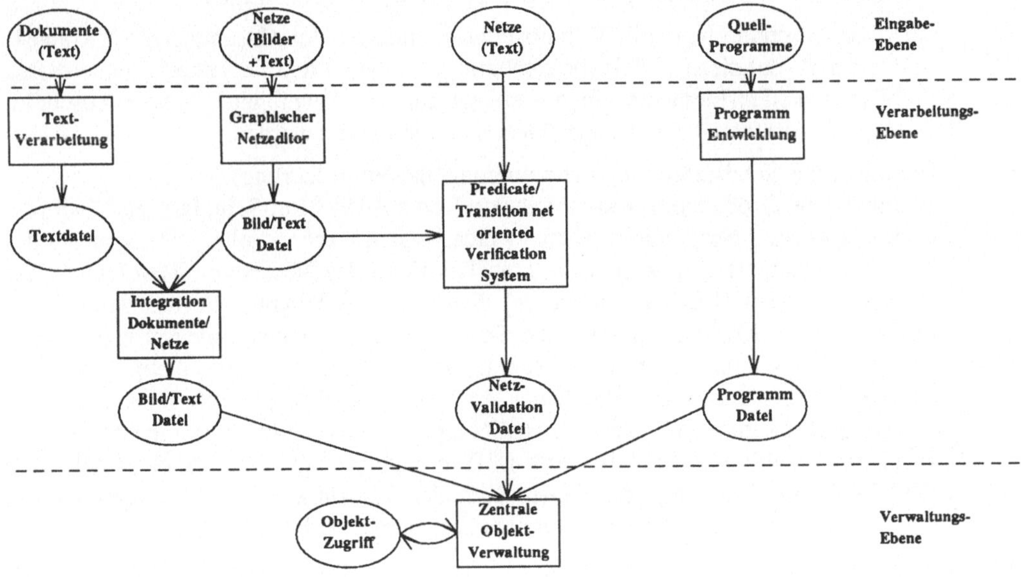

Abb. 3.1.1–1: Integration eines Petri-Netz-Werkzeuges in eine Software-Produktionsumgebung

Eine *Komfort-Version* eines graphischen Netzeditors zeichnet sich durch hochwertige graphische Ausgabe- und rationelle Eingabe-Möglichkeiten aus, die durch geeignete Graphik-Hardware und -Software unterstützt werden (hochauflösender farbgraphischer Bildschirm, Multi-Window-Technik, mehrere graphische Input-Möglichkeiten, objekt-orientierte Benutzerführung) erfolgen können. Ferner soll die Ausgabe eines Netzes möglichst flexibel sein, d.h. Ausgabe-Parameter wie Größe, Strichtyp und -dicke, Farbe u.ä. sollen für jedes Netzelement (Stellen, Transitionen, Kanten, zugehörige Inschriften) *konfigurierbar* sein. Als weiteres Merkmal eines komfortablen Graphik-Editors ist schließlich ein spezieller Eingabe-Modus zu nennen, in dem eine halbautomatische graphische Anordnung von Netzelementen erfolgt.

3.1.2   Konstruktions-Unterstützung für große Netze

Zur graphisch unterstützten Konstruktion von Netzen, die von ihrer Größe nicht auf einer einzigen Bildschirm-Seite untergebracht werden können, sind folgende alternativen Funktionen denkbar:

(1)   Auschnittsweise Netzbearbeitung
Hierbei gibt es zwei Alternativen:

- Es wird jeweils ein Auschnitt bearbeitet, dessen Schnittstellen allein durch die Fenstergröße vorgegeben werden (Window-Konzept). Benachbarte Auschnitte sind dann nur schwierig zu einem Gesamtnetz zusammenfügbar.

- Der Auschnitt wird mit Schnittstellen-Elementen des Gesamtnetzes ("Konnektoren") definiert: Bei benachbarten Ausschnitten erhalten gemeinsame Schnittstellen-Elemente einen Verweis auf den jeweiligen Nachbar-Auschnitt. Das Gesamtnetz kann dann problemlos rekonstruiert werden.

(2)   Hierarchische Netzbearbeitung (Verfeinerung und Vergröberung).
Hierbei ist die Größe eines Netzes stets durch eine Bildschirm-Seite begrenzt. Falls ein noch größeres Netz eingegeben werden soll, kann (ohne Änderung des Skalierungsfaktors) eine Stelle bzw. eine Transition des Netzes zu einem Unter-Netz verfeinert werden (REFINE-Operation). Dabei ist die Schnittstelle des verfeinerten Elements beizubehalten, da sonst die Definition der Netztopologie verletzt werden kann. Eine Unterstützung durch ein hierarchisches Window Management System der Arbeitsstation ist zur Realisierung einer Verfeinerungs-Operation sehr nützlich.
Umgekehrt kann durch eine COARSEN-Operation ein *Subnetz* zu einer Stelle bzw. zu einer Transition vergröbert werden. (Ein Subnetz eines Netzes N enthält nach [BEFE86] eine Teilmenge der Stellen und/oder Transitionen von N, zusammen mit allen zwischen diesen Netzelementen in N bestehenden Kanten.)

Zur Unterstützung der rechnergestützten Verfeinerung und Vergröberung im Graphik-Editor sind folgende zusätzlichen Verwaltungs-Operationen sinnvoll:

- "Gemischte" Verfeinerung. Bearbeitung eines Netzes, das durch Kombination von Teilen auf ggf. unterschiedlichen Verfeinerungsstufen entsteht.

- Integration der Verfeinerungs- und Vergröberungs-Operationen mit einer *Versionsführung* für Netze (s.u.).

- Automatische Vergabe hierachischer Namen für Netzelemente, in Abhängigkeit von der jeweiligen Verfeinerungsstufe.

- Graphische Ausgabe der Verfeinerungshierarchie eines Netzes.

Möchte man die Vergröberungs-Operation auf einen Netz-Morphismus einschränken, der zusätzlich noch gewisse Eigenschaften des betrachteten Netzes bewahrt (z.B. die Erreichbarkeits-Relation, s. [KORC88], [PEEB81]), dann ist noch viel Forschungs- und Entwicklungs-Arbeit notwendig. Die heutigen Netz-Werkzeuge sind noch weit davon entfernt, eine solche Modellierungs-Methodik zu unterstützen. Wir kommen darauf noch im Ausblick (Kap. 7.1.2) zurück.

3.1.3 Operationen auf Subnetzen

Außer der oben genannten Vergröberungs-Operation sind eine Reihe weiterer, graphisch orientierter Subnetz-Operationen wünschenswert, die eine rationelle Netzeingabe oder -Änderung ermöglichen. Ein zu bearbeitendes Subnetz ist zunächst auszuwählen (SELECT-Operation). Dieses Subnetz kann dann z.B. mit Hilfe folgender Operationen weiterbearbeitet werden:

- STORE: Abspeicherung als autonomes Netz

- COPY: Anlegen einer Subnetz-Kopie, die dann entweder als autonomes Netz abgespeichert werden kann, oder als mit dem Ursprungsnetz nicht zusammenhängender Teil bestehen bleibt.

- MOVE: Räumliche Verschiebung, Drehung, Spiegelung oder Größenänderung eines Netzes.

3.1.4 Speicherung von und Zugriff auf Netze

Zur Verwaltung (Speicherung, Zugriff) der mit einem Netzeditor spezifizierten Netze gibt es folgende Alternativen:

0   Interne Datenstruktur
    Hierbei wird ein mit dem Editor erstelltes Netz nicht als Datei gespeichert; Kooperation zwischen unterschiedlichen Werkzeugen ist somit ausgeschlossen: Wenn man davon ausgeht, daß Werkzeuge aus Sicht des Betriebssystems autonome Programme sind, besteht die einzig sinnvolle und portable Programm-zu-Programm Kommunikation aus einer gemeinsam zugreifbaren Menge von Dateien.

1   Datei-Schnittstelle ohne Versionsführung
    Es existiert eine wohldefinierte Darstellung eines Netzes (Netzstruktur- und ggf. Layout-Beschreibung bei Existenz eines Graphik-Editors) auf Datei, die auch von anderen Werkzeugen nutzbar ist. Von einem spezifizierten Netz wird aber nur die aktuellste Version gespeichert; bei Existenz einer REFINE-Operation liefert diese Version das Netz mit maximaler Verfeinerung aller Subnetze.

2   Datei-Schnittstelle mit Versionsführung
    Damit wird ermöglicht, auf Netzmodelle zuzugreifen, in denen Subnetze auf *unterschiedlichen Hierarchiestufen* verfeinert bzw. modifiziert vorliegen. Gespeichert werden kann nicht nur die aktuelle, sondern auch frühere bzw. parallele Versionen ("Varianten"). Der Netzeditor muß die Möglichkeit vorsehen, Versionen abzurufen, zu ändern und neue Versionen zu definieren.

3   Data-Dictionary-Schnittstelle ohne Versionsführung
    Hier wird der Netzeditor durch ein Data Dictionary (DD) unterstützt, welches Verweise in bezug auf Netze, aber auch verbale Beschreibungen von Netzen, Projektinformation, SW-Implementierungen usw. speichert.

4   Data-Dictionary-Schnittstelle mit Versionsführung
    Diese Alternative stellt den Idealfall dar: das DD unterstützt eine Versionsführung auf alle im Rahmen der SW-Entwicklung anfallenden Objekte, speziell auch auf Netzspezifikationen. Im Gegensatz dazu muß bei Alternative (2) die Versionsverwaltung für den Netzeditor dediziert implementiert werden.

3.2   Invarianten-Analyse

Die Konstruktion von S- und T-Invarianten eines Netzes stellt eine der mächtigsten und effizientesten Analysemethoden dar, die die Allgemeine Netztheorie bisher entwickelt hat.

Eine S-Invariante eines Netzes ist ein ganzzahliger nichtnegativer Stellen-Wichtungsvektor, sodaß für eine gegebene Markierung M die damit gewichtete Markensumme in *allen Folgemarkierungen* von M *konstant* bleibt. Mit S-Invarianten können Markenbilanz-Eigenschaften als auch die Sicherheit eines Netzes (d.h. die Endlichkeit seiner von der Anfangsmarkierung aus erreichbaren Markierungsmenge) verifiziert werden. Dazu ist es aber notwendig, ein vollständiges, minimales Fundamentalsystem zu erhalten, aus dem sich alle S-Invarianten als Linearkombination von Invarianten des Fundamentalsystems ergeben.

Eine T-Invariante eines Netzes ist ein Transitions-Schaltanzahl-Vektor, sodaß ausgehend von einer gegebenen Markierung M eine Schaltfolge existiert, in der jede Transition genau ihrer Anzahl in der T-Invariante entsprechend oft schaltet, sodaß die dann erreichte Markierung wieder M ist. Die Markierung M wird dabei *reproduziert*. Im Gegensatz zu S-Invarianten liefern T-Invarianten nur notwendige, aber nicht hinreichende Bedingungen: Nicht für jede Anfangsmarkierung wird die Reproduzierbarkeit garantiert.

Bei Netzen ohne individuellen Marken (z.B. PT-Netze) basieren Verfahren zur Invarianten-Bestimmung auf Lösungen linearer Gleichungssysteme mit ganzzahligen Koeffizienten [MASI82]. Bei Netzen mit individuellen Marken ist die Invarianten-Konstruktion wesentlich komplexer, da Gleichungssysteme mit symbolischen und funktionalen Elementen der Inzidenzmatrix zu lösen sind. Lösungen sind nach dem heutigen Stand der Technik nicht für alle denkbaren Netzmodelle möglich. Z.B. werden Transitions-Inschriften (also alle Markenänderungs-Funktionen) beim Invariantenkalkül für PRT-Netze ignoriert.

Die Bedeutung des Invarianten-Kalküls liegt vor allem darin, daß Invarianten (im Gegensatz zu allen anderen bekannten Analyse-Verfahren für Petri-Netze) Aussagen liefern, die von der *Anfangsmarkierung unabhängig* sind. Bei gegebener Anfangsmarkierung gelten die Invarianten für alle daraus ableitbaren Folgemarkierungen. Die Verfahren zur Ermittlung der Invarianten basieren auf der (statischen) Netzspezifikation und sind somit von der Größe des Zustandsraumes unabhängig. Daher sind diese Verfahren in den meisten Fällen wesentlich effizienter als z.B. Verfahren auf dem Erreichbarkeits-Graph.

Auch wenn es gelingt, bei gegebenen Netz dessen Fundamentalsystem aller S- und T-Invarianten zu ermitteln, ist die Arbeit noch nicht beendet: Invarianten können als geltende Axiome eines modellierten Systems aufgefaßt werden; der Nachweis vom Benutzer angenommener Systemeigenschaften auf der Basis dieser Axiome erfordert ein sehr anspruchsvolles Verifikations-System, das bisher noch nirgendwo realisiert worden ist [LIND86].

3.3 Erreichbarkeits-Analyse

Aus einem Netz kann durch Betrachtung aller von der Anfangsmarkierung aus erreichbaren Markierungen ein sog. *Erreichbarkeits-Graph* (reachability graph, RG) konstruiert werden. Ist der Graph endlich, dann können damit alle wesentlichen logisch-kausalen Eigenschaften des durch das Netz repräsentierten Systems ermittelt werden (s. Kap. 3.3.2).

Zusätzlich kann aus einem RG eines zeitattributierten Netzes unter gewissen Bedingungen eine Markovkette abgeleitet werden, deren analytische Auswertung Aussagen über zeitlich stationäre Systemeigenschaften liefert (s. Kap. 3.3.3).

Schließlich ist aus einem RG eines beliebig zeitattributierten Netzes auch eine stochastische Simulation ableitbar (s. Kap. 3.4). Allerdings ist dazu der RG nicht notwendig erforderlich. Meist wird durch zeitliche Restriktionen auch nur ein Teilgraph des RG eines solchen Netzes erreicht.

Die existierenden Analysemethoden auf RGs sind in Abb. 3.3.1-1 zusammengefaßt.

3.3.1 Konstruktion des Erreichbarkeits-Graphen

Ein Erreichbarkeits-Graph wird aus einem gegebenen Netz mit Anfangsmarkierung M0 wie folgt konstruiert:

- RG-Knoten sind alle von M0 aus durch Transitions-Schaltfolgen erreichbaren Markierungen. M0 selbst ist der Wurzelknoten des RG.

- Zwei Knoten M1, M2 (beide von M0 aus erreichbar) werden durch eine gerichtete Kante verbunden, wenn es in M1 mindestens eine Transition gibt, die aktivierbar ist und deren Schalten die Markierung M2 ergibt. Diese Kante wird mit dem Namen dieser Transition beschriftet. Bei Netzen mit individuellen Marken und/oder mit Zeitverhalten kommen weitere Kantenbeschriftungen hinzu, die das Schalten dieser Transition genauer charakterisieren.

- Zwei von M0 aus erreichbare Markierungen M, M' sind gleich, wenn die Stellenbelegungen in beiden identisch sind. Bei Netzen ohne individuelle Marken ist die Identität durch gleiche Anzahl definiert. Bei Netzen mit individuellen und strukturierten Marken wird die Identität von Markierungen auf die Identität strukturierter Marken zurückgeführt, d.h. deren Attribute und Attributwerte.

   Führt ein M-Folgemarkierung auf eine Markierung M', die gleich ist zu einer bereits im RG existierenden Markierung, liegt ein *Zyklus* im RG vor.

Es besteht ein generelles RG-Konstruktionsproblem: Bei vielen Netzen wächst die RG-Größe hyperexponentiell mit der Netzgröße. Die RG-Größe wächst insbesondere mit dem Nebenläufigkeits-Grad: Falls es in einer M0-Folgemarkierung M insgesamt n_M Transitionen gibt, die unabhängig voneinander (also ohne gegenseitige Konflikte) aktivierbar sind, beträgt die Anzahl der allein aus dem Schalten dieser Transitionen sich ergebenden Folgezustände 2^n.

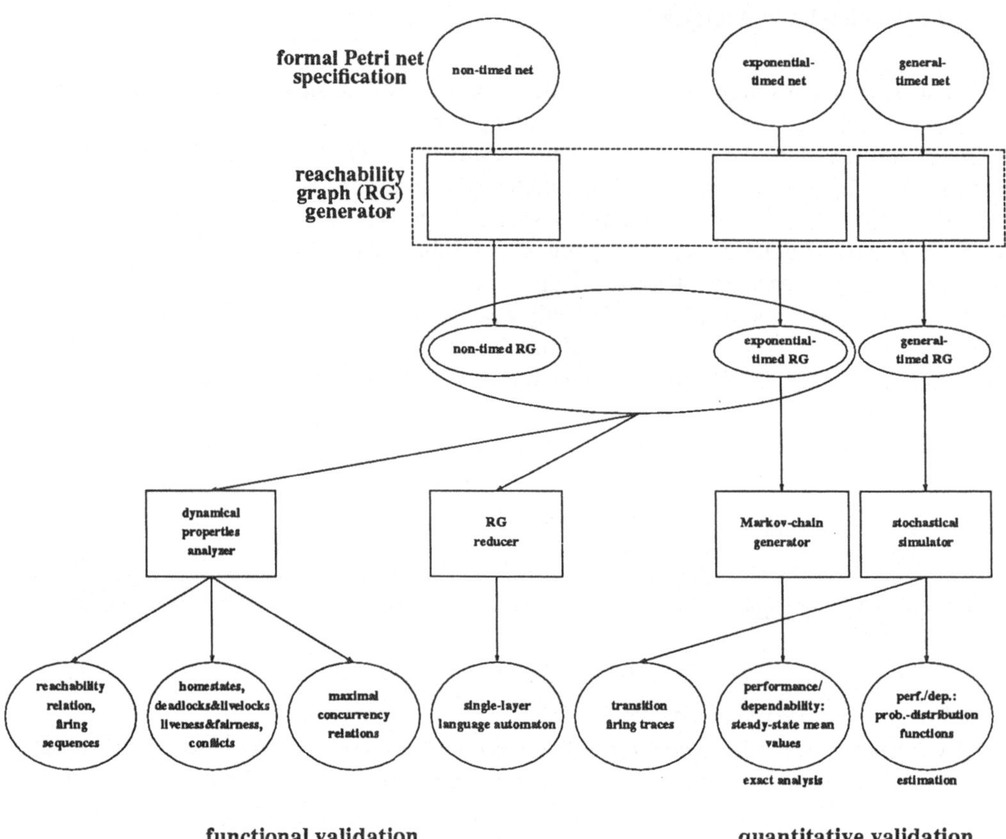

Abb. 3.3.1–1 :   Analysemethoden auf dem Erreichbarkeits-Graphen

Aus dieser Zustandexplosion ergeben sich folgende Konsequenzen:

(1) Die Realisierung des RG-Konstruktionsverfahrens muß sehr effizient sein.

(2) Für viele Netze scheidet eine RG-Analyse aus Speicher- und/oder Zeitgründen aus. In solchen Fällen sind aber trotzdem folgende Maßnahmen sinnvoll:

- Abspeicherung eines Teilgraphen des gesamten RG. Auf Teilgraphen ist dann zumindestens ein *Test des intendierten Systemverhaltens* möglich.

- Problemorientierte Reduktion auf Netzebene. Diese kann z.B. durch Restriktion der im Netz möglichen Nebenläufigkeiten und Schaltreihenfolgen aktivierbarer Transitionen erfolgen. Hierzu können die in Kap. 2.2.2 definierten Transitions-Parameter angewendet werden.

- Automatische Reduktion auf Netzebene (s. Kap. 3.6). Damit kann unter Bewahrung einer Teilmenge der dynamischen Netzeigenschaften der zugehörige RG drastisch verkleinert werden.

-      Automatische Reduktion auf RG-Ebene. Die verschiedenen Ansätze hierzu werden im Ausblick (Kap. 7.2.1) diskutiert.

Jeder RG hat folgende Eigenschaften:

-   Ein RG ist im graphentheoretischen Sinne ein zusammenhängender Wurzelgraph: alle Knoten sind von der Wurzel M0 aus erreichbar. Das gilt auch bei einem Netz aus unzusammenhängenden Teilnetzen.

-   Eine M0-Folgemarkierung M ist eine *Endmarkierung*, wenn M keine Folgemarkierungen aufweist, d.h. wenn in M keine Transition aktivierbar ist.

-   Ein RG ist genau dann endlich, wenn das zugehörige Netz sicher ist, d.h. daß für alle Stellen eine obere Belegungsanzahl-Schranke existiert, die für alle M0-Folgemarkierungen gültig ist. Bei Netzen mit individuellen Marken müssen zusätzlich die Objektbereiche aller Marken endlich sein.

Als Mindestanforderung an ein Werkzeug zur RG-Konstruktion muß das beschriebene Verfahren korrekt realisiert sein. Insbesondere müssen Zyklen erkannt werden.

Eine *Komfort-Version* eines solchen Werkzeugs zeichnet sich z.B. durch folgende zusätzlichen Funktionen aus:

(1)   Graphische Darstellung des RG (vollständig und auschnittsweise Darstellung),

(2)   Schichten-Reduktion eines RG.
Dazu wird eine Subnetz N' als Teil des Gesamtnetzes N vorgegeben, dessen dynamisches Verhalten interessiert. Aus dem Erreichbarkeitsgraph RG(N) des Gesamtnetzes und der im Subnetz vorkommenden Transitions-Teilmenge T(N') wird ein reduzierter Erreichbarkeitsgraph RG(N') abgeleitet, der sich auf das Verhalten innerhalb des Subnetzes bezieht.

Es wird folgendes Reduktionsverfahren angewendet:

Der RG(N) des Gesamtnetzes wird als (i.d.R. indeterministischer) endlicher Automat aufgefaßt, dessen Zustände Markierungen sind, und dessen Zustandsübergänge Transitions-Aktivierungen sind. Schaltvorgänge von Transitionen außerhalb von N' (also in T(N)-T(N')) sind "unsichtbare" ε-Übergänge. Zur Reduktion werden folgende zwei aus der Automatentheorie bekannten Verfahren angewendet:

(1)   Umwandlung des ε-behafteten, indeterministischen Automaten A(N,N') in einen ε-freien, deterministischen Automaten A2(N,N').

(2)   Umwandlung von A2(N,N') in einen minimalen Automaten A3(N,N').
Der resultierende Automat A3 enthält als Zustände jeweils disjunkte Teilmengen des Erreichbarkeitsgraphen RG(N), deren Vereinigung genau die Menge aller RG-Knoten ergibt. Es ist daher leicht möglich, zu jedem Zustandsübergang in A3 die zugehörige Menge aller Markierungsfolgen im RG zu rekonstruieren.

Für praktische Anwendungen sind schichten-reduzierte RGs sehr nützlich, da wegen der Größe eines RG oft kein volles Verständnis des darin repräsentierten, vollständigen dynamischen Systemverhaltens möglich ist. Ein reduzierter RG liefert hingegen eine begrenzte, jedoch exakte Information über ein einzelnes Subsystem. Insbesondere sind Verklemmungen und

Lebendigkeits-Aussagen bereits aus dem reduzierten RG ableitbar. Bei Bedarf ist eine Rekonstruktion der Schaltfolgen im vollständigen RG möglich. Damit wird eine *hierarchische, schicht- oder modul-weise Systemverifikation* unterstützt.

Schichten-Reduktion ist vielfach zur Validation von Diensten eines Kommunikationsprotokolls angewendet worden [PAEC86], [WHEE86]. Dabei werden die einen Dienst konstituierenden Primitive durch die Transitions-Teilmenge T(N') repräsentiert.

3.3.2   Dynamische funktionelle Validation durch Erreichbarkeits-Analyse

Die wichtigsten kausalen und dynamischen Eigenschaften eines durch ein Petri-Netz repräsentierten Systems sind auf dessen Erreichbarkeitsgraph definiert. Die zugehörigen Verfahren zur Verifikation dieser Eigenschaften sind daher allesamt graphentheoretisch begründet.

Beispiele für wichtige dynamische Eigenschaften sind (formale Definitionen s. Kap. 10-Anhang C):

- (Nicht-)Erreichbarkeit einer Markierung M' von einer Markierung M aus.
  Verallgemeinerung auf (Nicht-)Erreichbarkeit von Markierungsmengen.

- Menge aller Markierungen, die zwar von M0 aus erreichbar sind, aber nicht eine vorgegebene Markierung M erreichen.

- Menge aller "Wege" (Markierungsfolgen) zwischen gegebenen Markierungen M1, M2. Weg minimaler Länge zwischen M1 und M2.

- Menge aller statischen Verklemmungszustände (Deadlocks):
  Ein RG-Knoten D wird als Fehlerzustand der Art "Deadlock" interpretiert, wenn von D aus keine Transition aktivierbar ist. Bei nichtzyklischen Systemen kann D jedoch auch als erwünschter Endzustand interpretiert werden.

- Menge aller dynamischen Verklemmungszustände (Livelocks):
  Eine echte Teilmenge des RG, die nach Betreten nicht mehr verlassen werden kann, und die keine Deadlocks enthält, wird als Fehlerzustand "Livelock" interpretiert.
  In einem Livelock sind alle beteiligten Markierungen gegenseitig erreichbar. Daher ist der entsprechende RG-Teil (im graphentheoretischen Sinne) eine starke Zusammenhangs-Komponente des gesamten RG.

- (Schwach) reproduzierbare Markierungen:
  Eine Markierung M ist (schwach) reproduzierbar, falls es einen Weg im RG M --> M' --> M gibt, wobei M ungleich M' ist.

- Menge aller Home-Markierungen (home states):
  Eine Home-Markierung M ist eine Markierung, die von jeder M0-Folgemarkierung aus erreichbar ist.
  Ein solches M sowie alle seine Folgemarkierungen sind reproduzierbar.

- Lebendigkeit (liveness):
  Ein Netz ist lebendig, wenn für alle M0-Folgemarkierungen M gilt: die Menge der M-Folgemarkierungen wird durch das Schalten *aller* Transitionen des Netzes erreicht.
  (Falls lediglich irgendeine aktivierbare Transition in jedem solchen M existiert, ist das Netz nicht notwendig lebendig, jedoch nach obiger Definition deadlock-frei.)

- Fairness:
  Ein Netz verhält sich fair, wenn *jede* Transition an jeder unendlichen Transitions-Schaltfolge beteiligt ist, d.h. keine Transition kann unbeschränkt lange am Schalten gehindert werden, solange kein Deadlock auftritt.

- Tote Systemteile:
  Ein Subnetz ist tot, wenn keine der darin enthaltenen Transitionen in irgendeiner M0-Folgemarkierung (incl. in M0 selbst) aktivierbar ist.

All diese abstrakten, aus dem RG eines Netzes ableitbaren Eigenschaften können zur konkreten Validation von Rechensystem-Entwürfen verwendet werden:

(1) Die Existenz *allgemeiner, negativer Eigenschaften* wie Verklemmungen (deadlocks, livelocks), tote Systemteile, Nicht-Lebendigkeit und Nicht-Fairness von Transitionen weisen auf potentielle Entwurfsfehler hin.

(2) *Spezielle, positive Eigenschaften* sind Homestates einer gegebenen Markierungsteilmenge, sowie die Erreichbarkeit.

   Über die Homestates-Eigenschaft kann z.B. überprüft werden, ob von jeder einen "Normalzustand" repräsentierender Markierung ein Übergang in einen "Fehlerzustand" und von dort in einen "Fehlerbehebungszustand" möglich ist.

   Über die Erreichbarkeits-Eigenschaft können z.B. gültige Schaltfolgen von Transitionen bestimmt werden, die als *Testdaten* nach der späteren Systemimplementierung verwendet werden können [GRRU85]. Bei reproduzierbaren Markierungen ist die Betrachtung minimaler zyklischer Schaltfolgen zu Testzwecken sehr nützlich.

3.3.3 Quantitative Validation auf Erreichbarkeits-Graphen durch Markovketten-Analyse

Markovketten-Analyse (MC-Analyse) ist eine quantitative Methode, das stationäre bzw. transiente Zeitverhalten eines zeitattributierten Modells (hier: Petri-Netz) analytisch zu untersuchen. In letzter Zeit hat diese Methode verstärkt Interesse gefunden [TPN85]. Anwendungen in der Informatik gibt es hauptsächlich bei der analytischen Leistungs- und Zuverlässigkeits-Vorhersage von Rechnernetzen und Kommunikationsprotokollen.

Ausgangspunkt ist der Erreichbarkeits-Graph (RG) eines Netzes mit exponentialverteilten Schaltzeiten, wobei irgendeine Kombination der sonstigen stochastischen Parameter (Kapitel 2.2.5) vorliegen kann. Falls nun der RG endlich und 'stationär' ist (d.h. daß Anfangsmarkierung M0 ist von *jeder M0-Folgemarkierung* aus erreichbar, sodaß jede Transition unendlich oft schalten kann), dann ist der RG *isomorph* zu einer Markovkette. Diese ist diskret (bezüglich ihrem Zustandsraum), zeit-kontinuierlich (Zustandsübergänge durch Schalten von Transitionen zu beliebigen Zeitpunkten möglich) und homogen (Übergangs-Wahrscheinlichkeiten hängen nicht von der Zeit selbst ab).

Zu einer solchen Markovkette können nun aus der Übergangs-Matrix (die direkt aus dem RG ermittelt wird) die mittleren Aufenthalts-Wahrscheinlichkeiten jedes Zustands (hier: jeder M0-Folgemarkierung) bestimmt werden, indem ein lineares Gleichungssystem gelöst wird. Diese Dauern sind proportional zu den mittleren Aufenthaltszeiten in den entsprechenden Zuständen. Aus diesen Dauern leiten sich weitere Performance-Maße, wie z.B. mittlere Stellenbelegungen, einfach ab (s. etwa [MCB84]).

Zusätzlich zur stationären Analyse einer Markovkette kann auch eine transiente Analyse ausgeführt werden. Dabei wird die Konvergierungs-Geschwindigkeit der Aufenthaltszeiten in jedem Zustand in den jeweiligen Mittelwert zu vorgegebenen, diskreten Zeitschritten berechnet.

Die konventionelle Einschränkung auf exponentialverteilte Schaltzeiten ist mittlerweile auf phasentyp-verteilte Schaltzeiten [CUMA85], zeitlose und deterministische Transitionen mit Verbotskanten [MCB84], [MACH86] sowie auf Schaltbereitschafts- und Schaltzeiten [RAPH84] verallgemeinert worden.

Die Grenzen einer MC-Analyse bezüglich Rechenzeit-Komplexität werden schnell erreicht, da bei einer RG-Größe von n Knoten der Aufwand zur Lösung des linearen Gleichungssystems, das die Markovkette im stationären Zustand repräsentiert, $O(n^3)$ beträgt.

Bisher sind in allen Untersuchungen Netze ohne individuelle Marken vorausgesetzt worden. Prinzipiell gibt es aber in diesem Fall keine großen Probleme. Im RG eines solchen Netzes sind Informationen über individuelle Marken bei der stationären Lösung der Übergangs-Matrix irrelevant.

Zur Klassifikation von Werkzeugen, die Markovketten-Analyse unterstützten, dient folgendes Bewertungsschema:

0   Markovketten-Analyse nicht realisiert

1   Markovketten-Analyse realisiert, Untersuchung im stationären, ergodischen Fall

2   Untersuchung sowohl im stationären, ergodischen als auch im transienten Fall

3.4   Diskrete Simulation

Diskrete Simulation ist eine Untersuchungsmethode für Systeme mit diskretem Zustandsraum, wie z.B. Rechensysteme. Mit Simulation ist eine *quantitative und funktionale Validation* der Entwurfsspezifikation eines Rechensystems gegenüber ihrem intendierten Verhalten teilweise möglich:

- Aus einer funktionalen Spezifikation, die Abschätzungen des zeitlichen Verhaltens enthält, ist eine Leistungs- bzw. Zuverlässigkeits-Vorhersage des Systems durch Simulation ableitbar.

- Aus einer funktionalen Spezifikation ist eine Teilmenge der Ereignisfolgen (bei einer Spezifikation als Petri-Netz: der Transitions-Schaltfolgen) erzeugbar. Diese kann zur Aufdeckung von Entwurfsfehlern [GROZ85], [LES86a], als auch zu späteren Konformanz-Tests der Implementierung gegenüber der Spezifikation dienen.

Diskrete Simulation einer Netzspezifikation grenzt sich von den anderen in diesem Kapitel beschriebenen Analysemethoden dadurch ab, daß damit kein mathematischer Beweis der dynamischen Eigenschaften möglich ist:

- Erreichbarkeits-Analyse liefert *alle möglichen* Schaltfolgen, Simulation i.d.R. nur einen Teil. Daraus sind oft Aussagen über Fehlerfälle wie z.B. Deadlocks ableitbar, hingegen nicht 'positive' Aussagen, z.B. über die Lebendigkeit von Transitionen.

- Markovketten-Analyse liefert *mathematisch exakte* Leistungs- bzw. Zuverlässigkeits-Werte, Simulation lediglich geschätzte.

Daraus ergibt sich der Einsatzbereich der Simulation gegenüber diesen Analyseverfahren:

- Bei sehr komplexen Systementwürfen kann der Erreichbarkeits-Graph so groß werden, daß er in praxi wegen zu großer Zeit- und Speicher-Komplexität nicht vollständig erzeugt werden kann. Simulation ist dann immer noch möglich. (Eine Simulation kann aber effizienter realisiert werden, wenn als Eingabe bereits der gesamte Erreichbarkeits-Graph zur Verfügung steht.)

- Falls die statistischen Verteilungen der Transitions-Schaltdauern nicht vom Phasentyp sind, ist eine exakte Transformation des Erreichbarkeits-Graphen auf eine Markovkette nicht möglich. Stochastische Simulation kann hingegen auf Entwürfe mit beliebigen Verteilungen angewendet werden.

Erfahrungen bei detaillierten Entwürfen speziell von verteilten (d.h. stark nebenläufigen) Rechensystemen belegen, daß dabei die Erreichbarkeits-Graphen schnell sehr groß werden. Transitions-Schaltdauern werden meist durch Messung bestimmt; die Messwerte unterliegen oft keiner exakten, theoretisch bekannten Verteilungfunktion. In beiden Fällen wird eine exakte Analyse nicht mehr möglich sein, sodaß Simulation als einzig anwendbare Untersuchungsmethode verbleibt.

Grundsätzlich unterscheiden wir interaktive und stochastische Simulation (eines Petri-Netzes).

Bei interaktiver Simulation wird die Auswahl der nächsten zu aktivierenden Transition vom Benutzer vorgenommen, falls in einer Markierung mehrere Alternativen möglich sind. Die Anwendung dieser Simulationsart beschränkt sich daher auf die Bildung von Schaltfolgen zu Test- und Demonstrations-Zwecken [JEN86c].

Stochastische Simulation setzt ein Netz voraus, daß mit zeitlichen Transitions-Schaltdauern und stochastischen Konfliktauflösungs-Wahrscheinlichkeiten attributiert ist. Ziel einer stochastischen Simulation ist, gegebene quantitative Zielgrößen hinreichend genau zu schätzen. Typische netzorientierte Zielgrößen sind Stellenbelegung (Anzahl Marken pro Stelle), Aufenthaltszeit pro Marke, Verweildauer einer Marke zwischen gegebenen Stellen.

Bei einer stochastischen Simulation wird weiter nach der Simulation des transienten und des stationären Systemverhaltens unterschieden. Stationarität eines stochastischen Petri-Netzes erfordert ein zyklisches Verhalten, d.h. daß alle Transitionen potentiell beliebig oft schalten können.

Bei stationärem Systemverhalten kann jede Zielgröße mit unterschiedlichem Detaillierungsgrad geschätzt werden. Das reicht von Mittelwerten und Varianzen mit Konfidenzintervallen, über Quantile (Anteil der Werte oberhalb gegebener Schranke), bis zur Bestimmung der empirischen Verteilungsfunktion der Zielgröße. Dabei werden Methoden der Experimententwurfs-Theorie zur Parameter-Variation und statistische Output-Analyseverfahren angewendet [LES86a, Kap. 5.2].

Stochastische Simulation stößt an die Grenzen ihrer Anwendbarkeit, wenn ein Systementwurf so viele Simulationsläufe erfordert, daß diese in praxi nicht alle ausgeführt werden können. Das ist speziell bei sehr vielen Zielgrößen bzw. bei 'steifem' dynamischen Verhalten des Systementwurfs der Fall. (Ein steifes stochastisches Petri-Netz ist durch zwei Klassen von Transitionen charakterisiert, die sich um mindestens eine Größenordnung in ihren mittleren Schaltdauern unterscheiden.) In einer Simulation eines steifen Systems müssen die 'häufig' schaltenden Transitionen unverhältnismäßig oft aktiviert werden, um hinreichend viele 'selten' schaltende Transitionen beobachten zu können.

Zur Klassifikation von Werkzeugen, die stochastische Simulation unterstützen, dient folgendes Bewertungsschema (A,B):

(A) Interaktive Simulation

    0 nicht realisiert

    1 realisiert

(B) Stochastische Simulation

    0 nicht realisiert

    1 realisiert (Einfach-Version)
    Zu einer Einfach-Version gehört die Beobachtung und Ausgabe des zeitlich-transienten Verhaltens aller denkbaren, netzorientierten Leistungsgrößen (ohne Selektionsmöglichkeit), sowie die Schätzung von Mittelwerten und Varianzen dieser Größen mittels 'naiver' Statistiken, d.h. unter der Annahme der stochastischen Unabhängigkeit aller Beobachtungen.
    Als Anforderungen an die Werkzeug-Kooperationsfähigkeit sind zu stellen

- Möglichkeit der Externspeicherung jeder bei einem Lauf erreichten Markierung per Kommando,

- Externspeicherung aller Simulationsergebnisse.

    2 realisiert (Komfort-Version)
    Zu einer Komfort-Version gehört typischerweise mindestens eines der folgenden Merkmale:

(a) Interaktive Benutzerkontrolle über einen Simulationslauf, z.B. durch flexible Start-/Stop-Regeln, Setzen und Löschen von Haltepunkten (breakpoints), Inspektion von aktuellen Markierungen an Breakpoints, Abspeichern der erreichten Markierung auf Externspeicher, selektives Tracing einer vorgegebenen zu beobachtenden Transitionsmenge bis zum nächsten Breakpoint (event monitoring [LES86a]).

(b) Leistungs- bzw. Zuverlässigkeits-Vorhersage mit anspruchsvollen Zielgrößen-Statistiken, die über naive Mittelwert-Schätzungen hinausgehen.

(c) Komfortable Darstellung und Verwaltung von Simulationsergebnissen. Dazu gehören

    - Flexible Spezifikationsmöglichkeiten der gewünschten Leistungsgrößen.

    - Übersichtliche formatierte Darstellung von strukturierten Marken, die bei Ausgabe aktueller Markierungen und bei Traces vorkommen.

    - Graphische Funktionsdarstellungen, z.B. von transienten Größen über der Zeit, empirischen Verteilungen (Histogramme), integrierte Darstellungen einer Leistungsgröße über mehrere Experimentläufe mit unterschiedlichen Parametern.

    - Modellbank-Verwaltungssystem zur integrierten Speicherung und Auswertung kompletter Experimentserien.

3.5 Programm- und Netz-Generation

<u>Programmgenerierung</u> umfaßt die rechnergestützte Erzeugung eines lauffähigen Prototyps der Zielsystem-Software aus einer Netzspezifikation. Dabei soll unter Prototyp ein ablauffähiges Modell ('Programm-Skelett') des Zielsystems verstanden werden, in dem bereits eine Teilmenge der erforderlichen Funktionen des Zielsystems realisiert ist [BUD86a]. Der Prototyp dient als Basis zur vollständigen Implementierung des Zielsystems.

Ein solcher Programm-Generator erzeugt natürlich Code in einer vorgegebenen, task-orientierten Programmiersprache, die Dienste einer vorgegebenen Betriebssystem-Umgebung in Anspruch nimmt.

Die Abbildung eines Netzes in ein lauffähiges Programm kann i.d.R. nicht ohne zusätzliche Benutzereingaben erfolgen. Es besteht das Problem, die im Netz inhärent vorhandenen Nebenläufigkeiten möglichst effizient auf Tasks abzubilden. Zusätzlich ist in einer verteilten Umgebung eine Zuordnung von Tasks zu Prozessoren vorzunehmen. Ohne Kenntnis der Hardware-Architektur kann kaum ein effizientes Programm automatisch generiert werden. Ferner ist nicht möglich, allein aus der in einer Netzspezifikation enthaltenen Information die effizienteste Kommunikations-Disziplin zu realisieren. Z.B. kann lokale Task-Kommunikation am effizientesten durch Zugriff auf gemeinsame Variable realisiert werden; hingegen erfordert Kommunikation entfernter Tasks Botschaften-Austausch.

Aus diesen Gründen sollte die Abbildung von Netz-Transitionen auf Tasks ("task partitioning") und von Tasks auf Prozessoren ("task allocation") vom Entwickler vorgenommen werden.

<u>Netzgenerierung</u> geht den umgekehrten Weg:

-   Aus einer Implementierung (bzw. einer Spezifikation) in einer task-orientierten Programmiersprache (bzw. Spezifikationssprache für nebenläufige Systeme) wird ein Petri-Netz mit individuellen Marken erzeugt. Dabei werden meist einschränkend nur die Kommunikations-Aspekte betrachtet. Entsprechende Transformationen sind für CHILL [HOST85], ESTELLE [GROZ85], L [MEBE84], OCCAM [MBC87a] und SDL [GRRU85] entwickelt worden.

-   Das Petri-Netz wird mit einer anwendbaren Analyse-Methode, z.B. Erreichbarkeits-Analyse, rechnergestützt analysiert.

-   Analysergebnisse werden in das vorliegende Anwendungs-Programm (bzw. -Spezifikation) 'zurückinterpretiert'. D.h. Ergebnisse, die sich auf Elemente des analysierten Netzes beziehen, werden mit Bezug auf Objekte und deren Symbolik des ursprünglichen Programms ausgegeben. Wenn dabei noch die Terminologie der Petri-Netztheorie vermieden wird, braucht der Entwickler von der Existenz des Netz-Werkzeuges nicht informiert zu sein.

Insgesamt ergibt sich ein 2-stufiges Bewertungsschema (A,B) zur Klassifikation von Generations-Verfahren:

(A)   Programmgeneration: Generation Programm aus Netzmodell

    0   nicht realisiert

    1   realisiert

(B)   Netzgeneration: Generation Netzmodell aus Programm

    0   nicht realisiert

    1   realisiert

3.6   Netz-Reduktion

Netzreduktion ist eine Abbildung eines Netzes N1 in ein strukturell verkleinertes Netz N2 innerhalb derselben Netzklasse. Ziel dieser Abbildung ist, gewisse dynamischen (d.h. hier: kausalen) Netzeigenschaften zu bewahren. Da die Verkleinerung des Netzes meist auch eine Verkleinerung des zugehörigen RG zur Folge hat, ist die Anwendung der Reduktion vor allem dann sinnvoll, wenn der RG des Netzes N1 wegen seiner Größe nicht konstruiert werden kann.

Reduktionsverfahren für PT-Netze sind entwickelt worden, s. z.B. [BERL86], [LEFA85]. Für Netze mit individuellen Marken wurden in [CMS86] Reduktionsregeln vorgeschlagen.

Die bisher entworfenen Reduktionsregeln bewahren zwar einen Teil der kausalen, i.d.R. jedoch keine zeitlichen Eigenschaften. Für Netze mit Zeitattributen sind bisher keine Reduktionsverfahren entwickelt worden.

4 KLASSIFIKATION UND BEWERTUNG EXISTIERENDER PETRI-NETZ-WERKZEUGE

Grundlage der folgenden Klassifikation existierender rechnergestützter Werkzeuge sind

- Publikationen über einzelne Petri-Netz-Werkzeuge.

- Die laufend aktualisierte "Petri net tool list" in den Petri Net Newsletter, zuletzt in [TOOL86].

- Vorführungen der Werkzeuge und persönliche Kontakte zu Werkzeug-Entwicklern, u.a. auf dem Advanced Course in Bad Honnef [ACPN86].

Die zwei erstgenannten Quellen sind Selbstdarstellungen, die oft kein vollständiges Bild über realisierte Merkmale eines Werkzeugs liefern. Daher kann diese Untersuchung keinen Anspruch auf Vollständigkeit stellen; ferner sind Irrtümer bei der Bewertung nicht ganz auszuschließen.

Schließlich kann keine Beschreibung eine praktische Erprobung eines Werkzeuges ersetzen, um die Existenz, Korrektheit und Qualität der realisierten Werkzeug-Merkmale zu beurteilen. Dazu wäre für jedes einzelne Merkmal der Entwurf von *Testfällen und -Strategien* erforderlich. Sinnvoll ist auch die Spezifikation eines *Referenz-Beispiels* zur Erprobung von Werkzeugen.

4.1 Beschreibungs-Katalog für Petri-Netz-Werkzeuge

Der folgende Katalog organisatorischer und funktionaler Merkmale von Petri-Netz-Werkzeugen wurde aus den in den Kapiteln 2 und 3 erbarbeiteten Anforderungen und Merkmalen abgeleitet.

Werkzeug-Name
Name (Release-Nr.), Release-Datum

Verfügbarkeit und Status

OBJ	Objektcode-Lizenz, Preis
SRC	Sourcecode-Lizenz, Preis
WAR	Wartungs-Vertrag, -Garantie; Übergabe neuer Releases
DEV	in Entwicklung
EXP	experimentelles System (Prototyp)
PRO	kommerzielles Produkt

Laufumgebung

-- Programmiersprache(n), Umfang Source Code

-- Kernsystem (HW, BS, Basis-SW)

-- ggf. Graphiksystem (HW, BS, Basis-SW)

-- ggf. Speicheranforderungen (statisch / dynamisch, netzabhängig?); ggf. Implementations-Restriktionen (z.B. Netzgröße, E-Graph-Größe)

Dokumentation

REF Konzeptionelle / funktionale Beschreibung als Publikation

UMAN User-Manual

SMAN System-Manual

IMAN Installations-Manual, incl. Portierungs-Hinweise

HMAN On-line Manual-/Help-Funktionen

Netzklassen-Klassifikation

(s. Kap. 2)

Merkmal-Feinklassifikation

(s. Kap. 3)

(SPEC) **Spezifikations-Schnittstelle**

A0 Netzeditor: nicht vorhanden (Datei-Schnittstelle)

A1 Textueller Netzeditor

A2 Graphischer Netzeditor (Einfach-Version)

A3 Graphischer Netzeditor (Komfort-Version)

B0 Unterstützung der Konstruktion großer Netze: nicht vorhanden

B1 Auschnitts-orientierte Netzbearbeitung (WINDOW-Konzept)

B2 Verfeinerung (REFINE) und Vergröberung (COARSEN)

C0 Subnetz-Operatoren: nicht vorhanden

C1 vorhanden

D0 Speicherung von und Zugriff auf Netze: interne Datenstruktur

D1 Datei-Schnittstelle ohne Versionsführung

D2 Datei-Schnittstelle mit Versionsführung

D3 Datenbank-Schnittstelle ohne Versionsführung

D4 Datenbank-Schnittstelle mit Versionsführung

(INV)   **Invariantenermittlung und -analyse**

0   nicht vorhanden

1   vorhanden

2   vorhanden, Ermittlung aller minimalen Träger

3   vorhanden, zusätzlich Verifikation (auf Basis ermittelter Invarianten und vorgegebener Anfangsmarkierung werden markierungs- invariante Assertionen bewiesen)

(REACH)   **Konstruktion von und Analyse auf Erreichbarkeitsgraphen**
(reachability graph, RG)

A0   RG-Konstruktion: nicht realisiert

A1   realisiert (Einfach-Version)

A2   realisiert (Komfort-Version)

B0   Verifikation auf RG: nicht realisiert

B1   Erreichbarkeitsanalyse

B2   Erreichbarkeitsanalyse und Verifikation dynamischer Eigenschaften

(MKV)   **Leistungs-Verifikation durch Markovketten-Analyse**

0   nicht realisiert

1   realisiert (ergodische Lösung)

2   realisiert (ergodische und transiente Lösung)

(SIM)   **Simulation**

A0   Interaktive ("zeitlose") Simulation: nicht realisiert

A1   realisiert

B0   Stochastische Simulation: nicht realisiert

B1   realisiert (Einfach-Version)

B2   realisiert (Komfort-Version)

(GEN)   **Programmgeneration**

A0   Generierung Programm aus Netzmodell: nicht realisiert

A1   realisiert

B0   Generierung Netzmodell aus Programm: nicht realisiert

B1   realisiert

(RED)   **Netzreduktion**

      0   Reduktion innerhalb derselben Netzklasse: nicht realisiert

      1   realisiert

Intendierter Anwendungsbereich; vorliegende Erfahrungen

Geplante Erweiterungen

Informationsstand

INFO: Kenntnisse der Autoren bezüglich des betrachteten Werkzeugs
(0 = sehr schlecht, ... , 5 = sehr gut)

AISPE

Werkzeug-Name

AISPE (Advanced Industrial Software Production Environment), 1986

Verfügbarkeit und Status

unbekannt, DEV

Laufumgebung

-- PASCAL

-- VAX/11, VMS

-- unbekannte Graphik-HW, GKS

Dokumentation

REF [BRM85b], [BRM86]

Netzklassen-Klassifikation

PRTSPN mit PASCAL-Transitionsformeln

Merkmal-Klassifikation

SPEC = (3,1,0,2). Graphischer Editor mit WINDOW-Operation; Versionsführung für alle Entwurfsobjekte, speziell auch für Netzmodelle.

SIM = (0,1). Keine genaue Information, außer daß PRT-Netz mit Zeitparametern in "DESFOR"-Programm übersetzt wird. (DESFOR ist ein discrete-event Simulationssystem auf Basis von FORTRAN.)

GEN = (1,0). Generiert wird aus einem PRT-Netz ein ADA-"Programmskelett". Pro Markentyp wird dabei eine ADA-task erzeugt. Marken vom selben Typ werden dann zu unterschiedlichen Inkarnationen derselben Task.

Anwendungsbereich und Erfahrungen

Komplexe Prozeßsteuerungs-Systeme (speziell CIM- und Roboter-Systeme)

Geplante Erweiterungen

nicht bekannt, Entwicklung sollte aber Ende 1986 abgeschlossen sein.

Informationsstand

INFO = 3. Trotz mehrerer Publikationen liegt Detailbeschreibung bzgl. SPEC und SIM nicht vor.

DAIMI

Werkzeug-Name
DAIMI V4.1, 1986

Verfügbarkeit und Status
SRC kostenlos, EXP

Laufumgebung

-- PASCAL

-- SUN/3, UNIX 4.2bsd, Basis-SW von SUN/3 (SunView, SunWindows)

Dokumentation
REF [JENS85], [TOOL86], UMAN

Netzklassen-Klassifikation
NCPN

Merkmal-Klassifikation
SPEC = (1,0,0,1). Textueller Inzidenzmatrix-und Farbendefinitions-Editor. Zusätzlich Schnittstelle zu Graphikeditor PETRIPOTE (s.u.).
INV = 1. Interaktives Programm zur Invarianten-Ermittlung: Verlangt Benutzerhilfe, da kein Verfahren bekannt ist, um alle HL-Netzinvarianten zu bestimmen.
REACH = (1,0). Realisiert nur für PT-Netze.

Anwendungsbereich und Erfahrungen
Kleine Beispielmodelle, Anwendung in Lehre und Forschung.

Geplante Erweiterungen
keine Erweiterung, da neues Werkzeug entwickelt wird. Dieses soll RG-Konstruktion für HL-Netze mit reduzierter Speicherungsform für teilredundante RG-Untergraphen sowie ein RG-Anfragesystem enthalten.

Informationsstand
INFO = 3, basierend auf obiger Referenz.

DEMON

Werkzeug-Name
DEMON 3.0 (Distributed System Evaluation and MOdeling based on high-level Petri Nets), 1985

Verfügbarkeit und Status
SRC, EXP

Laufumgebung
-- SIMULA und PASCAL, 25000 Zeilen Quellcode

-- IBM-Mainframe, XA

-- IBM-3179G-Terminal, XA, GDDM

-- maximal 13 Kanten pro Transition und pro Stelle

Dokumentation
REF [LEGO85], [LES86a], [LES86b]

Netzklassen-Klassifikation
DN mit SIMULA-Transitionsformeln

Merkmal-Klassifikation
SPEC = (2,1,0,1). Einfacher Graphik-Editor mit WINDOW-Operation.
SIM = (0,2). Komfortabler stochastischer Simulator mit interaktiver Überwachung, Trace- und Snapshot-Output.

Anwendungsbereich und Erfahrungen
Transaktions-orientierte DB/DC-Systeme, fehlertolerante Kommunikationsprotokolle, Flugzeug-Versorgungssystem

Geplante Erweiterungen
keine Weiterentwicklung, aber Integration einiger Konstrukte der DEMON-Netzsprache in die erweiterte Spezifikationssprache des Werkzeuges **PROVER** (s. Anhang B.2).

Informationsstand
INFO = 5

ESP

Werkzeug-Name
ESP (Evaluator of Stochastic Petri Nets of Phase Type), 1985

Verfügbarkeit und Status
unbekannt, EXP

Laufumgebung

-- FORTRAN-77

-- z.B. VAX/UNIX

Dokumentation
REF [CUMA85], HMAN

Netzklassen-Klassifikation
PHSPN

Merkmal-Klassifikation
SPEC = (0,0,0,1).
REACH = (1,0). Aufgebauter RG kann zusätzlich "schön" alphanumerisch ausgegeben werden.
MKV = 2. Markovketten-Analyse ist nach automatischer Transformation des RG mit
phasentyp-verteilten Transitions-Schaltzeiten in RG mit exponentialverteilten Zeiten
möglich.

Anwendungsbereich und Erfahrungen
ESP ist lediglich für Experten in stochastischen Prozessen geeignet.

Geplante Erweiterungen
unbekannt

Informationsstand
INFO = 2, basierend auf obiger Referenz.

FUN

Werkzeug-Name

FUN (**FUN**ction Net Simulation and Analysis System), 1986

Verfügbarkeit und Status

SRC, EXP

Laufumgebung

-- SIMULA und PASCAL, >30000 Zeilen Quellcode

-- IBM4381, VM. Zusätzlich VAX/UNIX-Version in Uni Dortmund (bei Prof. H. Weber), aber ohne Graphik-Editor.

-- TEK-4109, PLOT-10 (GKS)

-- maximal 13 Kanten pro Transition und pro Stelle

Dokumentation

REF [GODB83], UMAN

Netzklassen-Klassifikation

FN mit SIMULA-Transitionsformeln

Merkmal-Klassifikation

SPEC = (3,2,0,1). Flexibler Graphik-Editor mit REFINE-Operation; auch textueller Editor vorhanden.
INV = 1, aber lediglich für PT-Netze. Anwendung nach automatischer Transformation FN --> PTN.
SIM = (0,1). Einfacher stochastischer Simulator ohne interaktive Eingriffsmöglichkeiten; "naive" Output-Statistiken.
GEN = (1,0), genauere Information liegt nicht vor.

Anwendungsbereich und Erfahrungen

Intendierte Anwendung ist "Rapid Prototyping". Es existiert eine große Zahl von modellierten und analysierten, aber meist kleineren Beispielen.

Geplante Erweiterungen

unbekannt.

Informationsstand

INFO = 4. Vollständige Information bzgl. SPEC, INV, SIM auf dem Stand 1985. Keine Information über Ausbau 1986.

GALILEO

Werkzeug-Name
GALILEO V1.0, 1986

Verfügbarkeit und Status
Keine Lizenz erhältlich, PRO

Laufumgebung

-- C und PASCAL, 50000 Zeilen Quellcode

-- VAX, UNIX 4.2bsd

-- TEK-4109, GKS

Dokumentation
REF [MORE86]

Netzklassen-Klassifikation
GN mit Transitionsformeln in Programmiersprache "C"

Merkmal-Klassifikation
SPEC = (2,1,0,1). Einfacher Graphik-Editor mit WINDOW-Operation.
INV = 2. Nur für PT-Netze realisiert; ein solches Netz ergibt sich nach Ignorierung
aller Transitions-Inschriften eines Galileo-Netzes.
REACH = (1,0). Ebenfalls nur für PT-Netze realisiert.
SIM = (1,2). Interaktiver Simulator; komfortabler stochastischer Simulator.
RED = 1. PT-Netzreduktionsverfahren mit Konservierung von Sicherheits- und
Lebendigkeits-Eigenschaften des ursprünglichen PT-Netzes. Auswahl der Reihenfolge
der angewendeten Reduktionsregeln vom Benutzer steuerbar.

Anwendungsbereich und Erfahrungen
Telekommunikations-Systeme bei ITT

Geplante Erweiterungen
Integrierte graphische Analyseergebnis-Ausgaben, Synchronie-Abstände

Informationsstand
INFO = 5. Sehr detaillierte Referenz [MORE86].

GreatSPN

Werkzeug-Name
GreatSPN, 1986

Verfügbarkeit und Status
SRC kostenlos, DEV

Laufumgebung
-- C und PASCAL, 10000 Zeilen Quellcode
-- SUN/2 und SUN/3, UNIX 4.2bsd
-- SUN/2 und SUN/3, UNIX 4.2bsd, SunView mit SunWindows
-- Speicheranforderung für große RGs: >4 MB

Dokumentation
REF [CHIO85], [CHIO86], [MACH86], UMAN, IMAN, HMAN

Netzklassen-Klassifikation
GSPN

Merkmal-Klassifikation
SPEC = (2,1,0,1). Einfacher Graphik-Editor mit WINDOW-Operation und graphischer Darstellung von Analyseresultaten. Auch textueller, objektorientierter Editor vorhanden.
INV = 2.
REACH = (1,0).
MKV = 2.
SIM = (0,1). Anwendung nur dann, falls Verteilungen der Transitions-Schaltzeiten so allgemein gewählt, daß Theorie der Markovketten nicht mehr anwendbar ist.

Anwendungsbereich und Erfahrungen
Kommunikationsprotokolle, Multiprozessor-Systeme

Geplante Erweiterungen
Erweiterung GSPN auf Netzklasse mit Zeitparametern und individuellen Marken; RG-Konstruktion und Markovketten-Analyse auf dieser Netzklasse.
Effizientere RG-Konstruktion, um mit derselben Hauptspeicher-Größe größere RGs beherrschen zu können.
Verbesserter Graphik-Editor mit Schnittstelle zu UNIX-Textverarbeitung

Informationsstand
INFO = 5.

GTPN

Werkzeug-Name
> GTPN (General Timed Petri Net Analyzer), 1986

Verfügbarkeit und Status
> SRC kostenlos, DEV

Laufumgebung
> -- C
>
> -- VAX, UNIX 4.2bsd

Dokumentation
> REF [HOVE85], [TOOL86]

Netzklassen-Klassifikation
> GSPN

Merkmal-Klassifikation
> SPEC = (0,0,0,1).
> REACH = (1,0).
> MKV = 1.

Anwendungsbereich und Erfahrungen
> Multiprozessor-Systeme, Supercomputer

Geplante Erweiterungen
> unbekannt

Informationsstand
> INFO = 1. Obige Referenzen beschreiben GTPN nur sehr grob.

ISAC/Graph

Werkzeug-Name
ISAC/Graph V2.4, 1986

Verfügbarkeit und Status
OBJ & WAR 25 TDM, SRC: Verhandlungssache mit Fa. ACTIS, DEV

Laufumgebung
- C
- CADMUS 9230, MUNIX, UNIFY
- CADMUS 9230, MUNIX, GKS

Dokumentation
REF [TOOL86], UMAN, IMAN, HMAN

Netzklassen-Klassifikation
CAN (channel/agency net [REI85a])

Merkmal-Klassifikation
SPEC = (3,2,0,3). Flexibler Graphik-Editor mit REFINE-Operation, mit Ausgabe Hierarchiebaum und Ausgabe-Schnittstelle zu mehreren Plottern. Netze werden mit dem DBVS UNIFY verwaltet.

Anwendungsbereich und Erfahrungen
Entwurf kommerzieller Software-Systeme, Erfahrungen: nicht bekannt.

Geplante Erweiterungen
- UNIX-4.2bsd-Version mit DAMOKLES anstatt UNIFY
- Check PRT-Netzsyntax und -semantik
- Anbindung eines Data Dictionary

Informationsstand
INFO = 4. Zeitplan der angestrebten Erweiterungen nicht bekannt (ISAC/Graph ist Teil des BMFT-geförderten UNIBASE-Projekts, welches 1988 ausläuft).

NET

Werkzeug-Name
NET V1.5, 1985

Verfügbarkeit und Status
OBJ und WAR für 90 TDM incl., PRO

Laufumgebung

-- PASCAL

-- VAX, VMS

-- VT100GB-Terminal, Graphik-SW unbekannt

Dokumentation
REF [WINK85], [TOOL86], UMAN

Netzklassen-Klassifikation
PRTSPN mit PASCAL-Transitionsformeln

Merkmal-Klassifikation
SPEC = (3,2,0,1). Flexibler Graphik-Editor mit REFINE-Operation (nur für Transitionen), mit Ausgabe Hierarchiebaum und Ausgabe-Schnittstelle zu Plotter.
SIM = (0,1). Einfacher stochastischer Simulator ohne interaktive Eingriffsmöglichkeiten; "naive" Output-Statistiken.

Anwendungsbereich und Erfahrungen
Entwurf technischer und kommerzieller Software-Systeme, zusammen mit Werkzeug "BOIE" empfohlen. Modellierungserfahrungen: nicht bekannt.

Geplante Erweiterungen
nicht bekannt.

Informationsstand
INFO = 4.

NETLAB

Werkzeug-Name
NETLAB, 1985

Verfügbarkeit und Status
SRC kostenlos, EXP

Laufumgebung

-- PASCAL und C, 10000 Zeilen Quellcode (ohne Simulator)

-- VAX, UNIX 4.2bsd

-- IMLAC, SIGGRAPH's Core (RAGS)

Dokumentation
REF [GESH83], [SKUP86]

Netzklassen-Klassifikation
PRTN mit PASCAL-ähnlichen Transitionsformeln

Merkmal-Klassifikation
SPEC = (3,2,0,1). Flexibler Graphik-Editor mit REFINE-Operation, aber kein S-/T-
Element-Kopieroperation, kein PRT-Syntaxcheck. Schnittstelle zu Werkzeug PETSI
(s.u.) realisiert.
SIM = (1,0). Sehr komfortabler interaktiver PRT-Simulator.

Anwendungsbereich und Erfahrungen
Bisher kaum angewendet, da

- exotische Graphik-HW/SW

- Basis für verbessertes System DESIGN, das allerdings lediglich auf APPLE-
MACINTOSH läuft.

Geplante Erweiterungen
CADMUS/GKS-Version (mit unklarem Fertigstellungs-Termin), PRTN-
Syntaxchecker.

Informationsstand
INFO = 5.

PESYS

Werkzeug-Name
> PESYS V.5 (**PE**tri Net Development **SYS**tem)

Verfügbarkeit und Status
> SRC kostenlos, EXP

Laufumgebung

- -- PASCAL
- -- CADMUS-9230, MUNIX
- -- CADMUS-9230, MUNIX, PascalGraph

Dokumentation
> REF [STVI85], [TOOL86]

Netzklassen-Klassifikation
> MPRTN

Merkmal-Klassifikation
> SPEC = (2,0,1,1). Graphischer und textueller Netzeditor. Subnetz-Operatoren nur in letzterem realisiert.
> INV = 1. Invarianten-Analyse wurde lediglich in Vorversion V.3 implementiert, dort für Netzklasse PTN mit Verbotskanten und konstanten Transitions-Zeitverbrauchsraten.
> SIM = (1,0)

Anwendungsbereich und Erfahrungen
> Nachrichtentechnische Systeme, z.B. Fernwirk-Systeme

Geplante Erweiterungen
> unbekannt

Informationsstand
> INFO = 3. Es ist nicht klar, ob die Erweiterungen von Version V.3 auf V.5 wirklich realisiert worden sind.

PETRIPOTE

Werkzeug-Name
PETRIPOTE V 2.5, 1985

Verfügbarkeit und Status
SRC kostenlos, EXP

Laufumgebung

-- PASCAL, 11000 Zeilen Quellcode

-- PERQ, POS

-- PERQ, POS ("PERQ Operating System" enthält auch Graphik-Basissoftware)

Dokumentation
REF Basisversion für PT-Netze: [BEAU85], Erweiterungen auf PRT-Netze: [FJT86], HMAN

Netzklassen-Klassifikation
PRTN (in erweiterter Version)

Merkmal-Klassifikation
SPEC = (3,0,1,1). Sehr komfortabler und flexibler graphischer Netzeditor mit Subnetz-Operatoren, aber ohne REFINE-Operator.
SIM = (1,0). Interaktiver Simulator nur für PTN-Basisversion.

Anwendungsbereich und Erfahrungen
nicht bekannt

Geplante Erweiterungen
Geplant ist vollkommen neue Entwicklung auf VAX/UNIX, unter Verwendung von PETRIPOTE-Konzepten, bis Ende 1987

Informationsstand
INFO = 5.

PETSI

Werkzeug-Name
PETSI (**PET**ri Net S-Invariant Analyzer), 1984

Verfügbarkeit und Status
SRC kostenlos, EXP

Laufumgebung

-- PASCAL

-- VAX, UNIX 4.2bsd

Dokumentation
REF [KULI84]

Netzklassen-Klassifikation
PRTN mit PASCAL-ähnlichen Transitionsformeln

Merkmal-Klassifikation
SPEC = (0,0,0,1). Die PRT-Syntax zur Modelleingabe ist derjenigen des Werkzeugs PRENA sehr ähnlich, da beide von der gleichen Gruppe entwickelt wurden.
INV = 2. Problem der freien Variablen in resultierenden S-Invarianten wurde nicht gelöst. Keine Berechnung von T-Invarianten realisiert.

Anwendungsbereich und Erfahrungen
nicht bekannt

Geplante Erweiterungen
Keine Weiterentwicklung geplant.

Informationsstand
INFO = 3, basierend auf Kurzbeschreibung [KULI84].

P-NUT

Werkzeug-Name
P-NUT (Petri Net UTilities), 1985

Verfügbarkeit und Status
unbekannt, DEV

Laufumgebung

-- C

-- VAX, UNIX 4.2bsd

-- Speicheranforderungen für RGs mit >20000 Knoten: >2 MB

Dokumentation
REF [RAHI85], [MORA87]

Netzklassen-Klassifikation
EFPTN

Merkmal-Klassifikation
SPEC = (0,0,0,1).
REACH = (1,2). Angeblich sehr speichereffiziente RG-Konstruktion, bisher lediglich
für PTN (d.h. ohne Zeitparameter). Komfortables RG-Anfragesystem. Insbesondere ist
eine prädikatenlogisch basierte Sprache realisiert, mit der ein Modellierer selbst
Algorithmen auf dem RG spezifizieren kann, die dann vom System ausgeführt werden
können. Ferner ist eine "schöne" alphanumerische RG-Ausgabe realisiert.

Anwendungsbereich und Erfahrungen
Validierung komplexer Kommunikationsprotokolle, z.B. X.25, TCP-IP.

Geplante Erweiterungen
EFPTN-Erweiterung auf individuelle, strukturierte Marken und markierungsabhängige
Schaltvor- und Schaltnachbedingung (wie in GSPN). Diese Netzklasse soll von einem
graphischen Netzeditor auf SUN/2 und einem stochastischen Simulator unterstützt
werden.

Informationsstand
INFO = 3, basierend auf obigen Referenzen.

PRENA

Werkzeug-Name
PRENA (**PRE**dicate/Transition-Net Analyzer), 1986

Verfügbarkeit und Status
unklar, EXP

Laufumgebung

-- PASCAL

-- VAX, UNIX 4.2 bsd

-- Speicheranforderungen für große RGs: >4 MB. Damit sind RGs mit >10000 Knoten konstruierbar.

Dokumentation
REF [HJLI86]

Netzklassen-Klassifikation
DYPRTN mit PASCAL-ähnlichen Transitionsformeln

Merkmal-Klassifikation
SPEC = (0,0,0,1).
REACH = (1,2). RG-Konstruktion ohne Reduktion, sehr komfortables RG-Anfragesystem mit Deadlock- und Livelock-Analyse.

Anwendungsbereich und Erfahrungen
Telekommunikations-Systeme (vermutlich bei DEC Finnland)

Geplante Erweiterungen
Effiziente Speicherung "fast-redundanter" RG-Zweige, um noch größere RGs beherrschen zu können.

Informationsstand
INFO = 5.

PROSIT

Werkzeug-Name
PROSIT (**PRO**tocol Specification, Implementation, and Test), 1986

Verfügbarkeit und Status
unbekannt (vermutlich SRC kostenlos, da GMD-Produkt), DEV

Laufumgebung

-- PASCAL und FORTRAN

-- Siemens-Mainframe, BS2000

Dokumentation
REF [PAEC86], UMAN

Netzklassen-Klassifikation
PRODN mit FORTRAN-Transitionsformeln

Merkmal-Klassifikation
SPEC = (3,0,0,1). Information über existierenden Graphik-Editor liegt nicht vor.
REACH = (2,1). RG-Konstruktion, RG-Reduktion, einfache Erreichbarkeits-Anfragen.

Anwendungsbereich und Erfahrungen
Entwurf, Test und Validierung von ISO/OSI-Kommunikationsprotokollen.

Geplante Erweiterungen
Automatische Generation einer Protokoll-Implementierung

Informationsstand
INFO = 3.

PROTEAN

Werkzeug-Name

PROTEAN (**PROT**ocol Emulation and Analysis of Numerical Petri-Nets) V2.1, 1986

Verfügbarkeit und Status

OBJ für 40 TDM, Forschungsstätten für 8 TDM; PRO

Laufumgebung

-- PASCAL

-- VAX, VMS

-- VT241-Terminal, VMS, REGIS

-- Speicheranforderungen für große RGs: >4 MB. Damit sind RGs mit >20000 Knoten konstruierbar.

Dokumentation

REF [WHEE86], [BWW88], UMAN, IMAN, HMAN

Netzklassen-Klassifikation

NPN

Merkmal-Klassifikation

SPEC = (2,0,1,1). Einfacher graphischer Netzeditor mit MERGE-Operation für Subnetze, zusätzlich textueller Netzeditor.
REACH = (2,2). RG-Konstruktion; RG-Reduktion; automatische graphische RG-Darstellung mit Zooming in Teilbereiche. Deadlock- und Livelock-Bestimmung; kein RG-Anfragesystem. Ermittlung aller Markierungsfolgen, die vorgebene Transitions-Schaltfolge enthalten.
SIM = (1,0). Einfacher interaktiver Simulator.

Anwendungsbereich und Erfahrungen

Kommunikationsprotokolle für offene Rechnernetze nach ISO/OSI, z.B. Transportprotokolle modelliert.

Geplante Erweiterungen

Invariantenanalyse, effizientere RG-Abspeicherung.
Portierung des Netzeditors auf GPX-Station (MicroVax) mit GKS. Analyse dynamischer Eigenschaften (Lebendigkeit, Fairness). Entwicklung eines RG-Anfragesystems.

Informationsstand

INFO = 5, ausführliche Berichte.

PRT-PROLOG

Werkzeug-Name
PRT-PROLOG, 1985

Verfügbarkeit und Status
SRC kostenlos, EXP

Laufumgebung

-- PROLOG, 250 Zeilen Quellcode

-- z.B. VAX, UNIX 4.2 bsd (da PROLOG-Standard)

-- Speicheranforderung >1 MB

Dokumentation
REF [NIVI85], [SCW86a]

Netzklassen-Klassifikation
PRTN

Merkmal-Klassifikation
SPEC = (0,0,0,1).
REACH = (1,1).

Anwendungsbereich und Erfahrungen
s. Diplomarbeit [SCW86a]

Geplante Erweiterungen
Bei GMD/St. Augustin: Schnittstelle zu Graphik-Editor DESIGN [SHAP86].

Informationsstand
INFO = 5

RAFAEL

Werkzeug-Name
RAFAEL, 1984

Verfügbarkeit und Status
OBJ, EXP

Laufumgebung

-- C

-- ONYX, UNIX

-- Hauptspeicher des ONYX-Rechners nur 64 Kb, daher Netze mit maximal 100 Transitionen, RGs mit maximal 1500 Knoten.

Dokumentation
REF [MEBE84]

Netzklassen-Klassifikation
FIFN

Merkmal-Klassifikation
SPEC = (0,0,0,1). Eingabemodell ist hierbei kein Netz, sondern eine Spezifikation in der Sprache "L".
INV = 2, mit Rückinterpretation in die L-Spezifikation.
REACH = (1,1), mit Rückinterpretation in die L-Spezifikation.
GEN = (0,1). Vorzugeben ist ein Modell in der Spezifikationssprache "L". Diese ist eine Sprache für Realzeit-Systeme mit Multitasking als Basiskonzept. Tasks kommunizieren per Botschaften-Austausch (message passing) durch FIFO-Kanäle. Allein die Kommunikations-Aspekte einer L-Spezifikation werden automatisch in ein FIFO-Netz transformiert; alle sequentiellen L-Teile werden ignoriert. Dem FIFO-Netz werden Parameter des ursprünglichen L-Modells mitgegeben, um die Rückinterpretation der Ergebnisse (s.o.) zu ermöglichen.

Anwendungsbereich und Erfahrungen
Task-orientierte Software-Systeme

Geplante Erweiterungen
Portierung auf VAX/VMS, um größere Netze analysieren zu können.

Informationsstand
INFO = 4, basierend auf sehr ausführlichem Bericht [MEBE84]

RDPS

Werkzeug-Name

    RDPS (Reseaux De Petri Stochastic) V3, 1984

Verfügbarkeit und Status

    SRC für FF 10000 (Forschungsstätten), PRO

Laufumgebung

--   FORTRAN 77, 11000 Zeilen Quellcode

--   VAX, VMS

--   Speicheranforderungen für große RGs: >4 MB. Damit sind RGs mit >20000 Knoten konstruierbar.

Dokumentation

    REF [FLOR86], HMAN & UMAN (z.Z. noch in Französisch !)

Netzklassen-Klassifikation

    GSPN

Merkmal-Klassifikation

    SPEC = (1,0,0,1), Textueller Netzeditor.
    INV = 2.
    REACH = (1,1). RG-Konstruktion mit einfachen Erreichbarkeits-Anfragen.
    MKV = 2. Transiente Markovketten (d.h. mit absorbierenden "End"-Zuständen im RG) sind lösbar. Das ist von der intendierten Anwendungsklasse her erforderlich: Zuverlässigkeits-Modelle irreparabler Rechensysteme.

Anwendungsbereich und Erfahrungen

    Zuverlässigkeits- und Leistungs-Analyse komplexer Realzeit- und Kommunikations-Systeme. Mehrere Installationen bei französischen Industriefirmen und Forschungsstätten.

Geplante Erweiterungen

    Effizientere RG-Konstruktion, um bei gleicher Hauptspeicher-Größe RGs mit bis zu 100000 Knoten beherrschen zu können.
    Erweiterung der Markovketten-Analyse vom Netzklasse GSPN auf CPSPN.
    Interaktiver Simulator.

Informationsstand

    INFO = 4, basierend auf ausführlichem Bericht.

SERPE

Werkzeug-Name
SERPE V1.1, 1986

Verfügbarkeit und Status
SRC kostenlos, DEV

Laufumgebung

-- C

-- VAX, UNIX 4.2bsd

Dokumentation
REF [FJT86]

Netzklassen-Klassifikation
UPRTN (unäres PRT-Netz [MEVA86])

Merkmal-Klassifikation
SPEC = (0,0,0,1). Schnittstelle zu Werkzeug PETRIPOTE (s.o.) realisiert.
INV = 2. Für Unäre PRT-Netze als spezielle Klasse von PRT-Netzen ist eine variablenfreie Invarianten-Darstellung entwickelt worden (vergl. Werkzeug PETSI).
REACH = (1,2). RG-Konstruktion mit komfortablem Anfragesystem, aber nur für PTN (Ermittlung von Lebendigkeit, Home-Zuständen, Deadlocks, wechselseitiger Ausschluß)

Anwendungsbereich und Erfahrungen
unbekannt

Geplante Erweiterungen
REACH für UPRTN

Informationsstand
INFO = 3, basierend auf Kurzbeschreibung in [FJT86]

4.3 Zusammenfassung

Klassifikation und Bewertung von Petri-Netz-Werkzeugen											
Werkzeug-Name	Netz-Klasse	Ver-fueg-bar-keit	Weiter-ent-wickl.?	UNIX-Vers.	SPEC (G=GKS)	Realisierte Analyse-Methoden (p=nicht fuer Netze mit strukturierten Marken)					
						INV	REACH	MKV	SIM	GEN	RED
AISPE	PRTSPN	?			G3102				0,1	1,0	
DAIMI	NCPN	SRC		x	1001	1	p1,0				
DEMON	DN	SRC			2101				0,2		
ESP	PHSPN	SRC	?	x	0001		p1,0	p2			
FUN	FN	SRC	x	(x)	G3201	p1			0,1	1,0	
GALILEO	GN		x	x	G2101	p2	p1,0		1,2		p1
GreatSPN	GSPN	SRC	x	x	2101	p2	p1,0	p2	p0,1		
GTPN	GSPN	SRC	x	x	0001		p1,0	p1			
ISAC/GRAPH	CAN	OBJ	x	x	G3203						
NET	PRTSPN	OBJ			3201				0,1		
NETLAB	PRTN	SRC	(x)	x	3201				1,0		
PESYS	MPRTN			x	2011	p1			1,0		
PETRIPOTE	PRTN				3011				p1,0		
PETSI	PRTN	SRC		x	0001	2					
P-NUT	EFTPN	?	x	x	0001		p1,2				
PRENA	DYPRTN	SRC?		x	0001		1,2				
PROSIT	PRODN	SRC	x		3001		2,2				
PROTEAN	NPN	OBJ	x		2011		2,2		1,0		
PRT-PROLOG	PRTN	SRC		x	0001		1,1				
RAFAEL	FIFN	?		x	0001	p2	p1,1			p0,1	
RDPS	GSPN	OBJ	x		1001	p2	p1,1	p2			
SERPE	PRTN	SRC	x	x	0001	2	p1,2				

Tab. 4.3–1 : Klassifikation und Bewertung von Petri-Netz-Werkzeugen

5 AUSWAHL GEEIGNETER PETRI-NETZ-WERKZEUGE

Um aus den untersuchten Werkzeugen für ein Merkmal M, M ∈ {SPEC, INV, REACH, MKV, SIM, GEN und RED}) das jeweils geeignetste auszuwählen, ist als Entscheidungskriterium der *Realisierungs-Aufwand* zur Anpassung und Erweiterung des Werkzeugs zu betrachten. Die Entscheidung sollte bei jedem Merkmal M für dasjenige Werkzeug fallen, bei welchem dieser Aufwand minimal ist.

Anpassung bzw. Erweiterung kann bezüglich folgenden Anforderungen erforderlich sein:

- Sourcecode-Verfügbarkeit, Weiterentwicklung

- Anpassung an UNIX und/oder GKS

- Erweiterung auf geforderte, aber nicht vorhandene Teil-Funktionen des Merkmals M

- Erweiterung auf die *allgemeinste Netzklasse*, die vom Werkzeug unterstützt werden soll.

Die angestrebte Netzklasse läßt sich als erweiterte PRT-Netze charakterisieren. Die Erweiterungen gegenüber PRT-Netzen beinhalten (vergl. Anhang B.2):

(E1)   Stochastischer Transitions-Zeitverbrauch (evtl. mit Zuordnung zu Betriebsmitteln)

(E2)   Partielles Schaltverhalten

(E3)   Selektiver Zugriffsmodus auf individuelle Marken in Stellen, speziell FIFO-Modus

(E4)   Rücksetzkanten

(E5)   Transitions-Schaltprioritäten

Es folgt nun die Auswahl von Petri-Netz-Werkzeugen für jedes betrachtete Merkmal M unter Berücksichtigung der genannten Entscheidungskriterien.

5.1   Werkzeuge zur graphischen Netzkonstruktion

Werkzeuge zur graphischen Netzkonstruktion						
Merkmal	AISPE	FUN	ISAC/Gr.	NET	NETLAB	PETRIPOTE
Kostenlose SRC	?	x			x	x
Weiterentwicklung		?	x			
UNIX-Version			x		x	
GKS-Version	x	x	x		?	
DB-Verwaltung			x			
REFINE-Op.		x	x	x	x	
Subnetz-Op.						x
PRTN-Syntaxcheck	x			x		
Schnittstelle zu					PETSI	SERPE

Tab. 5.1–1 :   Werkzeuge zur graphischen Netzkonstruktion

ISAC/Graph erfüllt noch die meisten gewünschten Anforderungen. Dabei sind UNIX-Version und Verfeinerungs-Operation am höchsten einzustufen. Als Alternative bietet sich noch **NETLAB** an.

Anmerkung:

Es sollte klar sein, daß auch eine UNIX/GKS-Version allein noch nicht garantiert, daß der Graphik-Editor optimal lauffähig ist, da Multi-Window Management (MWM) nicht Teil des GKS-Standards ist. MWM wird aber i.d.R. workstation-spezifisch (z.B. "SunWindows") angeboten.

Bei ISAC/Graph wurde nach unserer Kenntnis das CADMUS-MWM benutzt; die Wahl jeder anderen Workstation hätte daher zusätzlichen Umstellungsaufwand zur Folge. Bei NETLAB's Terminaltyp stand gar kein MWM zur Verfügung. Hier wäre eine nachträgliche MWM-Erweiterung sinnvoll, da damit jedenfalls die interaktive Netzkonstruktion wesentlich beschleunigt würde. Allerdings dürfte der Umstellungs-Aufwand sehr hoch sein; als Preis würde die Portabilität zwischen unterschiedlichen Workstation-Typen verloren gehen.

5.2 Werkzeuge zur strukturellen funktionellen Validation durch Invarianten-Analyse

Interessant sind ausschließlich Werkzeuge, die Invarianten-Analyse (INV) für Netze mit individuellen Marken unterstützen: Die Algorithmen zur Ermittlung eines minimalen Fundamentalsystems semi-positiver S- und T-Invarianten (mit dem sich alle Invarianten durch Linearkombination ableiten lassen) eines PT-Netzes sind wohlbekannt und einfach zu realisieren.

Daher kommen für INV lediglich die Werkzeuge DAIMI, PETSI und SERPE in Betracht. Alle drei sind unter UNIX lauffähig und kostenlos erhältlich. Speziell für PETSI und SERPE spricht, daß beide ein Fundamentalsystem liefern. Die Anwendung ist allerdings bei beiden Werkzeugen problematisch:

-   PETSI geht von allgemeinen PRT-Netzen aus, deren Invarianten i.d.R. noch freie Variablen enthalten. Die Bindung dieser Variablen mit sinnvollen Werten wird dem Benutzer aufgebürdet, d.h. es besteht ein Interpretations-Problem.

-   SERPE geht von einer speziellen Klasse der PRT-Netze aus: den Unären PRT-Netzen (UPRTN). Bei diesen bestehen alle Marken aus 1-Tupeln. Ein allgemein definiertes PRT-Netz mit strukturierten Marken unterschiedlicher Stelligkeit s ($s \geq 0$) läßt sich stets mittels einer wohldefinierten Faltungsoperation auf ein (i.d.R. wesentlich komplizierteres) UPRT-Netz transformieren.

    Als Vorteil der Verwendung dieser Netzklasse ergibt sich, daß ein Algorithmus bekannt ist, um variablenfreie Invarianten zu berechnen. Dieser ist in SERPE realisiert. Damit wird die Anwendung von Invarianten zur Verifikation von Systemeigenschaften sehr erleichtert.

    Nachteilig ist, daß in SERPE die Transformation eines gegebenen PRT-Netzes in ein UPRT-Netz sowie die Rückinterpretation der UPRTN-Invarianten in ein gegebene PRT-Netz nicht implementiert worden ist.

5.3 Werkzeuge zur dynamischen funktionellen Validation durch Erreichbarkeits-Analyse

Konstruktion von und evtl. Analyse auf Erreichbarkeitsgraphen (reachability graph, RG) von Netzen mit individuellen, strukturierten Marken bieten die Werkzeuge PRENA, PROSIT, PROTEAN und PRT-PROLOG an. Dazu folgender detaillierte Merkmals-Vergleich:

Werkzeuge zur Erreichbarkeits-Analyse				
Merkmal	PRENA	PROSIT	PROTEAN	PRT-PROLOG
Kostenlose SRC		x		x
Weiterentwicklung		x	x	
UNIX-Version	x			x
Netzklasse	PRTN	PRODN	NPN	PRTN
T-Funktionen	(x)	x	x	
RG-Externzugriff	x	x	x	x
RG-Anfragesystem	x	x		(x)
RG-Reduktion		x	x	

Tab. 5.3–1 : Werkzeuge zur Erreichbarkeits-Analyse

Daraus resultiert folgende abschließende Bewertung:

- **PRENA** erfüllt viele der gestellten Anforderungen. Sinnvolle Erweiterungen wären z.B.:

    (1)   Erweiterung der angebotenen PRT-Netzsprache, mit anschließender Anpassung der RG-Konstruktion. Zunächst wäre eine flexiblere Möglichkeit zur Spezifikation beliebiger T-Funktionen (d.h. Funktionen als Inschriften von Transitionen) erforderlich. Standardmäßig sind Funktionen auf *Multimengen*-Attributen einer Marke zu realisieren. Schließlich würden die oben beschriebenen Erweiterungen (E3), (E4), (E5) zu noch kompakteren PRT-Netzspezifikationen führen.

    (2)   Realisierung der RG-Reduktion nach dem bekannten Verfahren aus der Automatentheorie, mit zugehörigem Anfragesystem auf dem reduzierten RG.

- **PROSIT** erfüllt fast alle funktionalen Anforderungen; lediglich die vorgeschlagene Netzklassen-Erweiterung (E3) auf FIFO-Stellenzugriff wäre zu realisieren. Sehr problematisch erscheint hingegen die Portierung auf UNIX, da die Abhängigkeit von BS2000 nach eigener Aussage der PROSIT-Entwickler sehr groß ist. Unklar ist, ob der Portierungsaufwand kleiner oder größer ist als der Aufwand für die erforderlichen PRENA-Erweiterungen.

- **PROTEAN** weist annähernd äquivalenten Funktionsumfang gegenüber PROSIT auf. Das betrifft auch die unterstützte Netzklasse der Numerischen Petri-Netze (NPN), die eine ähnlich große Modellierungs-Mächtigkeit wie PROSIT's Produktnetze (PRODN) aufzuweisen hat (s. Netzklassifikation in Kap. 2.4.1).

- **PRT-PROLOG** kann allein schon von der gewählten Programmiersprache her nicht mit den drei anderen Werkzeugen konkurrieren:

  (1)   Eine RG-Konstruktion mit PROLOG hat sicherlich -zumindest auf einer konventionellen Hardware-Architektur- längere Ausführungszeiten zur Folge, verglichen mit einer effizienten C- oder PASCAL-Realisierung.

  (2)   Eine RG-Reduktion als Beispiel eines komplexen Verfahrens auf dem RG würde die algorithmische Leistungsfähigkeit einer Sprache wie C oder PASCAL erfordern; beides ist mit PROLOG schwierig realisierbar.

Ein Vorteil einer Prolog-orientierten Erreichbarkeits-Analyse ist, daß auch anspruchsvolle RG-Anfrageoperatoren schnell und zuverlässig realisiert werden können, da hierzu das eingebaute prädikative Anfragesystem voll genutzt werden kann. Ein solches Anfragesystem ist realisiert worden. Allerdings kann die Performance bei der Ausführung vieler Operatoren auf einem größeren RG untolerierbar schlecht werden, z.B. bei der Ermittlung aller reproduzierbarer Markierungen.

Prinzipiell ist also auch PRT-PROLOG zur Erreichbarkeitsanalyse geeignet. Für algorithmische Erweiterungen wie (2) könnte ein kooperierendes Subsystem in PASCAL bzw. C entwickelt werden, das auf der externen RG-Schnittstelle aufsetzt. Wegen dem Performance-Argument (1) sind aber PRENA oder PROSIT vorzuziehen, solange keine dedizierte Hardware (z.B. Lisp-Maschine) zur Verfügung steht.

5.4   Werkzeuge zur quantitativen Validation durch Markovketten-Analyse

Zur Auswahl stehen hier ESP, GreatSPN, GTPN und RDPS. Zunächst fällt auf, daß keines dieser Werkzeuge bei der zur Markovketten-Analyse (Markov chain analysis, MC-analysis) erforderlichen RG-Konstruktion von einer Netzklasse mit individuellen Marken ausgeht. Geplant ist dies aber für GreatSPN und RDPS.

Es ist daher sinnvoll, die RG-Konstruktion bei dem ausgewählten Werkzeug auszuschalten, und durch eine Schnittstelle zur RG-Konstruktion des ausgewählten REACH-Werkzeugs zu ersetzen. (Das REACH-Werkzeug soll ja die geforderte "höhere" Netzklasse unterstützen.) Dieses RG-Konstruktionsverfahren wäre dann um die Berücksichtigung von Zeitparametern zu erweitern. Diese Vorgehensweise würde also einen "Quereinstieg" in das MC-Analysewerkzeug genau nach der RG-Konstruktion realisieren.

Zur Werkzeug-Auswahl soll folgender Detail-Vergleich dienen:

Werkzeuge zur Markovketten-Analyse				
Merkmal	ESP	GreatSPN	GTPN	RDPS
Kostenlose SRC	?	x	x	
Weiterentwicklung	?	x	x	x
mehrere Installationen	?	x	?	x
UNIX-Version	x	x	x	
exp.-verteilte Schaltzeiten	x	x	x	x
phasentyp-verteilte Schaltzeiten	x			
0-Schaltzeiten (Option)	x	x		x
konstante Schaltzeiten (Option)		x		
transiente MC-Analyse (Option)	x	x		x

Tab. 5.4–1 :   Werkzeuge zur Markovketten-Analyse

Da keines der Werkzeuge Netze mit individuellen Marken unterstützt, wurden bei diesem Vergleich folgende realisierten Funktionen ignoriert:

- graphischer und textueller Netzeditor in GreatSPN;

- Invarianten-Analyse in GreatSPN und RDPS;

- RG-Anfragesystem in RDPS;

- Stochastische Simulation in GreatSPN.

Der Vergleich fällt dann ziemlich klar zugunsten von **GreatSPN** aus:

- Kostenlose Sourcecode-Lizenz einer lauffähigen UNIX-Version.

- Große Flexibilität in der Spezifikation von Schaltzeiten durch Mischung von exponential-verteilten und konstanten Schaltzeiten $t \geq 0$. (Die Verallgemeinerung auf phasentyp-verteilte Schaltzeiten in ESP ist zwar ebenfalls zur realitätsnahen Modellierung sinnvoll, erfordert aber eine sehr große Kompetenz in Stochastik.)

- Mehrere GreatSPN-Installationen zeugen vom Reifegrad des Werkzeugs. Das älteste MC-Analysewerkzeug, RDPS, hat zwar sicherlich eine noch größere Verbreitung gefunden. RDPS läuft allerdings nicht unter UNIX, eine SRC-Lizenz ist nur durch Kauf erhältlich.

5.5   Werkzeuge zur quantitativen Validation durch Simulation

Unter *Simulation* (SIM) wird hier sowohl stochastische Simulation eines zeitparametrisierten Netzes als auch "interaktive" Simulation eines klassischen "zeitlosen" Netzes verstanden.

Simulation von Netzen mit individuellen Marken wurde in den Werkzeugen AISPE, DEMON, FUN, GALILEO, NET, NETLAB und PESYS realisiert. Außer **AISPE** und **NET-LAB** können aber alle Werkzeuge sofort von der weiteren Betrachtung ausgeschlossen werden:

- DEMON läuft nicht unter UNIX. Eine Portierung wäre aber kaum sinnvoll, da DEMON-Netze mit der exotischen Sprache SIMULA realisiert werden. Als Folge müßte für eine Kooperation von DEMON mit anderen Petri-Netz-Werkzeugen eine Transformation von

SIMULA-Sprachteilen in andere Netzrepräsentationen automatisch erfolgen. Das erscheint als sehr schwierige Aufgabe.

- Für FUN existiert zwar eine UNIX-Portierung. Die Argumentation gegen SIMULA ist aber auch hier anwendbar.

- GALILEO läuft unter UNIX, eine Lizenz ist aber prinzipiell nicht erhältlich. Das ist insofern bedauerlich, da nach unserer Einschätzung der stochastische GALILEO-Simulator neben dem DEMON-Simulator bezüglich Funktionalität und Benutzer-Schnittstellen von keinem der hier betrachteten Werkzeuge erreicht wird.

- NET kommt schon wegen den extrem hohen Objektcode-Lizenzgebühren und der nicht erhältlichen Sourcecode-Lizenz nicht in Betracht.

- PESYS wird von dessen Entwickler nicht mehr unterstützt.

Über den stochastischen PRT-Netzsimulator des Werkzeugs AISPE liegen bisher keine Informationen vor, sodaß dessen Eignung nicht eingeschätzt werden kann.

Nachdem für die sonst erforderlichen Subsysteme SPEC, INV, REACH und MKV in den Kapiteln 5.1 bis 5.4 bereits *vier unterschiedliche Werkzeuge* vorgeschlagen worden sind, erscheint die Auswahl eines fünften Werkzeugs für SIM wenig sinnvoll, zumal ja eine weitere Schnittstelle zum Netzeditor zu entwickeln wäre.

Es wird daher eine *Neuentwicklung* eines stochastischen Simulators vorgeschlagen, ausgehend z.B. vom Entwurf des DEMON-Simulators. Diese Neuentwicklung sollte erst dann begonnen werden, wenn alle vier anderen Netzkonstruktions- und Netzanalyse-Funktionen in einem *homogenen, integrierten Gesamtsystem* kooperieren. Hauptgrund für diese Priorisierung ist, daß eine stochastische Simulation zur Leistungs- bzw. Zuverlässigkeits-Schätzung bei vielen Modellen gar nicht erforderlich ist, sondern durch eine Markovketten-Analyse ersetzt werden sollte. Diese liefert ja nicht eine *Schätzung*, sondern sogar eine *Verifikation* der zeitlichen Eigenschaften eines Systemmodells. Simulation ist nur dann anzuwenden, falls die Markovketten-Analyse nicht möglich ist, d.h. in einem der folgenden Fälle:

- Transitions-Schaltzeiten weder exponential-verteilt noch konstant,

- nichtendlicher Erreichbarkeits-Graph (RG),

- RG endlich, aber wegen Speicherbegrenzung praktisch nicht konstruierbar,

- RG endlich, aber nicht "stationär". In diesem Fall existiert im RG keine starke Zusammenhangs-Komponente mit mehr als einem RG-Knoten, die keine Übergänge zu anderen Komponenten besitzt.

5.6   Werkzeuge zur Programm-Generation und zur Netzreduktion

Hierzu ist eine Auswahl von Petri-Netz-Werkzeugen z.Z. noch nicht angebracht, da die Theorie noch nicht ausgereift ist.

Erwähnenswert ist lediglich das Werkzeug AISPE. Aus einer PRT-Netzspezifikation wird automatisch ein ADA-Programm erzeugt. Der in [BRM86] beschriebene Generierungs-Algorithmus ist in modifizierter Form zur Erzeugung von z.B. C-Programmen brauchbar.

5.7   Zusammenfassung

Als wichtiges Ergebnis des vorliegenden Berichts -neben der erstmals umfassenden Klassifikation von Petri-Netz-Klassen- wird die Beschaffung folgender Petri-Netz-Werkzeuge empfohlen:

- **ISAC/Graph** oder **NETLAB** zur graphischen Netzkonstruktion,

- **PETSI** oder **SERPE** zur Invarianten-Analyse,

- **PRENA** oder **PROSIT** zur Erreichbarkeits-Analyse,

- **GreatSPN** zur Markovketten-Analyse,

- **NETLAB** zur interaktiven Simulation,

- **AISPE** zur stochastischen Simulation und zur Programm-Generierung. Diese Empfehlung kann aber nach unserem Kenntnisstand nur mit Einschränkung gegeben werden.

Zur Netzreduktion kann kein uns bekanntes Werkzeug empfohlen werden.

Für die drei erstgenannten Funktionen konnte keine eindeutige Empfehlung gegeben werden; hier ist z.B. eine vergleichende Probeinstallation oder ein intensiverer Kontakt zu den Entwicklern notwendig, um die optimalen Werkzeuge auswählen zu können. Speziell zu den Werkzeugen AISPE und PROSIT sind Zusatz-Informationen erforderlich, da zu beiden keine vollständige Dokumentation vorliegt.

Abschließend bleibt anzumerken, daß einige interessante Petri-Netz-Werkzeuge auf höheren Netzen in diesem Bericht nicht untersucht worden sind:

- Ein Werkzeug zur Konstruktion und Analyse Gefärbter Netze (Coloured Petri Nets, CN [JEN86a]), welches Invarianten-Analyse, Erreichbarkeits-Analyse, Netzreduktion und Programmgenerierung leisten soll [CMS86], [SILV86];

- Das Werkzeug ARP [HABE87] zur Erreichbarkeits- und Invarianten-Analyse von CN;

- Das Werkzeug MARS [GRUE84] zur stochastischen Simulation und Erreichbarkeits-Analyse von stochastischen PRT-Netzen;

- Das Werkzeug PNPUO [QICH85] zur Erreichbarkeits-Analyse von (sehr eingeschränkten) PRT-Netzen;

- Das Werkzeug GRASPIN [KRA86a] zur Konstruktion und Analyse von PRT-Netzen, die mit Hilfe Abstrakter Datentypen spezifiziert werden;

- Ein Graphik-Editor mit interaktivem Simulator für PRT-Netze [DAEH87], der Verfeinerungs- und Vergröberungs-Operatoren enthält und in der objekt-orientierten Programmierumgebung SMALLTALK realisiert ist.

Nach dieser allgemeinen Untersuchung existierender Petri-Netz-Typen, -Analysemethoden und -Werkzeuge wird im folgenden Kapitel das auf PRT-Netzen basierende Werkzeug **PROVER** vorgestellt.

6 FUNKTIONALITÄT UND BENUTZEROBERFLÄCHE DES PETRI-NETZ-WERKZEUGES 'PROVER'

Im folgenden werden Architektur und Funktionsumfang des Software-Werkzeuges **PROVER** (Predicate/Transition net oriented **V**erification system) an Hand eines einfachen Beispielmodells erläutert.

6.1 Überblick über das Petri-Netz-Werkzeug 'PROVER'

Die aktuelle Version des Petri-Netz-Werkzeuges **PROVER** besteht aus drei kooperierenden Moduln (vergl. Abb. 6.1-1):

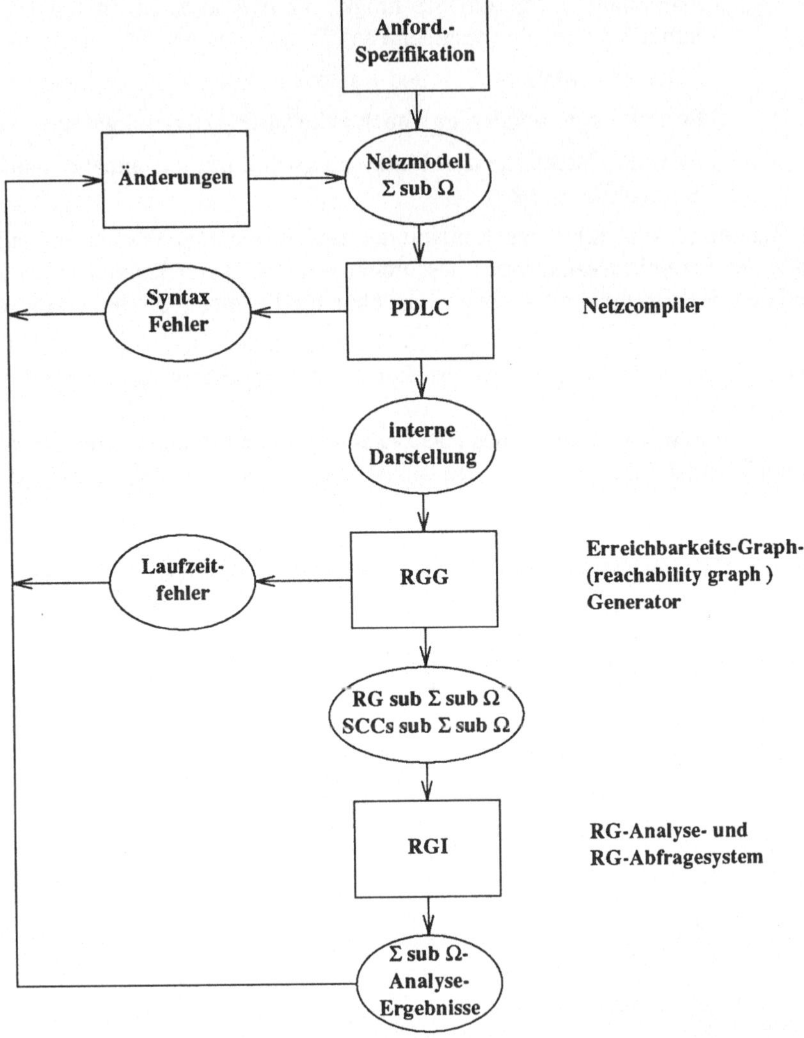

Abb. 6.1–1 : Interne Struktur des Petri-Netz-Werkzeuges **PROVER**

(1) Der PRT-Netz-Compiler "PDLC" übersetzt ein in der PDL (predicate/transition net description language, s. Definition in Kap.9-Anhang B sowie Beispiel im nächsten Abschnitt) erstelltes Netzmodell in eine interne Darstellung. Syntaktische und semantische Modellfehler werden erkannt.

(2) Der Erreichbarkeitsgraph-Generator "RGG" erzeugt daraus den vollständigen Erreichbarkeits-Graph. Dynamische Modellfehler werden erkannt, z.B. Bereichsüberschreitungen bei Funktionsaufrufen innerhalb einer Transitions-Inschrift.

(3) Der Erreichbarkeitsgraph-Interpreter "RGI" führt eine Vielzahl unterscheidlicher Verfahren durch, die alle auf graphen-theoretischer Erreichbarkeitsanalyse basieren und z.T. weit über die in vergleichbaren Werkzeugen realisierten Verfahren hinausgehen, z.B.:

- Erkennung statischer und dynamischer Verklemmungen

- Erkennung toter, (un-)beschränkt oft aktivierbarer, (nicht-)lebendiger und (un-)fairer Systemteile (bestehend aus Teilmengen von Transitionen)

- Erkennung von Konflikt- und Kapazitätsüberlauf-Situationen

- Ermittlung minimaler, ggf. auch zyklischer Aktivierungsfolgen von Transitionen

- Flexible Selektion von Markierungs-Teilmengen anhand mächtiger boolescher Anfrage-Konstrukte

Die Zeitkomplexität aller neu konzipierter und realisierter Verfahren konnte *linear in der Größe des Erreichbarkeitsgraphs* beschränkt werden. Damit können in der Praxis Analyseergebnisse mit Erreichbarkeits-Graphen aus über 10000 Knoten schnell erzielt werden.

Zur Vervollständigung der Analyse des Beispiel-Modells wird in Abschnitt 6.4 das Ergebnis einer S-Invarianten-Analyse beschrieben, die mit einem anderen Petri-Netz-Werkzeug ausgeführt wurde.

Erweiterungsmöglichkeiten des **PROVER**-Instrumentariums werden im Anhang B.2 und in Kapitel 7 diskutiert.

6.2 Modellbeschreibung eines Multi-tasking Monitors

Das hier vorgestellte Beispielnetz ist das Modell eines Betriebssystem-Teils, der den Zugriff auf ein Betriebsmittel kontrolliert. Es ist eine vereinfachte Version des in [SCW86a] detailliert beschriebenen CPU-Monitors. Dieses Beispiel wurde in Teilen bereits in [SWLE87] dokumentiert. Dieses Modell stellt ein nicht sehr realistisches Beispiel dar, das allein zum Zweck der Demonstration der **PROVER**-Funktionalität entwickelt wurde.

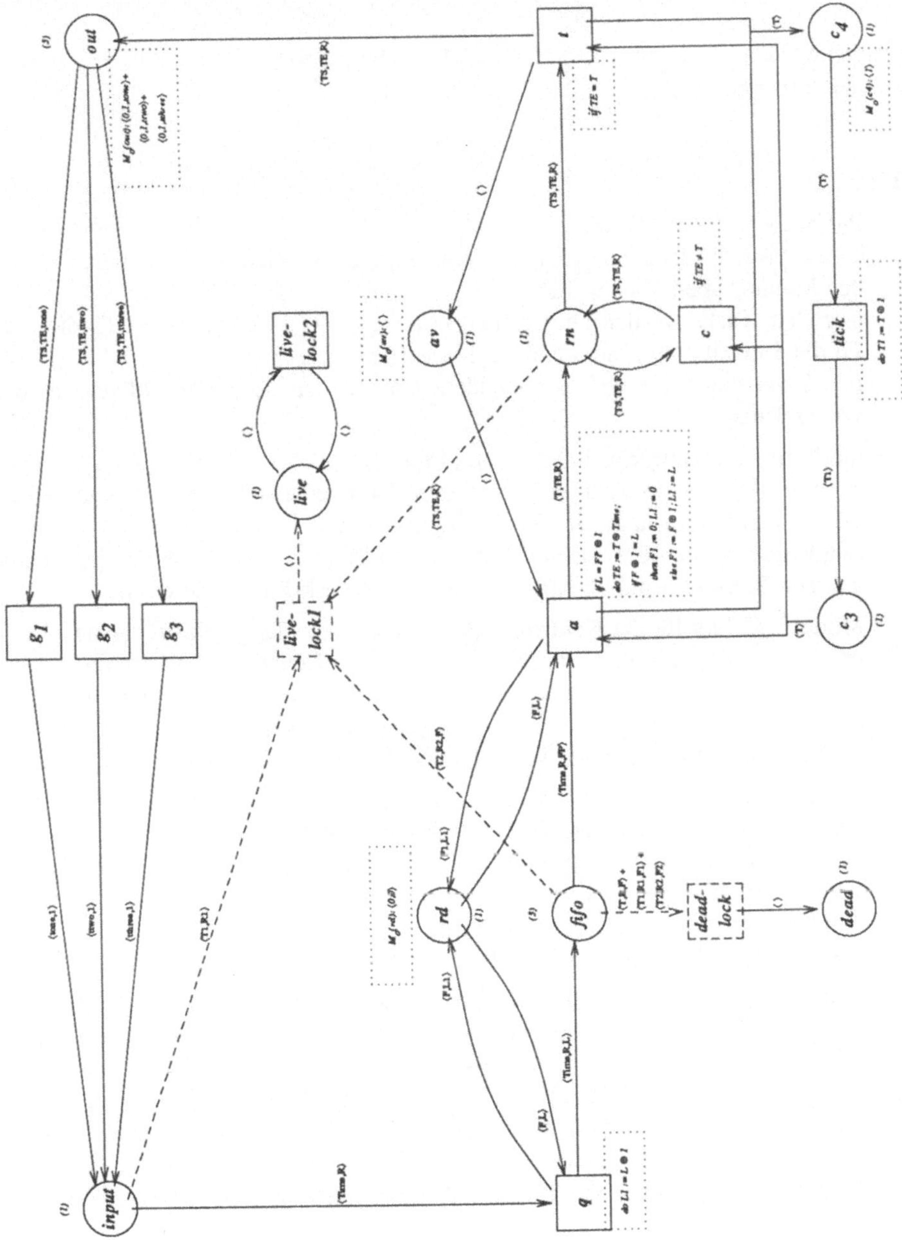

Abb. 6.2–1 : PRT-Modell eines Multi-tasking Monitors

6.2.1 Informelle Beschreibung

Ankommende Tasks werden zunächst in eine FIFO-Warteschlange eingereiht. Sobald das Betriebsmittel frei ist, wird eine Task aus der Warteschlange entsprechend der Auswahl-Strategie entnommen, und das Betriebsmittel für diese Task allokiert. Nach einer gewissen Ausführungszeit, die abhängig von der Task ist, terminiert die Task und gibt das Betriebsmittel wieder frei.

Im folgenden werden Semantik der Stellen und Transitionen sowie Bedeutung der verwendeten Variablen beschrieben.

STELLEN

out Puffer für beendete Tasks.

Tasks auf der Stelle **out** können erneut aktiviert werden, d.h. als neuer Auftrag an den Monitor übergeben werden.

Beendete Tasks werden beschrieben mit Tupeln $\langle TS,TE,R \rangle$, wobei TS die Startzeit, TE die Endzeit und R die Identifikation der Task ist.

Die Kapazität der Stelle **out** ist identisch mit der Gesamtanzahl der im Monitor vorhandenen Tasks.

input Stelle zur Übergabe von Tasks an den Monitor.

Zu einem Zeitpunkt kann stets nur eine Task an den Monitor übergeben werden. Daher wird die Kapazität der Stelle **input** auf 1 gesetzt. Eine Task wird hier repräsentiert durch die Anzahl Zeiteinheiten $Time$, die die Task für die Ausführung auf dem Betriebsmittel benötigt, und durch die Task-Identifikation R.

rd Modulus-Zähler für die Kontrolle der FIFO-Warteschlange (**ready** tasks).

rd ist markiert mit einem Tupel $\langle F,L \rangle$, das zwei Indizes enthält, durch die die erste Task in der Warteschlange (F) und die nächste freie Stelle (L) identifiziert werden können.

F und L werden modulo der Kapazität der Warteschlange gezählt.

fifo FIFO-Warteschlange: nur diejenige Task, die in der Warteschlange zeitlich zuerst eingetragen wurde, kann das Betriebsmittel belegen.

fifo ist markiert mit Tupeln $\langle Time,R,X \rangle$, wobei $Time$ die für die Ausführung der Task nötige Zeit, R die Task-Identifikation und X ein Index ist, der die Position der Task innerhalb der Warteschlange wiedergibt.

Die Kapazität der Stelle **fifo** kann beliebig gewählt werden.

Bemerkung: In verschiedenen anderen Modellen wird eine FIFO-Warteschlange – in unserem Fall über die Stellen **rd** und **fifo** realisiert – mittels einer speziellen FIFO–Stelle dargestellt ([LES86c]). Da **PROVER** bisher jedoch nur mit PRT-Komponenten, die der Original-Definition eines PRT-Netzes entsprechen, umgehen kann, mußte der Umweg über die zwei oben genannten Stellen begangen werden.

av   Betriebsmittel verfügbar (available).
av ist mit einer oder mehreren anonymen Marken (Token) markiert, wenn die zu überwachenden Betriebsmittel nicht belegt sind.
Die Kapazität von **av** ist identisch mit der Anzahl der Token und entspricht der Anzahl (identischer) Betriebsmittel, die vom Monitor kontrolliert werden.

rn   Ausführung einer Task auf dem Betriebsmittel (running).
Eine aktive Task wird durch Tupel $\langle TS,TE,R\rangle$ dargestellt. Dabei ist TS die Zeit, zu der die Ausführung gestartet wurde, TE die Zeit, zu der die Ausführung beendet sein wird (= Summe aus Startzeit TS und für die Ausführung benötigte Zeit $Time$) und R die Task-Identifikation.
Die Kapazität von **rn** entspricht der Kapazität der Stelle **av**, also der Anzahl gleicher Betriebsmittel im System.

c_3, c_4 Zeit nach (c_3) und vor (c_4) der Erzeugung eines Zeit-Ticks. Die Kapazität beider Stellen ist 1.

TRANSITIONEN

g_1,...,g_N Erzeugung von Aufträgen für den Monitor. N entspricht der Anzahl der im System vorhandenen Tasks (generate task).
Nachdem eine Task mit Task-Identifikation I ihre Ausführungen auf dem Betriebsmittel beendet hat (d.h. Stelle **out** markiert), kann die Transition g_I feuern. Beim Feuern der Transition g_I wird die Zeit, die die Task für die Ausführung auf dem Betriebsmittel benötigt, festgelegt $(Time)$. Dieser Wert wird zusammen mit der Task-Identifikation R als Tupel $\langle Time,R\rangle$ auf der Stelle **input** abgelegt.
Der Wert der Variablen $Time$ sollte wegen der Modulo-Zählung der Zeit immer im Bereich {0,...,MAXTIME} liegen (siehe Transition **tick**).

q   Einreihen einer Task in die Warteschlange (queue).
Beim Einreihen einer Task in die FIFO-Warteschlange wird der Index L von Stelle **rd** als Index für die Position der Task innerhalb der Warteschlange zu der Task-Beschreibung hinzugefügt. Anschließend wird L um eins erhöht (modulo der Warteschlangen-Kapazität) und auf Stelle **rd** zurückgelegt ($\rightarrow L1$).

a   Zuteilung des Betriebsmittels (allocate).
Die Task, die an erster Stelle in der FIFO-Warteschlange steht, d.h. die Task, deren Index dem Index F der Stelle **rd** entspricht, wird aus der Warteschlange entfernt. Die Task-Beschreibung wird um die Zeit TE , zu der die Ausführung beendet sein wird ergänzt.
Das Betriebsmittel wird durch Abzug eines Tokens von Stelle **av** und durch Ablegen der Task-Beschreibung auf Stelle **rn** an die Task zugeteilt.
Gleichzeitig wird der Index F der Stelle **rd** aktualisiert, d.h. F wird um eins erhöht (modulo Kapazität der Warteschlange) und als $F1$ auf **rd** zurückgelegt.

t   Beendigung der Ausführung einer Task (terminate).
Die Ausführung einer Task auf dem Betriebsmittel wird beendet, wenn die berechnete Endzeit (Attribut TE der Stelle **rn**) der globalen Systemzeit T von Stelle c_3 entspricht. In diesem Fall wird das Betriebsmittel freigegeben, indem die Task-Beschreibung von Stelle **rn** abgezogen wird und ein Token auf **av** abgelegt wird. Die Task-Beschreibung wird weitergeleitet auf die Stelle **out**.

c   Freigabe der Uhr (**continue**).
Wenn das Betriebsmittel von einer aktiven Task belegt ist, muß der Taktgeber explizit freigegeben werden, um einen System-Deadlock zu vermeiden.

tick   Weiterschalten der Uhr um eine Zeiteinheit.
Um eine endliche Menge von Zuständen und einen endlichen Erreichbarkeits-Graphen zu erhalten, wird die Zeit modulo einem maximalen Wert MAXTIME gezählt, der nicht zu groß gewählt werden sollte.

Das Beispiel, wie es bis hierher beschrieben wurde, kann nicht alle Möglichkeiten von **PROVER** aufzeigen. Insbesondere gibt es keine Zustände, die zu einem Deadlock oder einem Livelock führen. Um auch Analyse-Ergebnisse bezüglich Deadlocks und Livelocks zeigen zu können, wurden die folgenden Stellen und Transitionen ergänzt. Diese Teile sind in Abb. 6.2-1 über gestrichelte Kanten mit dem bisher beschriebenen Netz verbunden.

livelock1, livelock2, live
In dieser Situation arbeitet der Monitor zwar noch, aber die Aktivitäten produzieren kein verwertbares Ergebnis (Endlosschleife).
Beispielsweise könnte eine solche Situation auftreten, wenn nach einem Ausfall des Betriebsmittels die Tasks nicht erneut gestartet werden, da die gesamte Task-Information verloren gegangen ist.

deadlock, dead
Dieses Teilnetz beschreibt einen Zustand, der beispielsweise durch einen System-fehler, bei dem alle Informationen über die FIFO-Warteschlange verloren gehen, auf-treten kann. Wenn das System erst einmal in diesem Zustand ist, kann es ihn nicht mehr verlassen.

EINSCHRÄNKUNGEN

Aus technischen Gründen (Speicher-Überlauf) ist es nötig, einige Einschränkungen bezüglich Kapazitäten, Anzahl von Tasks und Variablen-Bereiche zu machen, die aber das dynamische Verhalten und die Validierung des Modells nicht beeinflussen.

- Die Anzahl der im System vorhandenen Tasks wird auf 3 beschränkt. Entsprechend werden die Kapazitäten der Stellen **fifo** und **out** sowie der Wertebereich der Zähler von Stelle **rd** definiert.

- Die Zeit, die eine Task für die Ausführung benötigt (*Time*), wird für alle Tasks auf 1 festgelegt.

- Der maximale Wert der System-Zeit (MAXTIME) wird auf 1 festgelegt, d.h. gültige Zeitwerte sind 0 und 1.

- Die Anzahl verfügbarer Ressourcen und damit die Kapazitäten der Stellen **av** und **rn** ist 1.

6.2.2 PDL-Spezifikation

Nachdem ein System oder Systemteil als PRT-Modell entworfen wurde, ist der nächste Schritt die Transformation der graphischen Darstellung in eine textuelle Darstellungsform, die der Netz-Compiler des Werkzeugs **PROVER** bearbeiten kann. In diesem Abschnitt soll anhand einiger ausgewählter Komponenten des Multi-Tasking Monitors die PDL-Darstellung eines PrT-Netzes erläutert werden. Die vollständige PDL-Darstellung des oben eingeführten Monitor-Modells ist am Ende des Abschnitts gegeben. Detailliertere Angaben über die PDL-Eingabe-Sprache sind aus den Syntaxdiagrammen in Kap. 9.1-Anhang B zu entnehmen.

Nach einem Namensteil, der das Schlüsselwort *petrinet* und den Namen des Modells umfaßt, werden ähnlich wie in Pascal zunächst die Konstanten, Variablen und Funktionen des Modells definiert.

In der Konstanten-Deklaration definierte Konstanten können im Variablen-Teil zur Typ-Definition und im Stellen-Block zu Kapazitäts-Angaben verwendet werden.

Die Variablen-Deklaration listet alle im Netz verwendeten Variablen und deren Wertebereiche auf. In der Netz-Darstellung sind nur solche Variablen zulässig, die im Variablen-Teil definiert sind. Nicht definierte Variablen führen bei der Übersetzung zu einem Syntax-Fehler. Ebenso führt es zu einem Fehler, wenn während der Laufzeit einer Variablen ein Wert zugewiesen wird, der außerhalb des definierten Bereichs der Variablen liegt.

Funktionen werden durch Aufzählung aller möglichen Kombinationen von Eingabewerten und den entsprechenden Ergebnissen definiert. Zusätzlich ist es möglich *wildcards* '~' zu verwenden, die einem beliebigen Eingabewert entsprechen. Variablen, die innerhalb von Funktionen verwendet werden, müssen nicht im Variablen-Teil definiert sein.

In der vorliegenden PROVER-Version sind als einzige eingebaute Funktionen *succ* und *pred* vorhanden, die den Nachfolger bzw. Vorgänger des Argumentes modulo dessen Wertebereich liefern. Sie dürfen jedoch nur in Funktions-Definitionen verwendet werden. Es ist nicht zulässig, sie direkt im Transitions-Teil anzugeben.

Da in dieser Version keinerlei arithmetische Operationen implementiert sind, muß jede Operation, und sei sie auch noch so trivial wie beispielsweise die Addition, als Funktion definiert werden. Man kann sich nun vorstellen, wie aufwendig es wird, wenn z.B. zwei Variablen aus dem Intervall [0,10] addiert werden sollen.

Aus dem Beispiel der Funktions-Definition wird klar, daß die vorliegende PROVER-Version einiger Erweiterung bedarf, um auch größere realistische Modelle spezifizieren zu können. Diese Erweiterungen werden im Kap. 9.2-Anhang B diskutiert und werden in einer folgenden Version von **PROVER** realisiert.

BEISPIEL

```
petrinet monitor;


const
        maxtask        = 3;
        maxtime        = 1;


var
```

```
R,R1,R2              : (tone,ttwo,tthree);
TS, TE               : 0..maxtime;

function
        SuccessorFun case s of
        ~            : succ(s);
        endcase;

        ModAddition case x,y of
        0, 1    : 1;
        1, 1    : 0;
        endcase;
```

Die nächsten drei Blöcke in der PDL-Representation beziehen sich auf die Definition der Stellen und Transitionen.

Stellen werden beschrieben durch ihren Namen, optional durch deren Kapazität (Default ist 1) und durch einen beliebigen Kommentar. Als Kapazität können auch vorher deklarierte Konstanten angegeben werden.

Transitionen definiert man durch Angabe ihres Namens, gefolgt von möglichen Ein- und Ausgangsbedingungen (IF- bzw. DO-Anweisungen) und einem Kommentar. Dabei ist zu beachten, daß Funktions-Aufrufe im IF-Teil nur links vom Operator, im DO-Teil nur rechts vom Operator stehen dürfen.

Zusätzlich zu den Transitionen können noch Fakten definiert werden. Fakten sind spezielle Transitionen ohne Outputstellen, deren Vorbedingungen über ihren Inputstellen so zu definieren sind, daß die Fakt-Transition *in keiner erreichbaren Markierung aktiviert* werden kann. Fakten können eingesetzt werden, um potentielle Fehler beim entworfenen Netz aufzuspüren, ähnlich den Assertionen in Programmen. Falls ein Fakt 'wahr' wird, d.h. schalten kann, dann liegt ein (vorhersehbarer) Entwurfsfehler in der Netzspezifikation vor.

Der Fakten-Block beginnt mit dem Schlüsselwort *fact*. Ansonsten ist die Syntax zur Fakten-Deklaration die gleiche wie bei der Deklaration der Transitionen.

BEISPIEL

```
    place
        av(1)'resource available';
        out(maxtask)'terminated tasks';

    transition
        q           do L1 := SuccessorFun(L)        'queue task';

        a           if SuccessorFun(F) = FP
                        do TE := ModAddition(T,Time),
                            F1 := succFun1(F,L),
                            L1 := succFun2(F,L)      'allocate resource';

        deadlock                                     'deadlock-transition';
```

Die Fluß-Relation des Netzes besteht aus einer Liste von Transitionen und Fakten mit den zugehörigen Ein- und Ausgangskanten. Eine Kante wird dabei durch Angabe der entsprechenden Stelle und einer formalen Summe als Beschriftung der entsprechenden Kante beschrieben. Die Liste der Eingangskanten wird mit '<', die Liste der Ausgangskanten mit '>' gekennzeichnet.

BEISPIEL

```
flow
        q               < rd(<F,L>),
                          input(<R,Time>)
                        > fifo(<Time,R,L1>),
                          rd(<F,L1>);


        a               < c3(<T>),
                          rd(<F,L>),
                          av(<>),
                          fifo(<Time,R,FP>)
                        > rd(<F1,L1>),
                          rn(<T,TE,R>),
                          c4(<T>);
```

Für die vollständige Beschreibung des Modells und als Ausgangspunkt für die Generierung des Erreichbarkeitsgraphen benötigt man zuletzt noch die Definition einer Anfangsmarkierung. Dies geschieht im Block *mark*. Die Anfangsmarkierung wird beschrieben durch die zu Beginn belegten Stellen und die Tupel, die die Stellen markieren.

BEISPIEL

```
mark
        rd              : <0,0>;
        av              : <>;
        out             : <0,1,tone> +
                          <0,1,ttwo> +
                          <0,1,tthree> ;
        c4              : <1>;
```

Abgeschlossen wird eine PDL-Netz-Darstellung mit dem Schlüsselwort *endnet*, womit sich für den Multi-Tasking Monitor aus dem vorhergehenden Abschnitt folgende *Spezifikation* ergibt:

```
petrinet monitor;

const
        maxtask         = 3;
        maxfifo         = 3;
        fifomax         = 2;
        maxtime         = 1;
```

```
var
        R, R1, R2                   : (tone, ttwo, tthree);
        F, FP, F1, F2,
        L, L1                       : 0..fifomax;
        T, T1, T2,
        TS, TE                      : 0..maxtime;
        Time                        : 1..maxtime;

function
        SuccessorFun case s of
        ~           : succ(s);
        endcase;

        ModAddition case x,y of
        0, 1    : 1;
        1, 1    : 0;
        endcase;

        succFun1 case a,b of
        0,0     : 1;
        0,1     : 0;
        0,2     : 1;
        1,0     : 2;
        1,1     : 2;
        1,2     : 0;
        2,0     : 0;
        2,1     : 0;
        2,2     : 0;
        ~,~     : 0;
        endcase;

        succFun2 case a,b of
        0,0     : 0;
        0,1     : 0;
        0,2     : 2;
        1,0     : 0;
        1,1     : 1;
        1,2     : 0;
        2,0     : 0;
        2,1     : 1;
        2,2     : 2;
        ~,~     : 0;
        endcase;

place
        input(1)                    'input place for Tasksteps';
        rd(1)                       'first and last in queue and EndTime';
```

```
        fifo(maxfifo)              'FIFO-queue';
        av(1)                      'resource available';
        rn(1)                      'executing Task';
        out(maxtask)               'terminated Task';
        c3(1)                      'clock-pulse';
        c4(1)                      'start clock-pulse';
        dead(1)                    'deadlock-place';
        live(1)                    'livelock-place';

trans
        g1        if R = tone
                     do Time := 1               'generate Task 1 with 1';


        g2        if R = ttwo
                     do Time := 1               'generate Task 2 with 2';


        g3        if R = tthree
                     do Time := 1               'generate Task 2 with 2';


        q               do L1 := SuccessorFun(L)   'queue Task';


        a         if SuccessorFun(F) = FP
                     do TE := ModAddition(T,Time),
                        F1 := succFun1(F,L),
                        L1 := succFun2(F,L)       'allocate resource';


        c         if TE <> T                      'continue clock';


        t         if TE = T                       'terminate Task';


        tick         do T1 := SuccessorFun(T)     'count clock';


        deadlock                                  'deadlock-transition';


        livelock1                                 'livelock-transition';


        livelock2                                 'livelock-transition';

flow
        g1        < out(<TS,TE,R>)
                  > input(<R,Time>);


        g2        < out(<TS,TE,R>)
                  > input(<R,Time>);


        g3        < out(<TS,TE,R>)
                  > input(<R,Time>);
```

```
q          < rd(<F,L>),
             input(<R,Time>)
           > fifo(<Time,R,L1>),
             rd(<F,L1>);


a          < c3(<T>),
             rd(<F,L>),
             av(<>),
             fifo(<Time,R,FP>)
           > rd(<F1,L1>),
             rn(<T,TE,R>),
             c4(<T>);


c          < rn(<TS,TE,R>),
             c3(<T>)
           > rn(<TS,TE,R>),
             c4(<T>);


t          < rn(<TS,TE,R>),
             c3(<T>)
           > out(<TS,TE,R>),
             av(<>),
             c4(<T>);


tick       < c4(<T>)
           > c3(<T1>);


deadlock   < fifo(<T,R,F>+<T1,R1,F1>+<T2,R2,F2>)
           > dead(<>);


livelock1  < rn(<TS,TE,R>),
             input(<T1,R1>),
             fifo(<T2,R2,F>)
           > live(<>);


livelock2  < live(<>)
           > live(<>);

mark
    rd          : <0,0>;
    av          : <>;
    out         : <0,1,tone> +
                  <0,1,ttwo> +
                  <0,1,tthree> ;
    c4          : <1>;


endnet
```

6.3   Ergebnisse der Erreichbarkeitsanalyse

Nach der Übersetzung der PDL-Beschreibung des MONITOR-Modells mit *pdlc* in eine interne Darstellung und der anschließenden Generierung des zugehörigen Erreichbarkeitsgraphen (RG=Reachability Graph) mit *rgg* können mit dem interaktiven Subsystem *rgi* (reachability graph interpreter) Anfragen bezüglich dem dynamischen Verhalten des zugrundeliegenden Netzes gestellt werden.

In den folgenden Abschnitten werden dynamische Eigenschaften, die aus dem RG des Netzes abgeleitet werden, informell anhand von Beispielen erläutert. Formale Definitionen der Eigenschaften sowie Algorithmen zu deren Bestimmung sind im Anhang C zusammengefaßt.

Bemerkung   Im folgenden werden Benutzer-Eingaben **fett** und System-Ausgaben *kursiv* gekennzeichnet.

```
pdlc MONITOR
PDL compilation summary : No errors reported

  Number of objects found, assorted by type:

      15 variables
       6 values
       4 functions
      10 places
      11 transitions
       0 facts


   in net description MONITOR


rgg -m MONITOR


Reading PRT net model          ...done.
Building reachability graph. One dot = 10 markings.
  ..............................                            done.
Writing reachability graph   ...done.


Reachability graph has  308 nodes in  13 strongly connected components
```

Nach dem Aufruf des *rgi*-Subsystems bestätigt das System mit dem Prompt *rgi>*, daß es korrekt aufgerufen wurde. Es werden nun Benutzer-Eingaben erwartet.

```
rgi MONITOR


Reading          reachability graph ...   done
Building strong component graph ...   done
Calculating graph statistics    ...   done
```

```
Calculating transition dynamics ...  done

rgi>
```

Mit der Eingabe von 'HELP' oder eines Fragezeichens ('?') kann eine Online-Information über *rgi* abgerufen werden (Anfrage (0)).

```
(0) rgi> HELP

Available RGI-commands are
  {options in parenthesis} <parameters in angles> [long name in brackets] :

 SH[OW]   {st[atistics], netname, format, var[iables], pl[aces],
           n[ode] <node number>, (initital marking has node number 1)
           tr[ansitions] {<t>}, c[onflicts] {<t>}, facts, falsefacts,
            ( <t> is a transition name )
           scct[ransitions] <scc-no>, scc[component] <scc-no>, sccs[components],
           graph {strongly}, ov[erflows], deads}


 FI[ND]   {dl[deadlocks], ll[livelocks], path<node1><node2>, errors,
           n[nodes] <ex> }

       <ex>   an expression selecting a marking subset:
             ( "," means "or".   "not"  precedes "and" and "or" )
       <ex> ::= "("<ex>")" | <ex>and<ex> | <ex>or<ex> | <ex>,<ex> | not<ex> |
               <term>

       <term> ::= <node number> | scc[component] = <component number> |
               empty  <place name> |
               m[arked]  <place name> {{"<" | "=" | ">"}
                                       <no. of tokens on this place>} |
               e[nabled] <transition name> | f[ired] <transition name> |
               h[omespace] "(" <nodes> ")" |
               cf[commonfollowers] "(" <nodes> ")"|
                 ( <nodes> ::= <node number> | <nodes> <node number> )
               $[lastresult]


  PAGE <n>     <n> lines are written before pause and user prompt for more
               output. n=0 means no pause. Default is n=23 lines.

  Q[QUIT]      exit RGI

  ?[HELP]      to get this information.
```

Die nächste Anfrage (1) vermittelt einen Überblick über den Erreichbarkeits-Graph. Es werden im einzelnen angezeigt:

- Anzahl der in Kanten- und Transitions-Inschriften benutzten Variablen im Netz, zusammen mit der Anzahl der insgesamt (d.h. bezüglich allen Markierungen) substituierten Variablen.

- Anzahl der Stellen und Transitionen im Netz, zusammen mit der jeweiligen Anzahl toter (d.h. in keiner Markierung veränderter bzw. aktivierter) Elemente. Anzahl der 'Überlauf'-Situationen, d.h. solcher Transitionen, die in bestimmten Markierungen eine Kontakt-Situation verursachen.

- Anzahl Fakten im Netz; davon Anteil aktivierter Fakten.

- Anzahl RG-Knoten und -Kanten, Anzahl starker Zusammenhangs-Komponenten (SCCs)

- Drei Statistiken, die -neben der Größe eines RG- Maße der *Komplexität* eines RG sein sollen:

 -- Mean place density: Prozentualer Anteil der belegten Stellen, bezogen auf alle Stellen und alle Markierungen.

 -- Mean token density: Mittlere Anzahl Marken pro Stelle, bezogen auf alle Markierungen.

 -- Mean attribute density: Mittlere Anzahl Attribute pro Marke, bezogen auf alle Stellen in allen Markierungen.

```
(1) rgi> show statistics

    Number of variables    :    15
            of values      :     6

            of places      :    10
            --"-- dead      :     0
            of transitions :    11
            --"-- dead      :     1
            of overflows   :    60

            of facts       :     0
            of false facts :     0

            of graph nodes :   308
            of graph arcs  :   808
            of SCCs        :    13

    Mean rel. place density  %(places / marking)    : 48.0
    Mean token     density   (tokens / place)       : 1.1
    Mean attribute density   (attributes / token)   : 2.0
```

6.3.1   Stellen- und Variablen-Information

Die Anfragen (2) und (3) zeigen die definierten Stellen und verwendeten Variablen, zusammen mit deren Wertebereichen.

Bei der Stellen-Information in Anfrage (2) wird die Stelligkeit (arity) des jeder Stelle zugeordneten Stellen-Prädikats aus der Flußrelation abgeleitet; die Wertigkeit ist nicht explizit in der PDL-Beschreibung des Netzes vorhanden.

Zur *Entwurfsunterstützung* bei der Dimensionierung der Kapazität einer Stelle s wird neben der Kapazität selbst auch die maximale Belegung von s (maximale Gesamtanzahl von Marken auf s in allen Markierungen) ausgegeben. Es kann Fälle geben, in denen die maximale Belegung von s bereits die definierte Kapazität von s erreicht, und daß aber diese Kapazität nicht ausreicht. Es muß dann eine Markierung geben, in der eine Transition an den Transfer von Marken auf s nur wegen der Kapazitätsbeschränkung gehindert wird (Kapazitäts-überlauf, s. Abschnitt 6.3.5). Ein solcher Fall wird durch eine zusätzliche "overflow"-Anzeige angezeigt.

```
(2) rgi> show places


Places :


    1. place        : INPUT
       semantics  : input place for Tasksteps
       arity        :     2
       capacity   :     1
       max. tokens:     1  (overflow)


    2. place        : RD
       semantics  : first and last in queue and EndTime
       arity        :     2
       capacity   :     1
       max. tokens:     1


    3. place        : FIFO
       semantics  : FIFO-queue
       arity        :     3
       capacity   :     3
       max. tokens:     3


    4. place        : AV
       semantics  : resource available
       arity        :     0
       capacity   :     1
       max. tokens:     1


    5. place        : RN
       semantics  : executing Task
       arity        :     3
       capacity   :     1
```

```
    max. tokens:      1

6. place        : OUT
   semantics  : terminated Task
   arity      :      3
   capacity   :      3
   max. tokens:      3

7. place        : C3
   semantics  : clock-pulse
   arity      :      1
   capacity   :      1
   max. tokens:      1

8. place        : C4
   semantics  : start clock-pulse
   arity      :      1
   capacity   :      1
   max. tokens:      1

9. place        : DEAD
   semantics  : deadlock-place
   arity      :      0
   capacity   :      1
   max. tokens:      1

10. place        : LIVE
    semantics  : livelock-place
    arity      :      0
    capacity   :      1
    max. tokens:      1
```

(3) rgi> sh variables

```
Variables :

    1. variable : R
       range      : TONE, TTWO, TTHREE
    2. variable : R1
       range      : TONE, TTWO, TTHREE
    3. variable : R2
       range      : TONE, TTWO, TTHREE
    4. variable : F
       range      : 0 .. 2
    5. variable : FP
       range      : 0 .. 2
    6. variable : F1
```

```
            range     : 0 .. 2
    7. variable : F2
            range     : 0 .. 2
    8. variable : L
            range     : 0 .. 2
    9. variable : L1
            range     : 0 .. 2
   10. variable : T
            range     : 0 .. 1
   11. variable : T1
            range     : 0 .. 1
   12. variable : T2
            range     : 0 .. 1
   13. variable : TS
            range     : 0 .. 1
   14. variable : TE
            range     : 0 .. 1
   15. variable : TIME
            range     : 1 .. 1
```

6.3.2 Dynamisches Verhalten von Transitionen

Bei der Transitions-Information werden aus dem Erreichbarkeits-Graph bestimmte Eigenschaften abgeleitet sowie eine Zuordnung zu den starken Zusammenhangs-Komponenten getroffen, in denen die jeweilige Transition schalten kann (s. Ausgabe zu Anfrage (4) sowie nächsten Abschnitt).

Transitionen haben gemäß ihres dynamischen Verhaltens eine der folgenden Eigenschaften:

fact Die Transition ist ein sog. "Fact", d.h. eine spezielle Transition, von der angenommen wird, daß sie nie schalten kann.

dead Die Transition ist immer tot, d.h. sie kann nie schalten.

finitely–firable Die Transition kann nur endlich oft schalten, d.h. es existiert keine unendliche (und zyklische) Schaltfolge, innerhalb der die Transition mindestens einmal schaltet. Die Transition ist jedoch nicht tot, d.h. sie kann mindestens einmal schalten.

fair Die Transition wird fair behandelt, d.h. jede unendliche (und zyklische) Schaltfolge enthält die Transition. Fairness ist nur definiert, wenn die Transition nicht *finitely–firable* ist.

strongly–live Die Transition kann in mindestens einer Folgemarkierung aller möglichen Markierungen schalten. Diese Eigenschaft wird auch nach [LAU73] als *live5*–Eigenschaft bezeichnet.

weakly–live Die Transition ist weder tot, noch finitely–firable, noch fair, noch strongly–live. In diesem Fall existiert eine unendliche, zyklische Schaltfolge, die die Transition enthält, aber diese ist nicht in jeder derartigen Schaltfolge enthalten.

Es ist wichtig, daß all diese Eigenschaften für eine einzelne Transition mit *polynomialem Zeitaufwand* (in der Anzahl RG-Kanten) algorithmisch bestimmt werden können. Die zugehörigen Algorithmen sind im Anhang C dokumentiert.

```
(4) rgi> show transitions


Transitions :


   1. transition    : G1 (infinitely-firable, weakly-live)
      semantics      : generate Task 1 with 1

      transition firing remains in the following components:
           13
      transition firing enters     the following components:
         none
      transition firing exits      the following components:
         none


   2. transition    : G2 (infinitely-firable, weakly-live)
      semantics      : generate Task 2 with 2

      transition firing remains in the following components:
           13
      transition firing enters     the following components:
         none
      transition firing exits      the following components:
         none


   3. transition    : G3 (infinitely-firable, weakly-live)
      semantics      : generate Task 2 with 2

      transition firing remains in the following components:
           13
      transition firing enters     the following components:
         none
      transition firing exits      the following components:
         none


   4. transition    : Q (infinitely-firable, weakly-live)
      semantics      : queue Task

      transition firing remains in the following components:
           13
      transition firing enters     the following components:
         none
      transition firing exits      the following components:
         none
```

5. *transition*   : *A (infinitely-firable, weakly-live)*
   semantics   : *allocate resource*

   transition firing remains in the following components:
      13
   transition firing enters   *the following components:*
     none
   transition firing exits   *the following components:*
     none

6. *transition*   : *C (dead)*
   semantics   : *continue clock*

   transition firing remains in the following components:
     none
   transition firing enters   *the following components:*
     none
   transition firing exits   *the following components:*
     none

7. *transition*   : *T (infinitely-firable, weakly-live)*
   semantics   : *terminate Task*

   transition firing remains in the following components:
      13
   transition firing enters   *the following components:*
     none
   transition firing exits   *the following components:*
     none

8. *transition*   : *TICK (infinitely-firable, weakly-live)*
   semantics   : *count clock*

   transition firing remains in the following components:
      13
   transition firing enters   *the following components:*
     2,   *5,*   *7,*   *9,*   *10,*   *12*
   transition firing exits   *the following components:*
     1,   *3,*   *4,*   *6,*   *8,*   *11*

9. *transition*   : *DEADLOCK (finitely-firable)*
   semantics   : *deadlock-transition*

   transition firing remains in the following components:
     none
   transition firing enters   *the following components:*

```
                13
      transition firing exits       the following components:
           4,        5,        8,         9,        11,       12



 10. transition    : LIVELOCK1 (finitely-firable)
     semantics     : livelock-transition

     transition firing remains in the following components:
        none
     transition firing enters      the following components:
           13
     transition firing exits       the following components:
           1,        2,        3,         6,        7,        10



 11. transition    : LIVELOCK2 (infinitely-firable, weakly-live)
     semantics     : livelock-transition

     transition firing remains in the following components:
           1,        2,        3,         6,        7,        10
     transition firing enters      the following components:
        none
     transition firing exits       the following components:
        none
```

6.3.3   Starke Zusammenhangs-Komponenten

Rgg liefert bei der Erzeugung des RG neben allen Markierungen (RG-Knoten) auch deren Partitionierung in <u>starke Zusammenhangs-Komponenten.</u> Eine starke Zusammenhangs-Komponente (SCC, strongly connected component) ist eine Menge von RG-Knoten, die wechselseitig <u>erreichbar</u> sind, d.h. es gibt eine Transitions-Schaltfolge, die aus der einen Markierung die andere "erzeugt", und umgekehrt.

Es ist aus Effizienzgründen angebracht, einen großen RG nicht anhand einzelner Knoten, sondern mittels der SCC's zu untersuchen. Betrachtet man einen großen RG, wie z.B. den des MONITOR-Modells, mit dem *rgi*-Kommando **show graph**, erhält man eine vollständige, aber viel zu umfangreiche Information.

Der Zeitaufwand zur Bestimmung aller SCCs ist bei Anwendung eines optimalen Algorithmus linear bezüglich der Anzahl RG-Knoten und -Kanten (vergl. Anhang C). Bei der Erzeugung des RG durch *rgg* werden die Knoten von 1 bis n, die SCC's von 1 bis m durchnumeriert. In unserem RG ist m = 13 und n = 308. Knoten Nr. 1 ist stets identisch mit der Anfangsmarkierung M_0 des Netzes. Die Ausgabe von Anfrage (5) zeigt die größte Partitionierung des RG, SCC Nr. 13. Sie enthält 296 RG-Knoten. In der Ausgabe ist auch zu sehen, über welche Transitionen SCC 13 verlassen werden kann.

Die Anfragen (6) und (7) liefern die Eingangs-, Ausgangs- und internen Transitionen der SCC's 8 bzw. 1. (Diese Fragestellung ist genau invers zu der in Anfrage (2), bei welcher die internen und Zwischen-SCCs für eine gegebene Transition geliefert wird.) Eingangstransitionen sind solche, die von einem Knoten außerhalb einer SCC zu einem Knoten innerhalb der SCC führen. Ausgangstransitionen ergeben ausgehend von einem Knoten innerhalb der SCC einen Knoten außerhalb der SCC. Bei internen Transitionen liegt sowohl der Ausgangsknoten wie auch der Zielknoten innerhalb der SCC.

Nach dem Verlassen einer SCC gibt es definitionsgemäß keinen Weg mehr zurück, andernfalls müßte die Nachfolger-SCC ein Teil der gleichen SCC sein. Das wird deutlich mit der Antwort auf Anfrage (8): Es gibt keinen Weg von Knoten 7 (SCC 13) über die Folgemarkierung 74 in SCC 12 zurück zu einem Knoten in SCC 13, z.B. 177.

Die Anfragen (9),(10) bzw. (11),(12) zeigen existierende Wege minimaler Länge zwischen den Knotenpaaren 52,116 bzw. 70,297, die alle in SCC 13 liegen. Die Weglänge ist definiert als Anzahl der Transitionen, die beim Durchlaufen des Weges schalten. Anfrage (13) zeigt detaillierte Informationen über die einzelnen Knoten, die auf dem Weg von Knoten 70 nach Knoten 297 (Ergebnis von Anfrage (11)) durchlaufen werden.

```
(5) rgi> show component 13

    13. strong component

the markings :     1,     2,     3,     4,     5,     6,     7,     8,     9,    10,
                  11,    12,    13,    14,    15,    16,    17,    18,    19,    20,
                  21,    22,    25,    26,    27,    30,    31,    32,    35,    36,
                  37,    38,    39,    40,    41,    44,    45,    46,    47,    48,
                  49,    50,    51,    52,    53,    54,    55,    56,    57,    58,
                  59,    60,    61,    62,    63,    64,    65,    66,    67,    68,
                  69,    70,    71,    72,    75,    76,    77,    78,    79,    80,
                  81,    82,    83,    84,    85,    86,    87,    88,    89,    90,
                  91,    92,    93,    94,    95,    96,    97,    98,    99,   100,
                 101,   102,   103,   104,   105,   106,   107,   108,   109,   110,
                 111,   112,   113,   114,   115,   116,   117,   118,   119,   120,
                 121,   122,   123,   124,   125,   126,   127,   128,   129,   130,
                 131,   132,   133,   134,   135,   136,   137,   138,   139,   140,
                 141,   144,   145,   146,   147,   148,   149,   150,   151,   152,
                 153,   154,   155,   156,   157,   158,   159,   160,   161,   162,
                 163,   164,   165,   166,   167,   168,   169,   170,   171,   172,
                 173,   174,   175,   176,   177,   178,   179,   180,   181,   182,
                 183,   184,   185,   186,   187,   188,   189,   190,   191,   192,
                 193,   194,   195,   196,   197,   198,   199,   200,   201,   202,
                 203,   204,   205,   206,   207,   208,   209,   210,   211,   212,
                 213,   214,   215,   216,   217,   218,   219,   220,   221,   222,
                 223,   224,   225,   226,   227,   228,   229,   230,   231,   232,
                 233,   234,   235,   236,   237,   238,   239,   240,   241,   242,
                 243,   244,   245,   246,   247,   248,   249,   250,   251,   252,
                 253,   254,   255,   256,   257,   258,   259,   260,   261,   262,
```

                263, 264, 265, 266, 267, 268, 269, 270, 271, 272,
                273, 274, 275, 276, 277, 278, 279, 280, 281, 282,
                283, 284, 285, 286, 287, 288, 289, 290, 291, 292,
                293, 294, 295, 296, 297, 298, 299, 300, 301, 302,
                303, 304, 305, 306, 307, 308

A total of 296 component markings.
the followers :

from   7 via
    transition   : DEADLOCK (finitely-firable)
    substitution : R = TTHREE, R1 = TTWO, R2 = TONE, F = 2, F1 = 1, F2 = 0, T
                 = 1, T1 = 1, T2 = 1
    -> marking   :   74 in strong component   12

from   7 via
    transition   : DEADLOCK (finitely-firable)
    substitution : R = TTHREE, R1 = TONE, R2 = TTWO, F = 2, F1 = 0, F2 = 1, T
                 = 1, T1 = 1, T2 = 1
    -> marking   :   74 in strong component   12

        . . . .

from 301 via
    transition   : LIVELOCK1 (finitely-firable)
    substitution : R = TONE, R1 = 1, R2 = TTWO, F = 2, T1 = TTHREE, T2 = 1, TS
                 = 0, TE = 1
    -> marking   : 142 in strong component   6

This component has a total of 252 followers

(6) rgi> show scctransitions 8

input   transitions of   8. strong component:
    TICK,   DEADLOCK

internal transitions of   8. strong component:
    none

output   transitions of   8. strong component:
    none

(7) rgi> show scctransitions 1

input   transitions of   1. strong component:
    TICK,   LIVELOCK1

internal transitions of   1. strong component:
   LIVELOCK2

output   transitions of   1. strong component:
   none

(8) rgi> find path 74 177
   There is no path from   74 to   177.

(9) rgi> find path 116 52

```
116 -- A -->    117 -- TICK -->    118
    -- T -->    119 -- G1 -->    120
    -- TICK -->    137 -- A -->    138
    -- TICK -->    139 -- T -->    140
    -- TICK -->    141 -- A -->     40
    -- Q -->     31 -- G2 -->     26
    -- Q -->     21 -- TICK -->    22
    -- T -->      5 -- G3 -->      6
    -- Q -->      7 -- TICK -->     8
    -- A -->      9 -- TICK -->    10
    -- T -->     11 -- TICK -->    44
    -- A -->     45 -- TICK -->    46
    -- T -->     47 -- G2 -->     48
    -- Q -->     49 -- G1 -->     50
    -- Q -->     51 -- TICK -->    52
```

   the length of the shortest path is   30.

(10) rgi> find path 52 116

```
 52 -- A -->     53 -- TICK -->    54
    -- T -->     55 -- G3 -->     56
    -- TICK -->    75 -- A -->     76
    -- TICK -->    77 -- T -->     78
    -- TICK -->    79 -- A -->     80
    -- Q -->     81 -- G2 -->     82
    -- Q -->     83 -- TICK -->    84
    -- T -->     85 -- G1 -->     86
    -- Q -->     87 -- TICK -->    88
    -- A -->     89 -- TICK -->    90
    -- T -->     91 -- TICK -->   108
    -- A -->    109 -- TICK -->   110
    -- T -->    111 -- G2 -->    112
```

```
-- Q -->    113 -- G3 -->    114
-- Q -->    115 -- TICK -->    116
```

the length of the shortest path is   30.

(11) rgi> find path 70 297

```
70 -- G2 -->    67 -- A -->    68
   -- TICK -->    69 -- T -->    48
   -- TICK -->    297
```
the length of the shortest path is   5.

(12) rgi> find path 297 70

```
297 -- A -->    269 -- Q -->    270
    -- G1 -->    271 -- Q -->    53
    -- TICK -->    54 -- T -->    55
    -- G3 -->    56 -- Q -->    57
    -- TICK -->    58 -- A -->    59
    -- TICK -->    60 -- T -->    61
    -- TICK -->    70
```
the length of the shortest path is   13.

(13) rgi> find verbosely nodes 70,67,68,69,48,297

Found the following   6 nodes:
NODE   48, belongs to strong component   13

```
    INPUT : <TTWO,1>
    RD  : <2,0>
    FIFO : <1,TTHREE,2>
    AV : <>
    OUT : <0,1,TONE>
    C4 : <1>
```
Followers :
    transition   : TICK (infinitely-firable, weakly-live)
    substitution : T = 1, T1 = 0
    -> marking   : 297 in strong component   13

    transition   : Q (infinitely-firable, weakly-live)
    substitution : R = TTWO, F = 2, L = 0, L1 = 1, TIME = 1
    -> marking   :   49 in strong component   13

NODE   67, belongs to strong component   13

```
      INPUT : <TTWO,1>
      RD : <1,0>
      FIFO : <1,TONE,1>+<1,TTHREE,2>
      AV : <>
      C3 : <0>
Followers :
      transition    : A (infinitely-firable, weakly-live)
      substitution : R = TONE, F = 1, F1 = 2, L = 0, L1 = 0, T = 0, TE = 1,
                     TIME = 1
      -> marking    :    68 in strong component    13


      transition    : Q (infinitely-firable, weakly-live)
      substitution : R = TTWO, F = 1, L = 0, L1 = 1, TIME = 1
      -> marking    :    64 in strong component    13


NODE           68, belongs to strong component       13


      INPUT : <TTWO,1>
      RD : <2,0>
      FIFO : <1,TTHREE,2>
      RN : <0,1,TONE>
      C4 : <0>
Followers :
      transition    : LIVELOCK1 (finitely-firable)
      substitution : R = TONE, R1 = 1, R2 = TTHREE, F = 2, T1 = TTWO, T2 = 1, TS
                     = 0, TE = 1
      -> marking    :    43 in strong component     7


      transition    : TICK (infinitely-firable, weakly-live)
      substitution : T = 0, T1 = 1
      -> marking    :    69 in strong component    13


      transition    : Q (infinitely-firable, weakly-live)
      substitution : R = TTWO, F = 2, L = 0, L1 = 1, TIME = 1
      -> marking    :    65 in strong component    13


NODE           69, belongs to strong component       13


      INPUT : <TTWO,1>
      RD : <2,0>
      FIFO : <1,TTHREE,2>
      RN : <0,1,TONE>
      C3 : <1>
Followers :
      transition    : LIVELOCK1 (finitely-firable)
      substitution : R = TONE, R1 = 1, R2 = TTHREE, F = 2, T1 = TTWO, T2 = 1, TS
                     = 0, TE = 1
```

```
    -> marking   :    42 in strong component      3


    transition   : T (infinitely-firable, weakly-live)
    substitution : R = TONE, T = 1, TS = 0, TE = 1
    -> marking   :    48 in strong component     13


    transition   : Q (infinitely-firable, weakly-live)
    substitution : R = TTWO, F = 2, L = 0, L1 = 1, TIME = 1
    -> marking   :    66 in strong component     13


NODE          70, belongs to strong component      13


    RD : <1,0>
    FIFO : <1,TONE,1>+<1,TTHREE,2>
    AV : <>
    OUT : <0,1,TTWO>
    C3 : <0>
Followers :
    transition   : A (infinitely-firable, weakly-live)
    substitution : R = TONE, F = 1, F1 = 2, L = 0, L1 = 0, T = 0, TE = 1, TIME
               = 1
    -> marking   :    71 in strong component     13


    transition   : G2 (infinitely-firable, weakly-live)
    substitution : R = TTWO, TS = 0, TE = 1, TIME = 1
    -> marking   :    67 in strong component     13


NODE         297, belongs to strong component      13


    INPUT : <TTWO,1>
    RD : <2,0>
    FIFO : <1,TTHREE,2>
    AV : <>
    OUT : <0,1,TONE>
    C3 : <0>
Followers :
    transition   : A (infinitely-firable, weakly-live)
    substitution : R = TTHREE, F = 2, F1 = 0, L = 0, L1 = 0, T = 0, TE = 1,
               TIME = 1
    -> marking   :   269 in strong component     13


    transition   : Q (infinitely-firable, weakly-live)
    substitution : R = TTWO, F = 2, L = 0, L1 = 1, TIME = 1
    -> marking   :   296 in strong component     13
```

6.3.4 Anfragen zur Selektion von Markierungs-Teilmengen

In diesem Abschnitt sollen die Möglichkeiten beschrieben werden, Teilmengen von Knoten, die bestimmte Eigenschaften haben, anhand von logischen Ausdrücken auszuwählen.

Die Anfragen (14) und (15) beweisen, daß die Markierung, in denen sich alle drei Task in ihrem Ausgangszustand (auf Stelle **out**) befinden, bis auf den Zustand der Systemuhr eindeutig ist.

(16) und (17) zeigen Ergebnisse einer Anfrage mit relativ komplexen Such-Ausdrücken.

Anfrage (18) liefert alle Knoten, in denen genau eine Task terminiert hat, genau eine Task in der FIFO-Warteschlange wartet, und genau eine Task aktiv ist. Es sind 36 Knoten, die diese Bedingung erfüllen: Es gibt 6 Möglichkeiten 3 Task zu 3 Stellen zuzuordnen; 3 unterschiedliche Zustände der FIFO-Zeiger für jede wartende Task; 2 unterschiedliche Zustände der Systemuhr. Anfrage (19) zeigt einen dieser Knoten im Detail.

Bemerkung   Unterläßt man die Angabe der Option *verbosely* beim Kommando **show node**, wird die Ausgabe der Vorgänger eines RG-Knotens und der Semantik von Transitionen unterdrückt.

```
(14) rgi> find nodes marked OUT = 3


Found the following nodes:
     1,     308



(15) rgi> show verbosely node 308

NODE        308, belongs to strong component     13


    RD
    first and last in queue and EndTime
    Tokens : <0,0>
    AV
    resource available
    Tokens : <>
    OUT
    terminated Task
    Tokens : <0,1,TONE>+<0,1,TTWO>+<0,1,TTHREE>
    C3
    clock-pulse
    Tokens : <0>
Predecessors :     1
Followers :
    transition   : G3 (infinitely-firable, weakly-live)
```

```
semantics      : generate Task 2 with 2
substitution : R = TTHREE, TS = 0, TE = 1, TIME = 1
-> marking    :  281 in strong component    13


transition    : G2 (infinitely-firable, weakly-live)
semantics      : generate Task 2 with 2
substitution : R = TTWO, TS = 0, TE = 1, TIME = 1
-> marking    :  276 in strong component    13


transition    : G1 (infinitely-firable, weakly-live)
semantics      : generate Task 1 with 1
substitution : R = TONE, TS = 0, TE = 1, TIME = 1
-> marking    :  307 in strong component    13
```

(16) rgi> find nodes marked OUT>1 and not marked FIFO=1 and enabled Q

Found the following nodes:
```
     2,      275,      276,      280,      281,       307
```


(17) rgi> show node 280

NODE   280, belongs to strong component   13

```
   INPUT : <TTHREE,1>
   RD  : <0,0>
   AV  : <>
   OUT : <0,1,TONE>+<0,1,TTWO>
   C4  : <1>
Followers :
   transition    : TICK (infinitely-firable, weakly-live)
   substitution : T = 1, T1 = 0
   -> marking    :  281 in strong component    13


   transition    : Q (infinitely-firable, weakly-live)
   substitution : R = TTHREE, F = 0, L = 0, L1 = 1, TIME = 1
   -> marking    :  254 in strong component    13
```


(18) rgi> find nodes marked FIFO=1 and marked RN=1 and marked OUT=1

Found the following nodes:
```
      31,      32,      45,      46,      71,      72,      81,     109,
     110,     135,     136,     145,     146,     171,     172,     179,
     180,     189,     190,     215,     216,     223,     229,     235,
     236,     242,     247,     248,     253,     263,     264,     270,
```

```
    273,      283,      303,      304
```

(19) rgi> show node 31

```
NODE          31, belongs to strong component    13

    RD : <0,1>
    FIFO : <1,TONE,0>
    RN : <0,1,TTHREE>
    OUT : <0,1,TTWO>
    C4 : <0>
Followers :
    transition   : TICK (infinitely-firable, weakly-live)
    substitution : T = 0, T1 = 1
    -> marking   :   32 in strong component   13


    transition   : G2 (infinitely-firable, weakly-live)
    substitution : R = TTWO, TS = 0, TE = 1, TIME = 1
    -> marking   :   26 in strong component   13
```

6.3.5   Fehler-Erkennung: Kapazitäts-Überlauf

Ein Kapazitäts–Überlauf kann als Kontakt-Situation gesehen werden, wenn man die struktur-ierten Token eines PRT-Netzes auf anonyme Token abbildet. Eine Überlauf-Situation ist dadurch charakterisiert, daß in einer Markierung M eine Transition t nur durch die Kapazität einer ihrer Ausgangsstellen am Schalten gehindert wird. D.h. die Summe aus der Anzahl Token, die durch das Schalten von t auf s gelegt werden, und der Anzahl aktuell auf s liegender Token würde die Kapazität von s übersteigen.

Eine solche Situation deutet entweder auf einen Entwurfsfehler hin, kann aber auch Teil des beabsichtigten dynamischen Verhaltens des modellierten Systems sein. Z.B. ist ein Überlauf betreffend Stelle **input** mit Kapazität 1 beabsichtigt: Zu einem Zeitpunkt darf immer nur eine Task in die Warteschlange eingereiht werden.

In MONITOR-Modell gibt es 60 Überlauf-Situationen, die alle die Stelle **input** betreffen (Anfrage (20),(21)).

(20) rgi> show overflows

```
Overflows :    60 overflows occurred.


    1. overflow. Source marking :         2
                 transition   : G2 (infinitely-firable, weakly-live)
                 place        : INPUT :
```

```
  2. overflow. Source marking :              2
                  transition   : G3 (infinitely-firable, weakly-live)
                  place        : INPUT :


  ......................................................................


  60. overflow. Source marking :             307
                  transition   : G3 (infinitely-firable, weakly-live)
                  place        : INPUT :
```

(21) rgi> find verbosely nodes 1,2

```
Found the following     2 nodes:
NODE (initial) 1, belongs to strong component      13

    RD : <0,0>
    AV : <>
    OUT : <0,1,TONE>+<0,1,TTWO>+<0,1,TTHREE>
    C4 : <1>
Followers :
    transition   : TICK (infinitely-firable, weakly-live)
    substitution : T = 1, T1 = 0
    -> marking   :  308 in strong component    13

    transition   : G3 (infinitely-firable, weakly-live)
    substitution : R = TTHREE, TS = 0, TE = 1, TIME = 1
    -> marking   :  280 in strong component    13

    transition   : G2 (infinitely-firable, weakly-live)
    substitution : R = TTWO, TS = 0, TE = 1, TIME = 1
    -> marking   :  275 in strong component    13

    transition   : G1 (infinitely-firable, weakly-live)
    substitution : R = TONE, TS = 0, TE = 1, TIME = 1
    -> marking   :    2 in strong component    13

NODE            2, belongs to strong component      13

    INPUT : <TONE,1>
    RD : <0,0>
    AV : <>
    OUT : <0,1,TTWO>+<0,1,TTHREE>
    C4 : <1>
Followers :
    transition   : TICK (infinitely-firable, weakly-live)
    substitution : T = 1, T1 = 0
```

```
-> marking    :  307 in strong component   13


transition   : Q (infinitely-firable, weakly-live)
substitution : R = TONE, F = 0, L = 0, L1 = 1, TIME = 1
-> marking    :    3 in strong component   13
```

6.3.6   Fehler-Erkennung: tote Stellen und Transitionen

Tote Stellen oder Transitionen sind Teile des Netzes, die nicht benötigt werden. Sie sind eindeutige Hinweise auf Entwurfsfehler.

Eine Stelle P wird als tote Stelle bezeichnet, wenn es keine Markierung gibt, in der eine Transition aktiviert ist, die einen Token von/auf Stelle P entfernt/ablegt.

Eine Transition T wird als tote Transition bezeichnet, wenn es keine Markierung gibt, in der T aktiviert ist.

In unserem Modell existieren keine toten Stellen (Anfrage (22)).

Transition c ist eine tote Transition: Sei U(a) die Anzahl Zeiteinheiten, die eine Task a für die Ausführung benötigt. Dann schaltet c genau U(a)-1 mal. Im MONITOR-Modell ist U=1 für alle drei Tasks. Daher kann c nie schalten.

```
(22) rgi> show deads


The dead places : none.


The dead transitions : there are    1 dead transitions.
    transition   : C (dead)
    semantics    : continue clock
```

6.3.7   Fehler-Erkennung: Deadlocks bzw. Endzustände

Eine statische Verklemmung (Deadlock) eines Systems ist ein Zustand, in dem keinerlei Aktivitäten mehr ausgeführt werden. Für einen Deadlock gibt es zwei mögliche semantische Interpretationen:

—   In einem zyklischen System kann ein Deadlock einen Fehler-Zustand darstellen, den das System nie erreichen sollte. Dies weist dann auf einen Entwurfsfehler hin.

—   In einem nicht-zyklischen System ist ein Deadlock meist ein gewünschter Endzustand, den das System nach einer gewissen Zeit immer erreichen sollte.

Im allgemeinen wird ein System verschiedene Endzustände besitzen, und mehrere Deadlocks können auftreten.

Bezüglich eines Systems, das als Petri-Netz modelliert wurde, erscheinen Deadlocks immer als Blätter des zugehörigen RG's, d.h. als Markierungen, in denen keine Transition mehr schalten kann. Jede dieser Markierungen bestimmt eine starke Zusammenhangs-Komponente mit genau einem Knoten ohne Nachfolger.

Anfrage (23) zeigt, daß es im MONITOR-Modell 3 Deadlocks gibt. Sie unterscheiden sich nur im Wert der FIFO-Indizes der Stelle **rd** vor dem Schalten der Transition **deadlock**. Alle 3 Index-Werte zeigen "Warteschlange voll" an, jedoch mit einer anderen Reihenfolge bezüglich den Warteschlangen-Operationen *Eintragen* und *Entfernen*. Der kürzeste Weg von der Anfangsmarkierung in einem Deadlock gibt diese Reihenfole wieder.

Die Ergebnisse der Anfrage (24) und der äquivalenten Anfrage (25) zeigen, daß in bestimmten Situationen das System erst dann einen Deadlock erreicht, wenn nach dem Schalten der Transition **deadlock** noch die Zeit weitergezählt wird.

```
(23) rgi> find verbosely deadlocks

Deadlocks :

NODE            23, belongs to strong component      4

    RD
    first and last in queue and EndTime
    Tokens : <2,2>
    AV
    resource available
    Tokens : <>
    C3
    clock-pulse
    Tokens : <0>
    DEAD
    deadlock-place
    Tokens : <>
    shortest path from initial marking :

        1 -- G1 -->      2 -- Q -->      3
          -- G2 -->      4 -- Q -->      5
          -- G3 -->      6 -- Q -->      7
          -- TICK -->      8 -- A -->      9
          -- TICK -->     10 -- T -->     11
          -- G1 -->     12 -- Q -->     13
          -- TICK -->     14 -- A -->     15
          -- TICK -->     16 -- T -->     17
          -- G2 -->     18 -- Q -->     19
          -- TICK -->     20 -- DEADLOCK -->     23

    the length of the shortest path is     20.

NODE            33, belongs to strong component      8
```

```
RD
first and last in queue and EndTime
Tokens : <1,1>
AV
resource available
Tokens : <>
C3
clock-pulse
Tokens : <0>
DEAD
deadlock-place
Tokens : <>
shortest path from initial marking :

     1 -- G1 -->       2 -- Q -->       3
       -- G2 -->       4 -- Q -->       5
       -- G3 -->       6 -- Q -->       7
       -- TICK -->      8 -- A -->       9
       -- TICK -->     10 -- T -->      11
       -- G1 -->      12 -- Q -->      13
       -- TICK -->     14 -- DEADLOCK -->     33

     the length of the shortest path is     14.


NODE          73, belongs to strong component      11

     RD
     first and last in queue and EndTime
     Tokens : <0,0>
     AV
     resource available
     Tokens : <>
     C3
     clock-pulse
     Tokens : <0>
     DEAD
     deadlock-place
     Tokens : <>
     shortest path from initial marking :

       1 -- G1 -->       2 -- Q -->       3
         -- G2 -->       4 -- Q -->       5
         -- G3 -->       6 -- Q -->       7
         -- TICK -->      8 -- DEADLOCK -->      73

     the length of the shortest path is     8.
```

this graph has a total of 3 deadlocks.

(24) rgi> find verbosely nodes marked DEAD>0

Found the following   6 nodes:
NODE   23, belongs to strong component   4

*   RD : <2,2>*
*   AV : <>*
*   C3 : <0>*
*   DEAD : <>*
This marking has no followers

NODE   24, belongs to strong component   5

*   RD : <2,2>*
*   AV : <>*
*   C4 : <1>*
*   DEAD : <>*
Followers :
*   transition   : TICK (infinitely-firable, weakly-live)*
*   substitution : T = 1, T1 = 0*
*   -> marking   :   23 in strong component   4*

NODE   33, belongs to strong component   8

*   RD : <1,1>*
*   AV : <>*
*   C3 : <0>*
*   DEAD : <>*
This marking has no followers

NODE   34, belongs to strong component   9

*   RD : <1,1>*
*   AV : <>*
*   C4 : <1>*
*   DEAD : <>*
Followers :
*   transition   : TICK (infinitely-firable, weakly-live)*
*   substitution : T = 1, T1 = 0*
*   -> marking   :   33 in strong component   8*

NODE   73, belongs to strong component   11

*   RD : <0,0>*

```
    AV  :  <>
    C3  :  <0>
    DEAD  :  <>
This marking has no followers


NODE            74, belongs to strong component      12


    RD  :  <0,0>
    AV  :  <>
    C4  :  <1>
    DEAD  :  <>
Followers :
    transition     : TICK (infinitely-firable, weakly-live)
    substitution : T = 1, T1 = 0
    -> marking     :    73 in strong component     11



(25) rgi> find nodes fired DEADLOCK
Found the following nodes:
      23,        24,        33,        34,        73,        74
```

6.3.8   Fehler-Erkennung: Livelocks

Eine dynamische Verklemmung (Livelock) eines Systems ist eine Menge globaler Zustände, in denen nur nutzlose Aktivitäten durchgeführt werden, d.h eine Zustandsmenge, die eine echte Teilmenge aller globalen Zustände ist, die aber nicht mehr verlassen werden kann, nachdem sie erst einmal erreicht wurde.

Ein System kann mehrere Livelocks enthalten. Man kann Livelocks als "permanent" bezeichnen, wogegen alle anderen Zustände als "transient" bezeichnet werden, d.h. für jedes System gibt es eine Wahrscheinlichkeit größer 0, jeden transienten Zustand zu verlassen und einen permanenten Zustand zu erreichen.

Wir unterscheiden zwischen trivialen Livelocks, die aus genau einem Zustand bestehen, und echten Livelocks, die mehr als einen Zustand enthalten.

Ähnlich wie bei Deadlocks kann man Livelocks auf zwei Arten interpretieren:

–   In einem zyklischen System kann jeder Livelock ein fehlerhafter Zustand sein, der niemals erreicht werden sollte, d.h. auf Entwurfsfehler hindeuten.

–   In einem System, das aus einem Anfangsteil, der nach einer gewissen Initialisierungsphase verlassen werden soll, und einem zyklischen Teil besteht, ist ein Livelock eine Zustandsmenge, die nach einer endlichen Zeit unbedingt erreicht werden soll.

Betreffend ein System, das als Petri-Netz modelliert wurde, erscheinen Livelocks als Blatt-SCC's des zugehörigen RG's, d.h. als Menge von Zuständen, in der je zwei Elemente paarweise untereinander erreichbar sind, aber es kein Element gibt, das einen Nachfolger außerhalb der SCC besitzt. Bei einem trivialen Livelock besteht die SCC aus genau einem Knoten M mit einem Transitionsübergang auf sich selbst, d.h. das Schalten einer Transition, die in M aktiviert ist, liefert wieder den Knoten M.

Es existieren aber auch andere Fälle, die ebenso als Livelock interpretiert werden können, aber von der obigen Definition nicht abgedeckt werden. Betrachtet man z.B. ein System, das aus einer Folge $SCC_1,...,SCC_n$ besteht, sodaß folgendes gilt:

- $n>2$,

- es gibt einen Weg von mindestens einer Markierung in SCC_i zu mindestens einer Markierung in SCC_{i+1}, für $i=1,...n-1$.

- SCC_{n-1} besteht aus mehr als einem Knoten und

- SCC_n enthält genau einen Knoten ohne Nachfolger.

SCC_n ist per Definition ein Deadlock, aber SCC_{n-1} wird nicht als Livelock erkannt, da er über mindestens einen Weg verlassen werden kann. Wenn man den Deadlock als sinnvollen Endzustand betrachtet, kann
SCC_{n-1} als Livelock interpretiert werden.
Das legt also die Unterscheidung nahe zwischen einem Anfangs-SCC, "Zwischen"-SCCs mit genau einer Markierung (diese werden stets wieder verlassen), solchen mit mehreren Markierungen (diese *können* wieder verlassen werden, *müssen* aber nicht), sowie Blatt-SCCs (diese repräsentieren statische bzw. dynmische Verklemmungen).

Andererseits ist es einsichtig, daß die obige Definition eines Livelocks das Beste ist, was angeboten werden kann, um Livelocks automatisch zu bestimmen, wenn man keine zusätzlichen semantischen Informationen hat.

Bei praktischen Anwendungen ist es daher unumgänglich, Livelocks und Deadlocks nicht getrennt zu betrachten, sondern auch die Beziehungen zwischen SCC's und ihre interne Struktur zu analysieren.

In unserem MONITOR-Modell können 3 Livelocks auftreten (Anfrage (26)). Es handelt sich dabei ausschließlich um triviale Livelocks. Wie die Ergebnisse der Anfragen (27), (28) und (29) verdeutlichen, unterscheiden sich die 3 Livelocks nur im Inhalt der Stelle **rd**. Ähnlich wie bei den Deadlocks im letzten Abschnitt resultiert dieser Unterschied aus der unterschiedlichen Folge von Zu- und Abgängen in der Warteschlange. Die unterschiedlichen Reihenfolgen werden deutlich, wenn man die Ergebnisse der Anfragen (30), (31) und (32) analysiert.

Um im MONITOR zu einem Livelock zu gelangen, muß Transition **livelock1** geschaltet haben und **livelock2** aktivierbar sein. Die Anfragen (33) und (34) zeigen, daß beide Bedingungen zu den gleichen Ergebnisknoten führen. Neben den Livelocks enthält diese Menge die Knoten 29, 43 und 143. Nennen wir diese Menge S1. Jeder S1-Knoten bildet eine eigene SCC, die durch das Schalten von **livelock1** erreicht und durch das Schalten von **tick** verlassen werden kann (siehe Anfragen (35),(36),(37)). Aus den oben genannten Gründen kann man diese Knoten ebenfalls als Livelocks bezeichnen.

Eine zweite Menge S2 enthält die Knoten, in denen **tick** schon vorher geschaltet hat und das Schalten von **livelock1** direkt zu einem Livelock führt. Das Ergebnis von Anfrage (38) ist die Vereinigung der Mengen S1 und S2. Da **tick** in allen Knoten der Menge S1 schalten kann, liefert die Negierung dieser Bedingung genau die Menge S2 (Anfrage (39)).

Durch Angabe des Operators "lastresult" (s. Anfrage (39)) innerhalb einer "find nodes"-Anfrage wird das letzte Ergebnis (als Markierungs-Teilmenge) einer solchen Anfrage geliefert. Ist die aktuelle Anfrage die erste überhaupt, ist das Ergebnis die leere Menge. Durch boolesche Verknüpfung von "lastresult" und anderen Anfrage-Operatoren kann z.B. eine sehr allgemeine Anfrage mit einer großen Ergebnismenge immer enger spezifiziert werden, ohne den gesamten, oft sehr komplexen Suchausdruck der letzten Anfrage vollständig wiederholen zu müssen.

```
(26) rgi> find livelocks


The livelocks :


    1. trivial livelock :     1. strong component


the markings :     28
A total of     1 component markings.
This component has no followers




    2. trivial livelock :     3. strong component


the markings :     42
A total of     1 component markings.
This component has no followers




    3. trivial livelock :     6. strong component


the markings :     142
A total of     1 component markings.
This component has no followers


A total of     3 livelocks.



(27) rgi> show verbosely node 28
NODE          28, belongs to strong component       1

    RD
    first and last in queue and EndTime
    Tokens : <0,1>
    C3
    clock-pulse
    Tokens : <1>
    LIVE
    livelock-place
    Tokens : <>
```

```
Predecessors :    284    272    231    225    175    29    28    27
Followers :
    transition    : LIVELOCK2 (infinitely-firable, weakly-live)
    semantics     : livelock-transition

    substitution :
    -> marking    :    28 in strong component     1
```

(28) rgi> show verbosely node 42

```
NODE            42, belongs to strong component      3

    RD
    first and last in queue and EndTime
    Tokens : <2,0>
    C3
    clock-pulse
    Tokens : <1>
    LIVE
    livelock-place
    Tokens : <>
Predecessors :    213    183    133    105    69    43    42    37
Followers :
    transition    : LIVELOCK2 (infinitely-firable, weakly-live)
    semantics     : livelock-transition

    substitution :
    -> marking    :    42 in strong component     3
```

(29) rgi> show verbosely node 142

```
NODE           142, belongs to strong component      6

    RD
    first and last in queue and EndTime
    Tokens : <1,2>
    C3
    clock-pulse
    Tokens : <1>
    LIVE
    livelock-place
    Tokens : <>
Predecessors :    301    260    219    169    143    142    139    77
Followers :
    transition    : LIVELOCK2 (infinitely-firable, weakly-live)
    semantics     : livelock-transition
```

substitution :
-> marking   : 142 in strong component   6

(30) rgi> find path 1 28

1 -- G1 -->   2 -- Q -->   3
*   -- G2 -->   4 -- TICK -->   305*
*   -- A -->   222 -- Q -->   223*
*   -- G3 -->   224 -- LIVELOCK1 -->   29*
*   -- TICK -->   28*
the length of the shortest path is   9.

(31) rgi> find path 1 42

1 -- G1 -->   2 -- Q -->   3
*   -- G2 -->   4 -- Q -->   5*
*   -- G3 -->   6 -- Q -->   7*
*   -- TICK -->   8 -- A -->   9*
*   -- TICK -->   10 -- T -->   11*
*   -- G1 -->   12 -- TICK -->   35*
*   -- A -->   36 -- TICK -->   37*
*   -- LIVELOCK1 -->   42*
the length of the shortest path is   15.

(32) rgi> find path 1 142

1 -- G1 -->   2 -- Q -->   3
*   -- G2 -->   4 -- Q -->   5*
*   -- G3 -->   6 -- TICK -->   299*
*   -- A -->   300 -- LIVELOCK1 -->   143*
*   -- TICK -->   142*
the length of the shortest path is   9.

(33) rgi> find nodes fired LIVELOCK1

Found the following nodes:
*   28,   29,   42,   43,   142,   143*

(34) rgi> find nodes enabled LIVELOCK2
Found the following nodes:
*   28,   29,   42,   43,   142,   143*

(35) rgi> show verbosely node 29
NODE   29, belongs to strong component   2

```
    RD
    first and last in queue and EndTime
    Tokens : <0,1>
    C4
    start clock-pulse
    Tokens : <0>
    LIVE
    livelock-place
    Tokens : <>
Predecessors :    271   230   224   174    82    29    26
Followers :
    transition    : LIVELOCK2 (infinitely-firable, weakly-live)
    semantics     : livelock-transition

    substitution :
    -> marking    :   29 in strong component    2

    transition    : TICK (infinitely-firable, weakly-live)
    semantics     : count clock

    substitution : T = 0, T1 = 1
    -> marking    :   28 in strong component    1
```

(36) rgi> show verbosely node 43
```
NODE          43, belongs to strong component        7

    RD
    first and last in queue and EndTime
    Tokens : <2,0>
    C4
    start clock-pulse
    Tokens : <0>
    LIVE
    livelock-place
    Tokens : <>
Predecessors :    212   182   132   104    68    43    36
Followers :
    transition    : LIVELOCK2 (infinitely-firable, weakly-live)
    semantics     : livelock-transition

    substitution :
    -> marking    :   43 in strong component    7

    transition    : TICK (infinitely-firable, weakly-live)
    semantics     : count clock
```

```
    substitution : T = 0, T1 = 1
    -> marking    :    42 in strong component     3
```

(37) rgi> show verbosely node 143

```
NODE          143, belongs to strong component      10

    RD
    first and last in queue and EndTime
    Tokens : <1,2>
    C4
    start clock-pulse
    Tokens : <0>
    LIVE
    livelock-place
    Tokens : <>
Predecessors :    300   259   218   168   143   138    76
Followers :
    transition    : LIVELOCK2 (infinitely-firable, weakly-live)
    semantics     : livelock-transition

    substitution :
    -> marking    :   143 in strong component     10

    transition    : TICK (infinitely-firable, weakly-live)
    semantics     : count clock

    substitution : T = 0, T1 = 1
    -> marking    :   142 in strong component     6
```

(38) rgi> find nodes enabled LIVELOCK1

```
Found the following nodes:
       26,       27,       36,       37,       68,       69,       76,       77,
       82,      104,      105,      132,      133,      138,      139,      168,
      169,      174,      175,      182,      183,      212,      213,      218,
      219,      224,      225,      230,      231,      259,      260,      271,
      272,      284,      300,      301
```

(39) rgi> find nodes lastresult and not enabled TICK

```
Found the following nodes:
       27,       37,       69,       77,      105,      133,      139,      169,
      175,      183,      213,      219,      225,      231,      260,      272,
      284,      301
```

6.3.9   Reproduzierbare Markierungen

Allgemein wird eine Markierung M_i eines Netzes <u>reproduzierbar</u> genannt, wenn es ausgehend von M_i eine Schaltfolge von Transitionen gibt, deren Ergebnis M_i ist. Wenn es eine reproduzierbare Markierung gibt, enthält der RG des Netzes mindestens einen Zyklus. Im zugrundegelegten Netz müssen alle Stellen, die in dieser Markierung belegt sind, in einem Zyklus enthalten sein.

Wir unterscheiden zwei Klassen von reproduzierbaren Markierungen. Eine Markierung M ist <u>schwach reproduzierbar</u>, wenn es mindestens eine Folgemarkierung gibt, von der aus M erreichbar ist. Eine Markierung M wird als <u>stark reproduzierbar</u> bezeichnet, wenn sie von all ihren Folgemarkierungen erreicht werden kann.

Betrachtet man den RG eines Netzes, ergeben sich die schwach reproduzierbaren Markierungen aus den SCC's mit mehr als einem Element. Stark reproduzierbare Markierungen gehören zu Blatt-SCC's mit mehr als einem Knoten.

Rgi stellt keine Anfragemöglichkeiten zur Verfügung, die schwach bzw. stark reproduzierbare Markierungen direkt liefern. Jedoch kann man diese Eigenschaften aus den Informationen über die SCC's ableiten, die man mit Anfrage (41) erhält. Wie man der Ausgabe entnehmen kann, existieren keine Blatt-SCC's mit mehr als einem Knoten. Daher gibt es in unserem Modell auch keine stark reproduzierbaren Markierungen.

Außer 12 Markierungen sind alle anderen schwach reproduzierbar (alle Markierungen in SCC 13). Neben den Deadlocks und Livelocks bilden noch 6 weitere Knoten jeweils eine SCC mit nur einem Element. In diesen Knoten ist nur noch **tick** aktiviert. Das Ergebnis ist jeweils eine Markierung, die zu einem Deadlock bzw. Livelock gehört.

```
(41) rgi> show components
The graph of strong components :

    1. strong component

the markings :      28
A total of     1 component markings.
This component has no followers

    2. strong component

the markings :      29
A total of     1 component markings.
the followers :

from   29 via
    transition   : TICK (infinitely-firable, weakly-live)
    substitution : T = 0, T1 = 1
    -> marking   :    28 in strong component     1
```

This component has a total of   1 followers

*   3. strong component*

the markings :   42
A total of   1 component markings.
This component has no followers

*   4. strong component*

the markings :   23
A total of   1 component markings.
This component has no followers

*   5. strong component*

the markings :   24
A total of   1 component markings.
the followers :

from   24 via
*   transition   : TICK (infinitely-firable, weakly-live)*
*   substitution : T = 1, T1 = 0*
*   -> marking   :   23 in strong component   4*

This component has a total of   1 followers

*   6. strong component*

the markings :   142
A total of   1 component markings.
This component has no followers

*   7. strong component*

the markings :   43
A total of   1 component markings.
the followers :

from   43 via
*   transition   : TICK (infinitely-firable, weakly-live)*
*   substitution : T = 0, T1 = 1*
*   -> marking   :   42 in strong component   3*

This component has a total of   1 followers

8. strong component

the markings :   33
A total of   1 component markings.
This component has no followers

9. strong component

the markings :   34
A total of   1 component markings.
the followers :

from   34 via
*   transition   : TICK (infinitely-firable, weakly-live)*
*   substitution : T = 1, T1 = 0*
*   -> marking   :   33 in strong component   8*

This component has a total of   1 followers

10. strong component

the markings :   143
A total of   1 component markings.
the followers :

from   143 via
*   transition   : TICK (infinitely-firable, weakly-live)*
*   substitution : T = 0, T1 = 1*
*   -> marking   :   142 in strong component   6*

This component has a total of   1 followers

11. strong component

the markings :   73
A total of   1 component markings.
This component has no followers

12. strong component

the markings :   74
A total of   1 component markings.
the followers :

from   74 via

```
transition    : TICK (infinitely-firable, weakly-live)
substitution  : T = 1, T1 = 0
-> marking    :   73 in strong component   11
```


This component has a total of   1 followers

13. strong component

```
the markings :      1,    2,    3,    4,    5,    6,    7,    8,    9,   10,
                   11,   12,   13,   14,   15,   16,   17,   18,   19,   20,
                   21,   22,   25,   26,   27,   30,   31,   32,   35,   36,
                   37,   38,   39,   40,   41,   44,   45,   46,   47,   48,
                   49,   50,   51,   52,   53,   54,   55,   56,   57,   58,
                   59,   60,   61,   62,   63,   64,   65,   66,   67,   68,
                   69,   70,   71,   72,   75,   76,   77,   78,   79,   80,
                   81,   82,   83,   84,   85,   86,   87,   88,   89,   90,
                   91,   92,   93,   94,   95,   96,   97,   98,   99,  100,
                  101,  102,  103,  104,  105,  106,  107,  108,  109,  110,
                  111,  112,  113,  114,  115,  116,  117,  118,  119,  120,
                  121,  122,  123,  124,  125,  126,  127,  128,  129,  130,
                  131,  132,  133,  134,  135,  136,  137,  138,  139,  140,
                  141,  144,  145,  146,  147,  148,  149,  150,  151,  152,
                  153,  154,  155,  156,  157,  158,  159,  160,  161,  162,
                  163,  164,  165,  166,  167,  168,  169,  170,  171,  172,
                  173,  174,  175,  176,  177,  178,  179,  180,  181,  182,
                  183,  184,  185,  186,  187,  188,  189,  190,  191,  192,
                  193,  194,  195,  196,  197,  198,  199,  200,  201,  202,
                  203,  204,  205,  206,  207,  208,  209,  210,  211,  212,
                  213,  214,  215,  216,  217,  218,  219,  220,  221,  222,
                  223,  224,  225,  226,  227,  228,  229,  230,  231,  232,
                  233,  234,  235,  236,  237,  238,  239,  240,  241,  242,
                  243,  244,  245,  246,  247,  248,  249,  250,  251,  252,
                  253,  254,  255,  256,  257,  258,  259,  260,  261,  262,
                  263,  264,  265,  266,  267,  268,  269,  270,  271,  272,
                  273,  274,  275,  276,  277,  278,  279,  280,  281,  282,
                  283,  284,  285,  286,  287,  288,  289,  290,  291,  292,
                  293,  294,  295,  296,  297,  298,  299,  300,  301,  302,
                  303,  304,  305,  306,  307,  308
```
A total of 296 component markings.
the followers :

```
from    7 via
    transition    : DEADLOCK (finitely-firable)
    substitution : R = TTHREE, R1 = TTWO, R2 = TONE, F = 2, F1 = 1, F2 = 0, T
                  = 1, T1 = 1, T2 = 1
    -> marking    :   74 in strong component   12
```

```
from     7 via
   transition   : DEADLOCK (finitely-firable)
   substitution : R = TTHREE, R1 = TONE, R2 = TTWO, F = 2, F1 = 0, F2 = 1, T
                  = 1, T1 = 1, T2 = 1
   -> marking    :   74 in strong component    12


   ...............................................................


from  301 via
   transition   : LIVELOCK1 (finitely-firable)
   substitution : R = TONE, R1 = 1, R2 = TTWO, F = 1, T1 = TTHREE, T2 = 1, TS
                  = 0, TE = 1
   -> marking    :  142 in strong component     6


This component has a total of  252 followers
```

6.3.10   Homezustände

Eine Markierung eines Netzes wird <u>Homezustand</u> genannt, wenn sie von allen anderen Markierungen aus erreicht werden kann.

Bezüglich dem modellierten System kann man Homezustände auf zwei Weisen interpretieren:

— Wenn der Anfangszustand kein Homezustand ist, liegen alle möglichen Homezustände des Netzes entweder in einem Livelock oder einem Deadlock. Die Gesamtanzahl von Deadlocks und Livelocks ist 1, d.h. es existiert also entweder genau ein Deadlock oder genau ein Livelock. In diesem Fall gelten die in den vorhergehenden Abschnitten gemachten Aussagen bezüglich Livelocks und Deadlocks.

— Wenn die Anfangsmarkierung ein Homezustand ist, kann es weder Deadlocks noch Livelocks geben (abgesehen davon, daß die gesamte Zustandsmenge auch als Livelock betrachtet werden kann). Diese Situation kann nur in einem zyklischen System auftreten. Weiterhin sind in diesem Fall alle Zustände des Systems Homezustände und stark reproduzierbar.

Bezogen auf den RG eines Netzes existieren Homezustände dann, wenn es genau eine Blatt-SCC gibt. Alle Homezustände sind Elemente dieser SCC, und umgekehrt sind alle Knoten dieser SCC Homezustände. Wenn der gesamte RG nur aus einer einzigen SCC besteht, sind alle Zustände des Systems inklusive des Anfangszustands Homezustände.

Im MONITOR-Modell existieren keine Homezustände, da im System mehr als eine Deadlock- und Livelock-Situation auftreten kann, d.h. es gibt mehr als eine Blatt-SCC (Anfrage (42)).

```
(42) rgi> find nodes homespace(1)
No matching nodes found.
```

Homezustände kann man auch auf einen Teil des gesamten RG, d.h. auf eine Teilmenge des gesamten Zustandsraumes eingeschränkt betrachten.

Wir nennen einen Homezustand M _partiell_, wenn M ein Homezustand bezüglich einer Teilmenge MX des gesamten Zustandsraumes des Systems ist, d.h. wenn M von allen Nachfolgern aller Markierungen aus MX erreichbar ist.

Betrachtet man den RG eines Netzes, dann gibt es bezüglich einer Teilmenge MX einen Homezustand, wenn der Teil-RG, der in den Markierungen aus MX beginnt, genau eine Blatt-SCC besitzt. Zu beachten ist, daß Markierungen in MX i.d.R. unterschiedliche _Wurzeln_ sind, aus denen sch jeweils ein unterschiedlicher Teil-RG ergibt. Im übrigen gelten alle Aussagen über Homezustände für partielle Homezustände auf der eingeschränkten Zustandsmenge bzw. dem Teil-RG.

Wie man aus den Ergebnissen der Anfragen (43), (44) und (45) ableiten kann, existieren partielle Homezustände im MONITOR nur für solche Teilmengen, die Knoten, die durch Schalten von **tick** direkt in einen Livelock oder Deadlock führen (z.B. Knoten 43), und Knoten der daraus resultierenden Livelocks bzw. Deadlocks (z.B. Knoten 42) enthalten. Die partiellen Homezustände sind dann die Knoten, die zu dem entsprechenden Livelock bzw. Deadlock gehören (hier z.B. 42).


```
(43) rgi> find nodes homespace(1 142 143)
No matching nodes found.



(44) rgi> find nodes homespace(42)
Found the following    1 nodes:
      42



(45) rgi> find nodes homespace(42 43)
Found the following    1 nodes:
      42
```


6.3.11 Gemeinsame Folgezustände

Gemeinsame Folgezustände einer Teilmenge MX des gesamten Zustandsraumes sind diejenigen Zustände, die von allen in MX enthaltenen Zuständen erreichbar sind. D.h. besteht MX aus den Elementen $M_1,...,M_n$, dann ist M' ein gemeinsamer Folgezustand, wenn M' von M_1 _und_ von M_2 ... _und_ von M_n aus erreichbar ist. Besteht MX aus nur einer Markierung M, dann sind gemeinsame Folgezustände alle Knoten in dem Teil-RG, der von M ausgeht. Ist insbesondere $M=M_0$, so ist die Ergebnismenge gleich dem gesamten Zustandsraum. Jeder Homezustand einer Markierungs-Teilmenge MX ist auch ein gemeinsamer Folgezustand dieser Teilmenge. Anfrage (49) zeigt beispielsweise die gemeinsamen Folgezuände der Knoten 1, 13 und 29.

```
(49) rgi> find nodes commonfollowers(1 13 29)
Found the following    2 nodes:
     28,      29
```

6.3.12   Konflikte zwischen Transitionen

Ein Schalt-Konflikt in einem PT-Netz ist nach [BEFE86] zwischen zwei Transitionen t_1 und t_2 vorhanden, wenn in einer Markierung sowohl t_1 wie auch t_2 aktiviert ist, aber sobald t_1 (bzw. t_2) geschaltet hat, t_2 (bzw. t_1) nicht mehr aktivierbar ist.
Diese Definition ist in [GRHE86] auf einen Schritt-Konflikt innerhalb einer Transitions-Multimenge verallgemeinert worden, s. Def. 4.1 im Anhang C. In PROVER ist jedoch bisher lediglich ein Verfahren zur Erkennung obiger spezieller Klasse von Konflikten realisiert, von der wir im folgenden ausgehen.

In einem PRT-Netz finden prinzipiell dieselben Konflikt-Definitionen Anwendung. Darüber hinaus können Konflikte existieren, die durch *unterschiedliche Substitution der freien Variablen* zustande kommen. Wir nennen einen solchen Konflikt einen Substitutions–Konflikt und kennzeichnen solche Situationen bei der Ausgabe mit nachfolgendem *S*. Durch diese Berücksichtigung der Substitutionen kann es durchaus vorkommen, daß eine Transition "mit sich selbst" in Konflikt steht.

Für eine Konflikt-Situation sind verschiedene Interpretationen bezüglich des modellierten Systems möglich, z.B.:

—   Im System gibt es Betriebsmittel, die exklusiv belegt werden können. Eine Situation, in der zwei Tasks gleichzeitig auf ein Betriebsmittel zugreifen wollen, führt zu einem Konflikt. In diesem Fall ist die Konflikt-Situation zwischen beiden Tasks beabsichtigt.

—   In einem Zustand gibt es verschiedene Möglichkeiten, in Abhängigkeit vom Wert bestimmter Variablen die Verarbeitung fortzusetzen. Mehrdeutige Definition der Auswahl-Bedingungen kann zu einer (fehlerhaften) Konflikt-Situation führen.

Im RG eines Netzes kann man einen Konflikt zweier Transitionen t_1 und t_2 in einer Markierung M auf folgende Weise erkennen:

Von M führt eine mit t_1 beschriftete Kante zu einer Markierung M' und eine mit t_2 beschriftete Kante zu M". Ein Konflikt tritt dann auf, wenn es keine mit t_2 beschriftete Kante gibt, die von M' wegführt, oder wenn es keine mit t_1 beschriftete Kante gibt, die von M" wegführt.

Entsprechendes gilt für Substitutionskonflikte, wobei natürlich die Substitution der Variablen zu berücksichtigen ist.

Das Ergebnis der Anfrage (46) zeigt, daß es in unserem Modell mehrere Markierungen gibt, die zu einer Konflikt-Situation führen. Der einzige Substitutionskonflikt ist der Konflikt zwischen den Transitionen **a** und **q**:

Läßt man zunächst einmal Substitutionen außer Betracht, stehen diese beiden Transitionen nicht in Konflikt, da in der jeweiligen Folgemarkierung von **a** bzw. **q** die andere Transition schalten kann.

Berücksichtigt man aber die Substitutionen der Variablen, ist ein Konflikt zwischen beiden Transitionen vorhanden.

Warum das so ist, wird klar, wenn man die Aktionen, die beim Schalten von a bzw. q ausgeführt werden, betrachtet. Beide Transitionen verändern die Zeiger in der Stelle **rd**. Damit ist in den Folgemarkierungen (Knoten 20 bzw. 26) eine Substitution der Variablen L, $L1$, F und $F1$ entsprechend der Substitution in der Ausgangsmarkierung (Knoten 25) nicht mehr möglich (siehe Anfragen (47) und (48)).

Alle anderen Konflikte sind Konflikte unterschiedlicher Transitionen und basieren prinzipiell auf folgenden vier Fällen:

$[g_1, g_2, g_3]$	Dieser Konflikt tritt immer dann auf, wenn die Stelle **out** mit mehr als einem Token markiert ist, da die Kapazität der Ausgangsstelle **input** der Transitionen g_i (i=1,...,3) auf 1 begrenzt ist.
[livelock1,q]	Wenn **livelock1** schaltet, wird die Markierung der Stelle **input** entfernt und damit Transition **q** gesperrt. Umgekehrt sperrt das Schalten von **q** die Transition **livelock1**.
[livelock1,t]	Wenn **livelock1** schaltet, wird die Task von Stelle **rn** abgezogen, woraufhin keine Task mehr beendet werden kann. Andererseits ist **rn** leer, wenn durch Schalten von **t** die aktive Task beendet wird.
[deadlock,a]	Nach dem Schalten von **deadlock** ist jede Information über die Tasks in der (vollen) FIFO-Warteschlange verloren, es ist keine Task mehr vorhanden, für die das Betriebsmittel allokiert werden kann. Wenn eine Task durch Aktivierung die Warteschlange verlassen hat, kann kein Fehler mehr auftreten, d.h. **deadlock** kann nicht mehr schalten.

```
(46) rgi> show conflicts
Found the following conflicts:

    (<M>, --<t1>--> M1, --<t2>--> M2) S = substitutional conflict


    (    1, --G3-->  280, --G2-->  275)
    (    1, --G3-->  280, --G1-->    2)
    (    1, --G2-->  275, --G1-->    2)
    (    3, --G3-->  176, --G2-->    4)
    (    8, --DEADLOCK-->   73, --A-->    9)
    (   14, --DEADLOCK-->   33, --A-->   15)
    (   20, --DEADLOCK-->   23, --A-->   21)
    (   25, --A-->   26, --Q-->   20) S
    (   26, --LIVELOCK1-->   29, --Q-->   21)
    (   27, --LIVELOCK1-->   28, --T-->    4)
    (   27, --LIVELOCK1-->   28, --Q-->   22)
    (   35, --A-->   36, --Q-->   14) S
    (   36, --LIVELOCK1-->   43, --Q-->   15)
    (   37, --LIVELOCK1-->   42, --T-->   38)
```

```
(   37, --LIVELOCK1-->    42, --Q-->   16)
(   39, --A-->    40, --Q-->   30) S
(   47, --G2-->    48, --G1-->   38)
(   52, --DEADLOCK-->    23, --A-->   53)
(   58, --DEADLOCK-->    73, --A-->   59)
(   64, --DEADLOCK-->    33, --A-->   65)
(   67, --A-->    68, --Q-->   64) S
(   68, --LIVELOCK1-->    43, --Q-->   65)
(   69, --LIVELOCK1-->    42, --T-->   48)
(   69, --LIVELOCK1-->    42, --Q-->   66)
(   75, --A-->    76, --Q-->   58) S
(   76, --LIVELOCK1-->    143, --Q-->   59)
(   77, --LIVELOCK1-->    142, --T-->   78)
(   77, --LIVELOCK1-->    142, --Q-->   60)
(   79, --A-->    80, --Q-->   70) S
(   82, --LIVELOCK1-->    29, --Q-->   83)
(   88, --DEADLOCK-->    73, --A-->   89)
(   94, --DEADLOCK-->    33, --A-->   95)
(  100, --DEADLOCK-->    23, --A-->   83)
(  101, --A-->    82, --Q-->   100) S
(  103, --A-->    104, --Q-->   94) S
(  104, --LIVELOCK1-->    43, --Q-->   95)
(  105, --LIVELOCK1-->    42, --T-->   106)
(  105, --LIVELOCK1-->    42, --Q-->   96)
(  107, --A-->    80, --Q-->   102) S
(  111, --G3-->    106, --G2-->   112)
(  116, --DEADLOCK-->    23, --A-->   117)
(  122, --DEADLOCK-->    73, --A-->   123)
(  128, --DEADLOCK-->    33, --A-->   129)
(  131, --A-->    132, --Q-->   128) S
(  132, --LIVELOCK1-->    43, --Q-->   129)
(  133, --LIVELOCK1-->    42, --T-->   112)
(  133, --LIVELOCK1-->    42, --Q-->   130)
(  137, --A-->    138, --Q-->   122) S
(  138, --LIVELOCK1-->    143, --Q-->   123)
(  139, --LIVELOCK1-->    142, --T-->   140)
(  139, --LIVELOCK1-->    142, --Q-->   124)
(  141, --A-->    40, --Q-->   134) S
(  147, --G2-->    148, --G1-->   140)
(  152, --DEADLOCK-->    33, --A-->   153)
(  158, --DEADLOCK-->    23, --A-->   159)
(  164, --DEADLOCK-->    73, --A-->   165)
(  167, --A-->    168, --Q-->   164) S
(  168, --LIVELOCK1-->    143, --Q-->   165)
(  169, --LIVELOCK1-->    142, --T-->   148)
(  169, --LIVELOCK1-->    142, --Q-->   166)
(  173, --A-->    174, --Q-->   158) S
```

```
(  174, --LIVELOCK1-->   29, --Q-->  159)
(  175, --LIVELOCK1-->   28, --T-->  176)
(  175, --LIVELOCK1-->   28, --Q-->  160)
(  177, --A-->   80, --Q-->  170) S
(  181, --A-->  182, --Q-->  152) S
(  182, --LIVELOCK1-->   43, --Q-->  153)
(  183, --LIVELOCK1-->   42, --T-->  184)
(  183, --LIVELOCK1-->   42, --Q-->  154)
(  185, --A-->  186, --Q-->  178) S
(  191, --G3-->  192, --G1-->  184)
(  196, --DEADLOCK-->   23, --A-->  197)
(  202, --DEADLOCK-->   73, --A-->  203)
(  208, --DEADLOCK-->   33, --A-->  209)
(  211, --A-->  212, --Q-->  208) S
(  212, --LIVELOCK1-->   43, --Q-->  209)
(  213, --LIVELOCK1-->   42, --T-->  192)
(  213, --LIVELOCK1-->   42, --Q-->  210)
(  217, --A-->  218, --Q-->  202) S
(  218, --LIVELOCK1-->  143, --Q-->  203)
(  219, --LIVELOCK1-->  142, --T-->  220)
(  219, --LIVELOCK1-->  142, --Q-->  204)
(  221, --A-->  222, --Q-->  214) S
(  224, --LIVELOCK1-->   29, --Q-->  117)
(  225, --LIVELOCK1-->   28, --T-->  226)
(  225, --LIVELOCK1-->   28, --Q-->  118)
(  227, --A-->  228, --Q-->  144) S
(  230, --LIVELOCK1-->   29, --Q-->  197)
(  231, --LIVELOCK1-->   28, --T-->  232)
(  231, --LIVELOCK1-->   28, --Q-->  198)
(  233, --A-->   40, --Q-->  234) S
(  237, --G3-->   78, --G2-->  220)
(  238, --G3-->   79, --G2-->  221)
(  239, --G3-->   80, --G2-->  222)
(  240, --G3-->  282, --G2-->  241)
(  243, --G3-->  226, --G1-->  244)
(  245, --A-->  186, --Q-->  246) S
(  249, --G3-->  227, --G1-->  245)
(  250, --G3-->  228, --G1-->  186)
(  251, --G3-->  252, --G1-->  187)
(  254, --G2-->  255, --G1-->  232)
(  256, --A-->  269, --Q-->  257) S
(  258, --A-->  259, --Q-->   88) S
(  259, --LIVELOCK1-->  143, --Q-->   89)
(  260, --LIVELOCK1-->  142, --T-->  261)
(  260, --LIVELOCK1-->  142, --Q-->   90)
(  262, --A-->  186, --Q-->  108) S
(  265, --G3-->  266, --G1-->  261)
```

```
(  267,  --A-->   228,  --Q-->    44) S
(  268,  --G3-->  267,  --G1-->  262)
(  271,  --LIVELOCK1-->   29,  --Q-->   53)
(  272,  --LIVELOCK1-->   28,  --T-->  244)
(  272,  --LIVELOCK1-->   28,  --Q-->   54)
(  277,  --G2-->  256,  --G1-->  233)
(  278,  --G2-->  269,  --G1-->   40)
(  279,  --G2-->  274,  --G1-->   41)
(  284,  --LIVELOCK1-->   28,  --T-->  255)
(  284,  --LIVELOCK1-->   28,  --Q-->   84)
(  285,  --A-->   230,  --Q-->  196) S
(  287,  --A-->   228,  --Q-->  286) S
(  288,  --G3-->  287,  --G1-->  185)
(  289,  --A-->   269,  --Q-->  188) S
(  290,  --G2-->  289,  --G1-->  141)
(  291,  --A-->   224,  --Q-->  116) S
(  293,  --A-->   222,  --Q-->  292) S
(  294,  --G3-->  107,  --G2-->  293)
(  295,  --A-->   271,  --Q-->   52) S
(  297,  --A-->   269,  --Q-->  296) S
(  298,  --G2-->  297,  --G1-->   39)
(  299,  --A-->   300,  --Q-->    8) S
(  300,  --LIVELOCK1-->  143,  --Q-->    9)
(  301,  --LIVELOCK1-->  142,  --T-->  266)
(  301,  --LIVELOCK1-->  142,  --Q-->   10)
(  305,  --A-->   222,  --Q-->  302) S
(  306,  --G3-->  177,  --G2-->  305)
(  308,  --G3-->  281,  --G2-->  276)
(  308,  --G3-->  281,  --G1-->  307)
(  308,  --G2-->  276,  --G1-->  307)
```

(47) rgi> find verbosely nodes 25

```
Found the following    3 nodes:
NODE             25, belongs to strong component      13

     INPUT : <TTWO,1>
     RD : <2,1>
     FIFO : <1,TONE,0>+<1,TTHREE,2>
     AV : <>
     C3 : <0>
Followers :
     transition   : A (infinitely-firable, weakly-live)
     substitution : R = TTHREE, F = 2, F1 = 0, L = 1, L1 = 1, T = 0, TE = 1, TIME
                  = 1
     -> marking   :  26 in strong component    13
```

```
    transition    : Q (infinitely-firable, weakly-live)
    substitution : R = TTWO, F = 2, L = 1, L1 = 2, TIME = 1
    -> marking    :   20 in strong component    13
```

(48) rgi> find nodes verbosely nodes 26,20

```
Found the following    2 nodes:
NODE            20, belongs to strong component        13

    RD : <2,2>
    FIFO : <1,TONE,0>+<1,TTWO,1>+<1,TTHREE,2>
    AV : <>
    C3 : <0>
Followers :
    transition    : DEADLOCK (finitely-firable)
    substitution : R = TTHREE, R1 = TTWO, R2 = TONE, F = 2, F1 = 1, F2 = 0, T
                   = 1, T1 = 1, T2 = 1
    -> marking    :   23 in strong component     4


    transition    : DEADLOCK (finitely-firable)
    substitution : R = TTHREE, R1 = TONE, R2 = TTWO, F = 2, F1 = 0, F2 = 1, T
                   = 1, T1 = 1, T2 = 1
    -> marking    :   23 in strong component     4


    transition    : DEADLOCK (finitely-firable)
    substitution : R = TTWO, R1 = TTHREE, R2 = TONE, F = 1, F1 = 2, F2 = 0, T
                   = 1, T1 = 1, T2 = 1
    -> marking    :   23 in strong component     4


    transition    : DEADLOCK (finitely-firable)
    substitution : R = TTWO, R1 = TONE, R2 = TTHREE, F = 1, F1 = 0, F2 = 2, T
                   = 1, T1 = 1, T2 = 1
    -> marking    :   23 in strong component     4


    transition    : DEADLOCK (finitely-firable)
    substitution : R = TONE, R1 = TTHREE, R2 = TTWO, F = 0, F1 = 2, F2 = 1, T
                   = 1, T1 = 1, T2 = 1
    -> marking    :   23 in strong component     4


    transition    : DEADLOCK (finitely-firable)
    substitution : R = TONE, R1 = TTWO, R2 = TTHREE, F = 0, F1 = 1, F2 = 2, T
                   = 1, T1 = 1, T2 = 1
    -> marking    :   23 in strong component     4


    transition    : A (infinitely-firable, weakly-live)
    substitution : R = TTHREE, F = 2, F1 = 0, L = 2, L1 = 2, T = 0, TE = 1, TIME
                   = 1
    -> marking    :   21 in strong component    13
```

NODE   26, belongs to strong component   13

      INPUT : <TTWO,1>
      RD : <0,1>
      FIFO : <1,TONE,0>
      RN : <0,1,TTHREE>
      C4 : <0>
Followers :
      transition   : LIVELOCK1 (finitely-firable)
      substitution : R = TTHREE, R1 = 1, R2 = TONE, F = 0, T1 = TTWO, T2 = 1, TS
                = 0, TE = 1
      -> marking   :   29 in strong component   2

      transition   : TICK (infinitely-firable, weakly-live)
      substitution : T = 0, T1 = 1
      -> marking   :   27 in strong component   13

      transition   : Q (infinitely-firable, weakly-live)
      substitution : R = TTWO, F = 0, L = 1, L1 = 2, TIME = 1
      -> marking   :   21 in strong component   13

6.4 Ergebnisse der S-Invarianten-Analyse

Die folgenden Analyse-Resultate für das MONITOR-Modell wurden unter Verwendung des Werkzeugs *PETSI* für S-Invarianten-Analyse in PRT-Netzen ermittelt.

Die zugrundeliegende Theorie ist leider noch nicht soweit fortgeschritten, daß S-Invarianten berechnet werden können, wenn Funktionen in Kantenbeschriftungen oder Transitionsinschriften erscheinen. Diese sehr starke Einschränkung macht die Anwendung von *PETSI* auf das oben beschriebene Modell nicht sehr sinnvoll. Ebenso ist die Interpretation von freien Variablen in S-Invarianten eine schwere Aufgabe, die noch nicht automatisiert werden konnte und deren theoretische Grundlagen noch unklar sind.

Daher haben wir alle Funktionen des MONITOR-Modells für diese Analysemethode weggelassen und ließen *PETSI* auf diesem reduzierten Modell rechnen. Die erhaltenen Ergebnisse sind nur "vollständig projezierte" S-Invarianten, d.h. S-Invarianten, die durch die Abbildung aller strukturierten Token der PRT-Netz-Invarianten auf anonyme Token entstehen. Es werden also nur Token-Anzahlen betrachtet. Das gleiche Ergebnis erzielt man, wenn man das PRT-Netz auf das entsprechende Stellen/Transitions-Netz (PT-Netz) ohne Entfaltung abbildet und dessen Invarianten berechnet. Bei PT-Netzen sind die Berechnungsmethode und die Interpretation der Ergebnisse bekannt und können ohne Probleme angewendet werden. Geht man jedoch von einem PRT-Netz aus, ist die Aussagekraft der Invarianten eingeschränkt.

Eine S-Invariante I eines PT-Netzes ist ein gewichteter Vektor, so daß für eine gegeben Anfangsmarkierung M_0 das Skalar-Produkt $\bullet$ zwischen I und *jeder* beliebigen Folgemarkierung M von M_0 stets eine Konstante c_I als Ergebnis aufweist, die gleich dem Wert $I \bullet M_0$ ist.

Im Gegensatz zur Erreichbarkeits-Analyse sind die Ergebnisse der S-Invarianten-Berechnung *unabhängig* von der Anfangsmarkierung. Die Komplexität bekannter Algorithmen ist exponentiell in Abhängigkeit von der statischen Netz-Größe. Jedoch ist die Größenordnung der Komplexität bei den meisten Netzen weit geringer als die der Erreichbarkeit-Analyse, die eine Funktion der Größe des RG ist.

Bei existierenden S-Invarianten ist es das Ziel, eine *minimale Basis von nicht-negativen linearen S-Invarianten* zu berechnen, d.h. alle möglichen, linearen S-Invarianten können als Linearkombination der Basis-S-Invarianten dargestellt werden.

Bei der PT-Invarianten-Berechnung für das MONITOR-Modell gehen wir von der Anfangsmarkierung M_0 mit

$$M_0(out)=N, \ M_0(rd)=M_0(av)=M_0(c4)=1$$

aus. Diese Anfangsmarkierung ist eine Verallgemeinerung der bei der Erreichbarkeits-Analyse verwendeten Anfangsmarkierung, wo die Gesamtanzahl N der Tasks auf 3 festgelegt wurde. Hier kann N jede beliebige natürliche Zahl sein.

Das Modell des MONITOR hat 3 Basis-S-Invarianten. Ausgehend von diesen und der Anfangsmarkierung M_0 erhalten wir die folgenden Gleichungen, die für M_0 und alle Folgemarkierungen von M_0 gültig sind (Bemerkung zur Notation: IPI steht für die Anzahl Token auf Stelle P):

(I1) |rd| = 1, d.h. die Anzahl Token auf Stelle **rd** ist immer 1.

(I2) |c3| + |c4| = 1, d.h. entweder enthält **c3** einen Token oder (exklusiv) **c4**.

(I3) $|\text{av}| + |\text{rn}| + |\text{live}| = 1$, d.h. in jeder Markierung ist genau eine der drei Stellen markiert, die anderen beiden sind leer.

Die Gleichungen (I1) und (I2) sind leicht verständlich. Gleichung (I3) kann durch Unterscheidung der folgenden Fälle erklärt werden:

(I)   Angenommen **av** enthält einen Token. Dann muß zuvor Transition **t** geschaltet haben. Daher kann **rn** nicht markiert sein, und Transition **livelock1** kann nicht geschaltet haben, weshalb Stelle **live** ebenfalls leer sein muß.

(II)   Angenommen **rn** enthält einen Token. Dann muß Transition **a** zuvor geschaltet haben mit dem Ergebnis, daß Stelle **av** leer ist. Transition **livelock1** kann nicht geschaltet haben, da sonst **rn** leer wäre. Stelle **live** ist also auch leer.

(III)   Angenommen **live** enthält einen Token. Dann muß zuvor Transition **livelock1** geschaltet haben, wobei der Token von **rn** abgezogen wurde. Der Token auf **rn** stammt aber durch ein vorhergehendes Schalten von Transition **a** von der Stelle **av**, die ihrerseits leer sein muß.

(IV)   Die Fälle (I) bis (III) sind vollständig, d.h. es existiert kein weiterer Fall, der die Markierung der Stellen **av, rn, live** betrifft.

Es ist interessant, diese Ergebnisse mit den Ergebnissen der Invarianten-Analyse der ursprünglichen, "korrekten" Version des MONITOR zu vergleichen. Dieser Version fehlten die Teile, die zu einem Deadlock oder Livelock führen. Es stellt sich heraus, daß die Gleichungen (I1) und (I2) auch hier gültig sind, wogegen Gleichung (I3) durch zwei zusätzliche Basis-Invarianten ((I3') und (I4')) ersetzt wird:

(I3') $|\text{av}| + |\text{rn}| = 1$, d.h. entweder ist Stelle **av** oder Stelle **rn** mit einem Token belegt. Bezogen auf unser Modell bedeutet das, daß sich das modellierte Betriebsmittel entweder im Zustand "nicht aktiv" (Token auf **av**) oder im Zustand "aktiv" (Token auf **rn**) befindet.

(I4') $|\text{out}| + |\text{input}| + |\text{q}| + |\text{fifo}| + |\text{rn}| = \text{N}$, d.h. daß die N Tasks, die ursprünglich auf der Stelle **out** lagen, in jedem Systemzustand erhalten bleiben. Weder wird eine alte Task zerstört noch eine neue erzeugt.

Dieses durch die S-Invarianten bestimmte "markierungs-invariante" Verhalten entspricht genau den Anforderungen des zyklischen MONITOR-Modells.

7 AUSBLICK

Die in diesem Bericht dargestellte Petri-Netz-basierte Spezifikations- und Validations-Methodik kann an mehreren Ansatzpunkten weiterentwickelt werden, um die Einsatzmöglichkeiten zum Entwurf komplexer Rechensysteme noch zu verbessern. Nachfolgend werden notwendige Weiterentwicklungen diskutiert, insbesondere im Hinblick auf Spezifikationssprachen (Kap. 7.1), Analysemethoden (Kap. 7.2) und integrierte Software-Werkzeuge (Kap. 7.3).

Diese Weiterentwicklungen bilden die konzeptionelle Basis zukünftiger Versionen des Petri-Netz-Werkzeuges **PROVER**.

7.1 Fortgeschrittene Spezifikationssprachen für höhere Netze

Die Spezifikationssprache PDL (predicate/transition net description language, s. Anhang B.1) kann ohne Einschränkungen zur Spezifikation des funktionalen Verhaltens beliebiger Rechensysteme eingesetzt werden. Die Sprache kann aber noch bezüglich folgenden Aspekten weiterentwickelt werden:

- Viele der in Kapitel 2 untersuchten funktionalen Konstrukte höherer Petri-Netze sind nicht Teil der PDL und können zu wesentlich kompakteren Spezifikationen führen (s. nächster Abschnitt).

- Die Möglichkeit, Petri-Netze zur hierarchischen Spezifikation einzusetzen, sollte für höhere Netze noch theoretisch untersucht und in PDL eingebaut werden (s. übernächster Abschnitt).

- Um später auch eine quantitative Analyse eines Rechensystem-Entwurfs zu unterstützen, sollte die PDL auch um stochastische Konstrukte (s. Kapitel 2.2.5) erweitert werden.

7.1.1 Erweiterung der PDL um höhere funktionale Konstrukte

Nach den Ergebnissen von Kapitel 2 werden folgende *aufwärts-kompatiblen* Erweiterungen der PDL vorgeschlagen:

(1) *Nebenläufigkeits-Grad* als Transitions-Parameter (CONC, Kap. 2.2.2).

(2) *Priorität* als Transitions-Parameter (PRIO, Kap. 2.2.2).

(3) *Rücksetz-Kanten* (RESET, Kap. 2.2.3)

(4) *Markenzugriffs-Modus* (TOKEN-ACCESS, Kap. 2.2.4). Hier wird sowohl FIFO- als auch PRIO-Zugriff vorgeschlagen, der im Rahmen einer Transitions-Inschrift spezifiziert werden kann.

(5) *Arithmetische Ausdrücke* als Funktions-Ergebnis im Rahmen der Spezifikation einer Transitions-Inschrift. Diese Erweiterung resultierte aus vielen Anwendungsbeispielen der vorliegenden PDL.

Syntax und Semantik aller vorgeschlagenen Erweiterungen werden zusammen mit erläuternden Beispielen in Anhang B beschrieben.

7.1.2   Hierarchische Netzspezifikation

Durch Prädikat/Transitions-Netze beschriebene System-Spezifikationen sind bereits relativ kompakt, speziell bei Anwendung der oben vorgeschlagenen zusätzlichen Konstrukte. Bei Systemen hoher Komplexität ist es aber nicht ausreichend, den Entwurf auf genau einer Abstraktionsebene vorzunehmen. Man möchte den Entwurfsprozeß in kleinere, überschaubare Schritte zerlegen. *Schrittweise Verfeinerung* wird von allen Petri-Netz-Klassen unterstützt. Die Topologie eines Petri-Netzes erlaubt eine Verfeinerung von Transitionen bzw. Stellen in Teilnetze, deren Gesamtsicht (topologisch betrachtet) wieder ein Petri-Netz ergibt.

Zusätzlich wird von einer geeigneten formalen Spezifikations-Methode gefordert, daß der Entwurfsprozeß durch mächtige Validationsmethoden unterstützt wird. Durch "disziplinierte" Verfeinerung eines Netzes auf einer Ebene E_i sollten alle vorher auf Ebenen E_j (j<i) überprüften kausalen Eigenschaften des Entwurfs *konserviert* werden. Auf diese Weise soll der Validationsprozeß in kleinere "lokale" Schritte zerlegt werden, deren Ergebnisse ohne Betrachtung des Gesamtentwurfs gültig sind.

Wenn die Methode solche Verfeinerungs-Operationen unterstützt, ist eine Realisierung innerhalb eines graphischen Netzeditors (s. Kapitel 3.1.2) und zur "schrittweisen" Erreichbarkeits-Analyse anzustreben.

In der konventionellen Definition [GEST80] sind Netzmorphismen allein graphentheoretisch und als Vergröberung begründet. Wenn nun ein Netz so verfeinert wird, daß die zugehörige inverse Operation dieser Morphismus-Definition genügt, dann können dabei keinerlei Garantien zur Bewahrung der Erreichbarkeits-Relation gegeben werden. Als Konsequenz kann z.B. ein lebendiges Netz nach der Verfeinerung die Lebendigkeits-Eigenschaft verlieren.

Auf Grund dieser Probleme gab es in [EGG78], [PEEB81] erste Ansätze, spezielle Netzmorphismen auf PT-Netzen zu definieren, die *wesentliche kausale Netzeigenschaften bewahren*. In neueren Arbeiten [KORC88], [VOGL86] wird versucht, eine formale Theorie solcher für praktische Anwendungen geeigneter Netzmorphismen zu entwickeln. In [KORC88] wird ein solcher Morphismus definiert, der Vergröberungs- als auch Verfeinerungs-Operationen beinhaltet. An konservierten Eigenschaften ist dabei insbesondere die Erreichbarkeits-Relation enthalten. Als Folge davon bleiben bei Anwendung solcher Morphismen auch andere Kausaleigenschaften (Lebendigkeit, Fairness, Homezustände, Nebenläufigkeiten) erhalten. Zeitliche Eigenschaften werden dabei jedoch i.d.R. nicht bewahrt, da solche Morphismen allein auf der Netztopologie begründet werden.

Die Theorie der eigenschafts-konservierenden Netzmorphismen hat sich bisher auf die Betrachtung von Netzen ohne individuelle Marken beschränkt. Eine Generalisierung auf die uns interessierenden Prädikat/Transitions-Netze ist notwendig, um einen Einsatz in Werkzeugen zu ermöglichen, die hierarchische Netz-Spezifikation und -Validation unterstützen.

Es bleibt anzumerken, daß eine Theorie eigenschafts-konservierender Verfeinerungen auch für andere formale Spezifikationsmethoden für nebenläufige Systeme, z.B. für kommunizierende endliche Automaten [LASH84], entwickelt wird.

7.2 Fortgeschrittene Analysemethoden auf höheren Netzen

Im folgenden werden einige für praktische Anwendungen sehr vielversprechende Analysemethoden auf der Basis von Netz-Spezifikationen umrissen, die bisher noch in keinem Software-Werkzeug realisiert worden sind. Meist liegt das an der noch unzureichend entwickelten Theorie für diese Methoden.

Die Liste vorgeschlagener Analysemethoden erhebt keinen Anspruch auf Vollständigkeit und wird sicherlich noch erweitert werden können.

7.2.1 Neue Konstruktionsverfahren für Erreichbarkeitsgraphen

Folgende Konstruktionsverfahren gehen über die in **PROVER** realisierte Konstruktion des Schritt-Graphen für eine vollständige Netzspezifikation hinaus:

- *Hierarchische Konstruktion* von Erreichbarkeits-Graphen. Wie oben beschrieben, kann durch schrittweise Verfeinerung, die die Schaltregel und Erreichbarkeits-Relation wahrt, auch die Konstruktion eines RG in Einzelschritte separiert werden. Unklar ist, ob die Einzelergebnisse nicht doch zu einem Gesamt-RG integriert werden müssen, um brauch-bare Analyseergebnisse zu erzielen.

- *Schichtenreduktion* (Kap. 3.3.1). Dabei wird eine "Schicht", die als Teilnetz spezifiziert ist, auf ihr dynamisches Verhalten separat, d.h. durch Abstraktion des Verhaltens aller anderen Systemteile, untersucht. Dazu ist es notwendig, den RG des gesamten Netzes zu konstruieren. Aus dem Gesamt-RG wird dann ein deterministischer Automat abgeleitet, der das wechselseitige Verhalten aller Instanzen (im Netz durch Transitionen beschrieben) exakt repräsentiert.

  Gegenüber der Anwendung des hierachischen Konstruktions-Prinzips auf RGs hat das Schichtenreduktions-Verfahren höhere Zeit- und Speicherkomplexität aufzuweisen. Es braucht daher nicht weiter verfolgt zu werden.

- *Optimierte Speicherung* fast-redundanter Teilgraphen [HUBE86]. Bei diesem Verfahren ist das Ziel, das exponentielle Wachstum eines RGs durch optimale Speicherungsformen zu reduzieren. Der zusätzliche Realisierungs-Aufwand des sehr komplexen Verfahrens erscheint aber bei hierarchischer RG-Konstruktion nicht gerechtfertigt, da dann ein separat konstruierter RG wesentlich kleiner ist als der Gesamt-RG.

- Konstruktion des *Schrittgraphen* (s. Definition in Kap 10.3). Dieser bildet die Grundlage zur Analyse aller potentiellen Nebenläufigkeiten.

  Es besteht allerdings ein technisches Konstruktionsproblem: Die Ermittlung des maxi-malen Schrittes (d.h. der maximalen nebenläufig aktivierbaren Transitions-Multimenge) in jeder Markierung des Erreichbarkeits-Graphen dürfte sehr zeitaufwendig sein. Bei der Speicherung aller Schritte kommen zwar (gegenüber dem Schaltgraphen) keine zusätzlichen Knoten (d.h. Markierungen) hinzu, jedoch viele zusätzliche Kanten, deren Anzahl sich nach dem Nebenläufigkeits-Grad des Netzes richtet.

- *Symbolische Erreichbarkeitsgraph-Konstruktion.* Bisher ist die Erreichbarkeits-Analyse eine Untersuchungsmethode, deren Ergebnisse von der vorgegebenen Anfangsmarkierung abhängen. Oft besteht aber ein Interesse, eine "strukturelle" Validation des Systemverhaltens zu erzielen, die *für alle Anfangsmarkierungen* gültig ist.

Es ist zu untersuchen, ob ein Verfahren zur *symbolischen Konstruktion* eines Erreichbarkeits-Graphen existiert, welches auf einer symbolisch vorgegebenen Anfangsmarkierung aufsetzt. Im Beispielnetz "Monitor" (Abb. 6.2-1 ohne gestrichelt markierte Teilnetze) wäre z.B. interessant zu beweisen, daß das System sogar bei *beliebig vielen* Benutzer-Aufträgen (Anfangsmarkierung von Stelle OUT) verklemmungsfrei bleibt.

7.2.2   Analyse von Synchronie- und Fairness-Eigenschaften

Synchronie- und Fairness-Eigenschaften eines Petri-Netzes (vergl. Definitionen in Kap. 10.7) beziehen sich auf Abhängigkeiten und relative Wartezeiten zwischen Transitionen, die durch *relative Schaltanzahlen* repräsentiert werden. Durch Kenntnis von relativen Wartezeiten gewinnt man ein Maß für den *Synchronisationsgrad* zwischen Systemkomponenten. Wenn eine Transition unbeschränkt lange auf die Beendigung anderer Systemaktivitäten (bestimmt durch Aktivierungen von Transitionen) warten muß, kann das ein wichtiges Indiz für eine fehlerhafte Systemspezifikation sein.

Während Lebendigkeits-Eigenschaften Aussagen über *mögliche* Aktivierungen von Transitionen treffen,
beziehen sich Fairness-Eigenschaften auf *tatsächlich erfolgende* Aktivierungen.
    Eine Transition t wird fair behandelt, wenn t nicht unendlich lange durch die Aktivierungen anderer Transitionen am Schalten gehindert werden kann. Da wir von endlichen Erreichbarkeits-Graphen ausgehen, setzt Fairness voraus, daß t in jeder zyklischen Schaltfolge aktivierbar ist.
    Zur Erfüllung der Eigenschaft der schwachen Fairness reicht es aus, daß t nach dem Schalten die zu der zyklischen Schaltfolge gehörige Markierungsfolge verläßt. Falls nun eine "faire Schaltregel" gilt, d.h. daß keine Transition beliebig oft aktivierbar ist ohne zu Schalten, muß t nach einer endlichen Anzahl von Aktivierungen anderer Transitionen schalten.
    Wenn t hingegen nach dem Schalten die Markierungsfolge nie verläßt, wird t auch ohne Annahme der fairen Schaltregel nach höchstens endlich vielen Aktivierungen anderer Transitionen schalten können.

Fairness und schwache Fairness lassen sich *quantitativ* erfassen, indem man betrachtet, wie oft andere Transitionen höchstens schalten können. Das führt auf den Begriff der (ggf. schwachen) k-Fairness.
    Typisches Anwendungsbeispiel der k-Fairness ist das Erzeuger/Verbraucher-Problem, bei dem vom Erzeuger höchstens n Objekte generiert werden können, bevor der Verbraucher aktiv wird, der wiederum höchstens m Objekte verbrauchen kann, bevor der Erzeuger wieder produzieren kann. Für die dazugehörigen Netzspezifikation besteht eine wichtige Konsistenz-Bedingung: eine Erzeuger-Transition kann höchstens n mal aktiviert werden, ohne daß eine Verbraucher-Transition schaltet. Analoges gilt für m Aktivierungen einer Verbraucher-Transition.

Die mit dem Begriff der Fairness verwandte Theorie der *gewichteten Synchronie-Abstände* (s. z.B. [CHON86]) erscheint uns für eine praktische Anwendung ungeeignet, da keine konstruktiven Verfahren bekannt sind, Gewichtungen so zu wählen, daß Synchronie-Abstände endlich sind. Die Theorie geht umgekehrt davon aus, daß Synchronie-Abstände für gegebene Gewichtungen berechnet werden.

In **PROVER** wurde bisher ein Nachweis der (qualitativen) Fairness für alle einzelnen Transitionen realisiert. Zur Analyse von k-Fairness und von schwacher Fairness bedarf es vorher der möglichst effizienten Konstruktion neuartiger Algorithmen auf dem Erreichbarkeits-Graph.

7.2.3 Analyse toter dynamischer Netzteile (gefrorene Marken)

Man bezeichnet eine Marke in einem Netz als gefroren, falls sie auf eine gewisse Stelle durch die Aktivierung einer gewissen Transition dort abgelegt wurde bzw. vom Anfang an auf dieser Stelle lag, und niemals mehr diese Stelle verlassen kann [LUME85].

Gefrorene Marken sind ein wichtiges Indiz für eine fehlerhafte Spezifikation des intendierten Systemverhaltens. Im Anwendungsbereich Protokoll-Engineering entsprechen solche Marken den sog. "unspecified receptions", die eine wohlbekannte Klasse von Fehlern beim Entwurf von Kommunikationsprotokollen darstellt [SAJK84].

Der Nachweis aller gefrorenen Marken ist schwierig zu führen, da dabei die Detailstruktur der RG-Knoten zu untersuchen ist. Im Gegensatz dazu reicht bei den meisten anderen, hier vorgestellten Analyseverfahren die Untersuchung der Graph-Struktur des RG aus. Ein effizienter Algorithmus zur Erkennung gefrorener Marken konnte bisher noch nicht gefunden werden. Wir vermuten aber, daß kein Algorithmus mit polynomialer Zeitkomplexität in Abhängigkeit von der RG-Größe existiert.

Hat man bereits bei der Netzkonstruktion einen Verdacht auf die Existenz einer strukturierten, gefrorenen Marke in einer gewissen Stelle, dann kann man diesen Verdacht durch die Spezifikation und Analyse mit **PROVER** durch das Einfügen von *Fakten* (speziellen toten Transitionen) beweisen bzw. falsifizieren.

Gefrorene Marken können einer der folgenden vier Klassen zugeordnet werden (vergl. Definitionen in Kap. 10.8):

- Lokal und global gefrorene Marken. Marken der ersten Klasse sind in einer Markierung zumindest bis zu allen ihren direkten Folgemarkierungen gefroren. Marken der zweiten Klasse sind ab einer Markierung in allen Folgemarkierungen, d.h. unbeschränkt lange, gefroren.

- Schalt- und schritt-gefrorene Marken. Schalt-gefrorene Marken sind gefroren, wenn man das einzelne, sequentielle Schalten von Transitionen betrachtet. Schritt-gefrorene Marken sind auch dann gefroren, wenn man maximal nebenläufiges Schalten von Transitionen in einem Schritt zuläßt.

7.2.4 Programm- und Netz-Generierung

Es ist ein offenes Problem, aus einer Spezifikation in einem höheren Petri-Netz automatisch ein ausführbares Programmgerüst (im Sinne des Prinzips der "executable specifications") in einer nebenläufigen Programmiersprache - d.h. einer Sprache mit explizitem Task-Konzept - zu erzeugen. Wie einige Versuche hierzu [BDM86], [MEVA86] zeigen, besteht das Hauptproblem bei der Generierung darin, daß die Semantik von Tasks und von autonomen Hardware-Komponenten, auf denen Tasks ausgeführt werden, nicht explizit mit Petri-Netzen formuliert werden können (vergl. auch Kapitel 3.5).

Andererseits werden Petri-Netze als Spezifikationssprache nie voll anerkannt werden, solange das Generierungsproblem nicht gelöst ist.

Auf ein Werkzeug zur Programmgenerierung aus Netzen kann verzichtet werden, wenn aus einer anderen formalen Entwurfssprache in ein Petri-Netz transformiert werden kann (Netz-Generierung, s. Kapitel 3.5). Petri-Netze würden dann allein zur Validation verwendet.

7.3 Fortgeschrittene integrierte Petri-Netz-Werkzeuge

Die Entwurfsunterstützung mit formalen Methoden wie z.B. Petri-Netzen erfordert einen integrierten Werkzeugkasten zur Spezifikation und Validation mit Petri-Netzen. Eine Kollektion von Petri-Netz-Werkzeugen (PNW) wird dabei als Teil einer integrierten Software-Produktionsumgebung (SPU) angesehen, deren prinzipielle Architektur z.B. in [BALZ87] (SPU allgemein), [EGG87a] (SPU unter UNIX) und in [LES86c, Abschnitt 6.2] (Kooperation von PNWs in einer SPU) beschrieben werden.

Wesentliche Komponenten einer integrierten SPU sind

- Hochauflösende graphische Arbeitsstationen, die Multiwindowing unterstützen, auf denen die Netzspezifikation und Präsentation der Validationsergebnisse laufen sollen.

- Laserdrucker zu graphischen Ausgabe von Dokumenten und insbesondere Netzmodellen.

- Zentraler Entwicklungsrechner (Server), auf dem die zeit- bzw. speicheraufwendigen Validationsverfahren laufen sollen.

- Kommunikationssystem mit standardisierten Protokollen bis auf Filetransfer-Ebene zur Kommunikation zwischen Arbeitsstationen, Druckservern und Entwicklungsrechnern.

- Objektorientiertes Datenbank-Verwaltungssystem zur Verwaltung aller Entwurfsobjekte.

Zentrale Komponente des Werkzeugkastens zur Entwurfsunterstützung ist ein *graphischer Netzeditor* (s. Kapitel 3.1.1). Dieser soll die hierarchische Spezifikation von Prädikat/Transitions-Netzen unterstützen. Insbesondere soll die Bewahrung kausaler Netzeigenschaften bei der Verfeinerungs-Operation erzwungen werden.

Der Netzeditor ist auf einer modernen Arbeitsstation (s.o.) zu realisieren. Er soll die oberste Schicht einer homogenen graphischen Benutzeroberfläche bilden, auf welcher auch alle sonstigen PNWs aufgerufen werden können, und auf welcher die entsprechenden Validationsergebnisse ausgegeben werden.

Die Realisierung des Netzeditors sollte mittels eines objektorientierten Ansatzes erfolgen. Hauptvorteil dabei ist, daß der Editor im Sinne des evolutionären Prototyping [EGG87a] leicht inkrementell änder- und erweiterbar ist.

Zu den anderen erforderlichen PNWs zählen alle solchen Validations-Werkzeuge, die auf den in den Kapiteln 3.2 bis 3.6 und 7.2 genannten Methoden basieren, also z.B. zur Erreichbarkeits-Analyse, Invarianten-Analyse, Simulation, Programm-Generation.

Sofern Kooperation zwischen einzelnen Werkzeugen erforderlich ist, soll diese auf einheitliche Weise realisiert werden. Hier kommt Kooperation über gemeinsame Schnittstellen (z.B. Datenbank-Objekte, sequentielle Dateien nach dem Prinzip der UNIX-Pipe) oder über Kommunikationsprotokolle in Frage.

Die Netzspezifikationen sind in ein Verwaltungssystem für Dokumente zu integrieren. Einerseits erfordert das eine einheitliche Ablage und Verwaltung aller Spezifikations- und Validations-Objekte, z.B. durch ein objektorientiertes Datenbanksystem. Ist ein solches bereits vorhanden, ist die Erweiterung um eine Archivierungs-Komponente für *wiederverwendbare Netzmodelle* ("reusable specifications") anzustreben. Andererseits ist im Sinne der *entwicklungsbegleitenden Dokumentation* [EGG87a] erforderlich, graphische Netzspezifikationen unterschiedlichen Detaillierungsgrades beliebig in textuelle Dokumentteile einbinden zu können.

8 ANHANG A: PROVER-ONLINE-DOKUMENTATION

8.1 PROVER-Kommandos

Available PROVER-commands:

MAN <command> – manual entry for specified PROVER command

MAN prover – to get this information

MAN pdl – to get a formal definition of PRT-net description language (PDL)

pdlc <net-name> – Compile a PDL-model

rgg <net-name> – Generate reachability graph (RG) for a (previously compiled) PRT-net

rgi <net-name> – Query a (previously generated) RG

ana <net-name> [logInterval] – reachability analysis and query system call. Invokes commands *pdlc, rgg* and *rgi*.

del <net-name> – remove all intermediate and result files of a net model

ren <net-name-old> <net-name-new> – rename a net model and all its intermediate and result files

invc <net-name> - Calculate S-invariants for a PRT-net

PATH NAMES
base is X = /usr/users/IDT/pntools/prover

X/nets   PRT-net models and result files.
For *pdlc*, a net named <net-name>.pdl is expected as input, specified in *PDL*
For *invc*, a net named <net-name>.pet is expected as input, specified in *PDL/INV*

X/bin   PROVER-object code modules and PROVER-commands

X/src   PROVER-source code modules

X/lib   PROVER-help files and usage files

X/man   PROVER-manual entries for available commands

8.2   PDL-Compiler 'PDLC'

NAME

pdlc - PDL-compiler for the PROVER-system

SYNOPSIS

pdlc [-l] filename

DESCRIPTION

pdlc compiles a PRT-net decription written in PRT-Net Description Language (PDL) into several text files suitable for input to PRT-net analysis tools.

OPTIONS

-l causes the compiler to generate compilation listing to standard output.

EXAMPLE

To compile the specification in file rManager.pdl type

pdlc rManager

This produces the files *rManager.sym*, *rManager.cnd*, *rManager.fun*, *rManager.str* and *rManager.mrk* which contain the internal representation of the net.

FILES

filename.pdl

   File that contains the specification to be compiled.

filename.sym

   Symbolic information of the specification.

filename.cnd

   Transition conditions file.

filename.fun

   Specifications for the user-defined functions in the net.

filename.str

   Net structure of the specification.

filename.mrk

   Initial marking of the specification.

/usr/users/IDT/pntools/prover/lib/pdlc.hlp ,

/usr/users/IDT/pntools/prover/lib/pdlc.usage

   Help files which are read only when necessary.

DIAGNOSTICS

Syntactical errors

The compiler outputs the offending line and writes under it a line beginning with asterisks and containing a caret pointing to the error and an error message, which should be self-explanatory.

Internal errors

Messages beginning with "??? Internal error in pdlc ..." indicate bugs in the compiler and should be reported to the maintainers of the software.

SEE ALSO

pdl(1L), rgg(1L), rgi(1L)

8.3 Erreichbarkeitsgraph-Generator 'RGG'

NAME

rgg - predicate/transition net reachability graph generator for the PROVER-system

SYNOPSIS

rgg [-md] [logInterval] filename

OPTIONS

-m causes the program to write to standard output information about the execution of the program.

-d causes the program to write extensive debugging information to standard output (not recommended for general users).

logInterval is an integer value in [0,99999]. If *logInterval* > 0, the reachability graph is output periodically onto file, every *logInterval* nodes having been built. Default value is 0.

DESCRIPTION

rgg does the reachability analysis for the specifications that reside in files filename.str, filename.cnd, filename.fun and filename.mrk and places reachability analysis results in files filename.rgr and filename.rgf.

EXAMPLE

rgg alt_bit_prot

would generate the reachabilitygraph for the specification in files *alt_bit_prot.cnd, alt_bit_prot.str* and *alt_bit_prot.mrk* and place results in files *alt_bit_prot.rgr* and *alt_bit_prot.rgf*.

FILES

filename.str
> the structure of the net

filename.cnd
> the conditions

filename.fun
> the function definitions

filename.mrk
> the initial marking

filename.rgr
> the reachability graph

filename.rgf
> error information

/usr/users/IDT/pntools/prover/lib/rgg.hlp ,

/usr/users/IDT/pntools/prover/lib/rgg.usage
        help files, which are read if necessary.

DIAGNOSTICS

!!! rgg canceled. Error = file is empty
!!! rgg canceled. Error = file name is too long

Self explanatory.

!!! rgg canceled. Error = net names inconsistent

All net files should have the name of the net (which is declared in the header of the PDL-description) on their first lines. This message indicates that an inconsistency was found in the mentioned file.

??? Internal error in rgg. Assert code = NN

An internal error which should be reported to the software maintenance personnel.

SEE ALSO
pdlc(1L), rgi(1L)

8.4 Erreichbarkeitsgraph-Anfragesystem 'RGI'

NAME

   rgi - predicate/transition net reachability graph interpreter for the PROVER-system

SYNOPSIS

   rgi filename [commandFilename [resultFilename]]

DESCRIPTION

   rgi provides the user with an interactive or batch mode interpretation of the analysis results produced by the reachability graph generator *rgg*.

   rgi expects to find net information in files filename.sym and filename.str and analysis results in files filename.rgr and filename.rgf. If commandFilename is not given, *rgi* prompts for the commands, otherwise they are read from the given file. *Rgi* outputs the results to the standard output unless resultFilename is also specified.

COMMANDS

The command interpreter does not distinguish between upper and lowercase. Except for the nodes -option for find, one can write more than one option for each command. Currently implemented commands are:

   help (?) – Lists the available commands and their options.

   # – Comment character, all characters from # to end of line are ignored.

   echo – Echoes the string following command. The string is broken into words which are nonblanc strings, one of the special characters "=", "(", ")", "," or strings within double quotation marks. The words are output with one intervening blanc regardless of the original lay-out. The characters # and " must be quoted (character " doubled).

   quit (abbreviation: q) – Terminates the program and closes all input files. Not necessary when reading commands from a disk file.

   find (fi) – Analyzes the graph, yielding a marking subset, using some of the following options:

   deadlocks (dl) – prints the nodes of the graph with no followers. If output-mode is verbose, finds the shortest path from the initial marking to the deadlock.

   livelocks (ll) – shows the strongly connected components which are leaf-SCC's, but contain no deadlock nodes

   nodes <expr> (n <expr>) – prints the numbers of the nodes which match the selection expression. If *verbosely (v)* is in effect, prints also more detailed information about the nodes. Nodes are selected by relations or directly by giving the number of the node.

A number of relations can be connected by
and or , (i.e. the komma which is equivalent to *or*) *not* and grouped with parentheses (...) .
and and *or* have the same precedence, *not* has a higher one.
The comma can be used to write things like "find nodes 2,11,30". The following relations are allowed:

<node number>

enabled <transition name> (e <t>) – true if the transition is enabled at the node (an arc with the transition leads out of the node)

fired <transition name> (f <t>) – true if firing of the transition yields the node (an arc with the transition enters the node)

empty <place name> – true if the place does not contain any token in the node.

marked <place name> [<rel-op> <number>]
<rel-op> is one of "<", "=", ">"
(m <p> [<rel-op> <n>]) – optional token-number-expression inquires all markings with x tokens residing on <place>, where x < <number>, x = <number>, or x > <number>.
Number is defined on multisets as usual. If the option is omitted, markings with x>0 tokens on <place> are inquired, i.e. the opposite of the previous option.

component = <number> (scc = <n>) – the node belongs to the specified strongly connected component.

homespace (<nodelist>)
h (M1 ... Mn) – results in all those nodes which can be reached from every node reachable from any Mi, where Mi is an input node specified in <nodelist>.

commonfollowers (<nodelist>)
cf (M1 ... Mn) – results in all those nodes which can be reached from every M in <nodelist>.

lastresult ($) – outputs marking set of the previous "find nodes"-query.

path <node number 1> <node number 2> – finds a shortest path between two nodes (given as numerals after the option). If <n1> = <n2>, path yields a shortest reproducible firing sequence for <n1>.

errors – a combination of "find deadlocks", "find livelocks", "show overflows" and "show deads".

pagesize <number> – sets the number of lines output before pausing and asking the user to hit return for more. Giving n=0 disables the pausing. Since the pause prompt takes one line, specify 23 for a 24-line terminal (default is 23).

show (sh) – prints information about the graph, actions are controlled by a blanc-separated list of options, which are

netname – the name given in the PDL specification of the net.

statistics (st, stat) – number of nodes, arcs, strongly connected components, places etc.

format – tells whether the output format is terse or not and the number of lines output before pausing.

places (pl) – information about every place of the net, including semantical description, arity of place predicate, place capacity, and maximal place occupation in all net markings.

transitions <transition-name> (tr <t>) – information about transition <t> of the net.
if <t> is ommitted, information about all net transitions is printed.
Each transition <t> is classified according to the following dynamical properties:

fact

dead – t can never fire.

finitely-firable – there is no infinite & cyclic firing sequence containing t, and t is not dead.

fair – each infinite & cyclic firing sequence contains t, and such a sequence exists.

strongly-live (live5) – t can be enabled in some follower marking of every marking in the reachability set.

weakly-live – t is neither dead, nor finitely-firable, nor fair, nor strongly-live.
In this case, there is some infinite & cyclic firing sequence containing t.

If *verbosely (v)* is in effect, prints also more detailed information about the transitions, i.e. their inter- and intra-component firing occurrences.

scctransitions <component number> (scct <c>) – yields all transitions t whose relation to component <c> is

> *input* – t can fire outside <c>, follower marking is in <c>
> Note: If no such t exists, <c> contains the initial marking.
>
> *internal* – t can fire in <c>, <c> contains the follower marking as well.
> Note: If no such t exists, <c> contains exactly one marking.
>
> *output* – t can fire in <c>, follower marking is not in <c>
> Note: If no such t exists, <c> is a deadlock or a livelock.

If parameter <c> = 0, these relations are printed for all components at once.

facts – the facts of the net. A fact is actually a special kind of transition which is supposed to never fire.

variables (var) – the variable names and the values they may get.

conflicts <transition name> (c <t>) – all conflict situations in which transition <t> is involved. If <t> is ommitted, prints all conflicts in the whole reachability graph.

Conflicts are only determined between transition pairs (t1, t2). Each conflict belongs to one of the following classes:

> *pure conflict C(M, t1, t2)*
> t1 <> t2, and constant substitutions for t1- and t2-variables are irrelevant for conflict occurrrence, i.e. t2 is not enabled on M1 (M -t2-> M1), or t2 is not enabled on M2 (M -t1-> M2), both for any substitution.
>
> *substitution conflict C(M, t1:s1, t2:s2)*
> If t1 <> t2, there would be no conflict situation if substitutions s1, s2 are not considered. That is, t2 is enabled in M1 (M -t1-> M1), and t1 is enabled in M2 (M -t2-> M2), but with different substitutions than s1 or s2.
>
> If t1 = t2 and s1 <> s2, transition t1:s1 is not enabled on M2, or t2:s2 is not enabled on M1.

Note that both conflict classes include the case M1 = M2.

overflows (ov) – overflow situations dedected by the analyzer.

falsefacts – the facts which broke (that is, fired).

deads – the places and transitions which were never used during the analysis.

graph – dumps the entire graph. Specifying *strongly* will cause the output to be organized by the strongly connected components of the graph and the arcs between the components are also given.

node <number> (n <number>) – prints information about marking <number>. If <verbosely> is in effect, also predecessor nodes, as well as minimal and maximal non-cyclic distances from the initial marking is given.

classes – shows the values which are equivalent. In the reduced graph the class is represented by the first value.

components (sccs) – gives the strongly connected components of the graph. The markings in each component are given as numbers and the arcs between components are shown. Produces less output than "show tersely graph strongly"

component <number> (scc <n>) – information about the given strongly connected component.

verbosely (v) and *tersely (t)* – These modifiers can appear both as commands or options. They affect the amount of output produced. The effect varies. If given as an option, the effect is local. Typically semantics are output only if verbosely is in effect.

EXAMPLE

rgi diningphilosophers standardanalysis

will use the files prefixed *diningphilosophers* as input files, reads commands from the file *standardanalysis* and sends the output to standard output.

FILES

filename.str
>   Internal representation of the net structure.

filename.sym
>   The symbol names used in the PDL-specification.

filename.rgr
>   The reachability graph.

filename.rgf
>   Reachability graph error information.

/usr/users/IDT/pntools/prover/lib/rgi.hlp
>   The file output by the help-command.

DIAGNOSTICS

!!! rgi canceled. Error = file is empty filename

Self explanatory.

!!! rgi canceled. Error = net names inconsistent filename

All net files should have the name of the net (which is declared in the header of the PDL-description) on their first lines. This message indicates that an inconsistency was found in the mentioned file.

??? Internal error in rgi. Assert code = NN

An internal error which should be reported to the software maintenance personnel.

SEE ALSO

pdlc(1L), rgg(1L)

9 ANHANG B: SYNTAX UND SEMANTIK DER SPEZIFIKA-TIONSSPRACHE 'PDL' (PREDICATE/TRANSITION NET DESCRIPTION LANGUAGE)

9.1 In PROVER realisierte PDL

1. PDL model definition

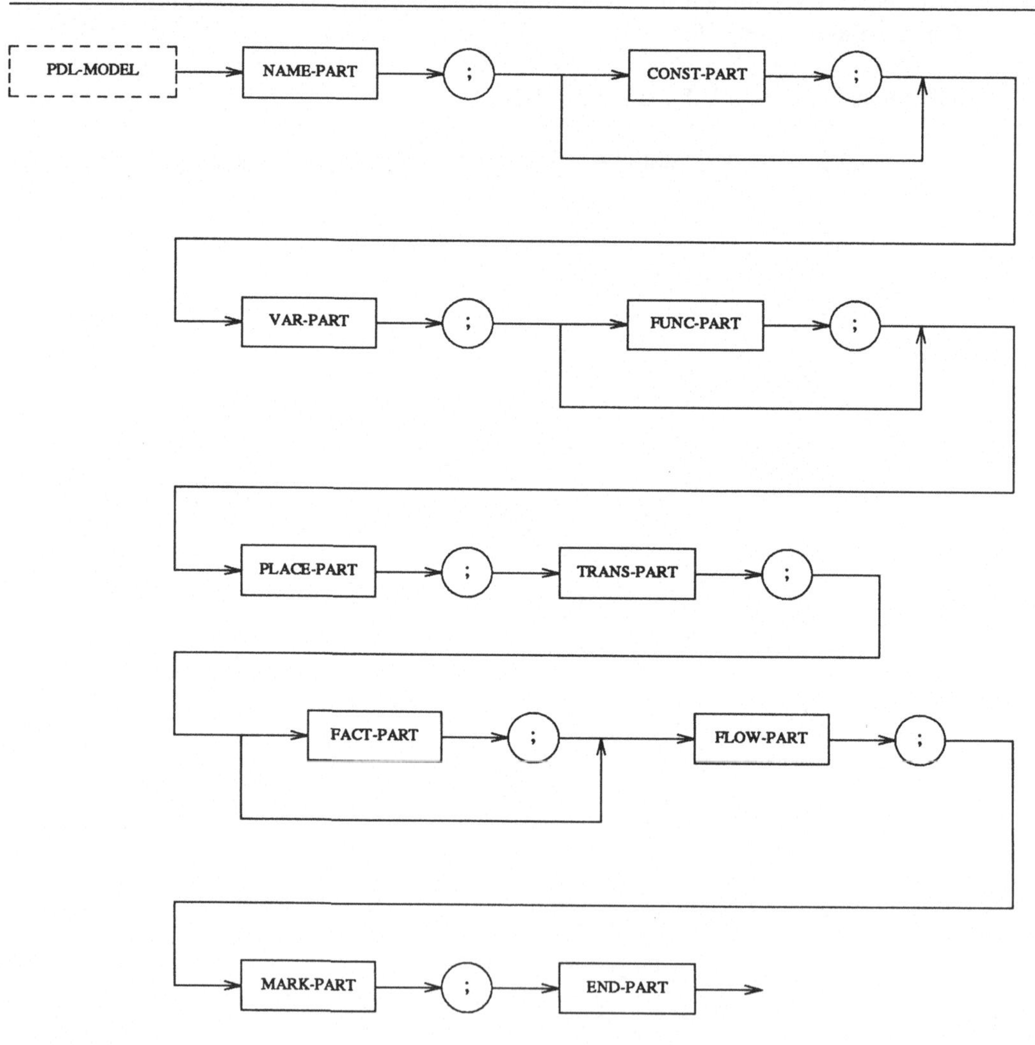

2. Model name definition

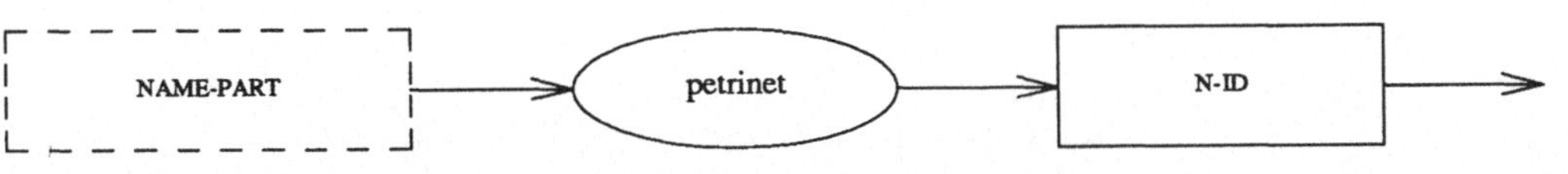

3. Constants definition

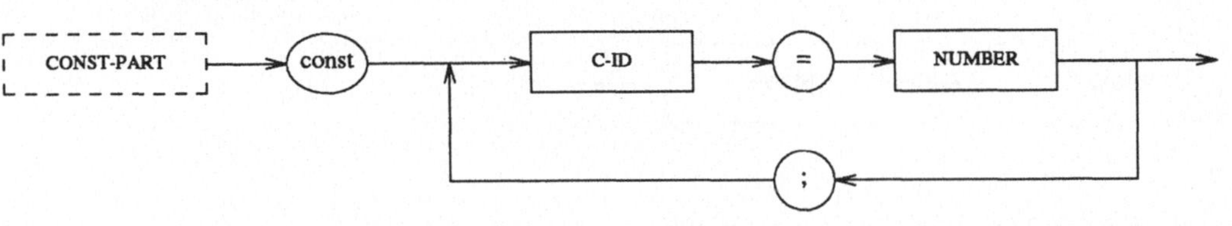

4. Variables definition

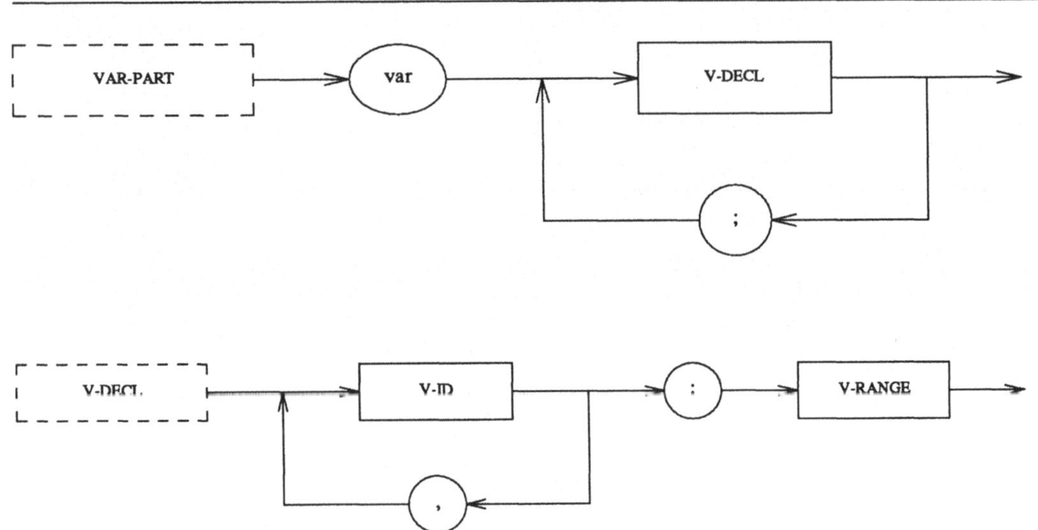

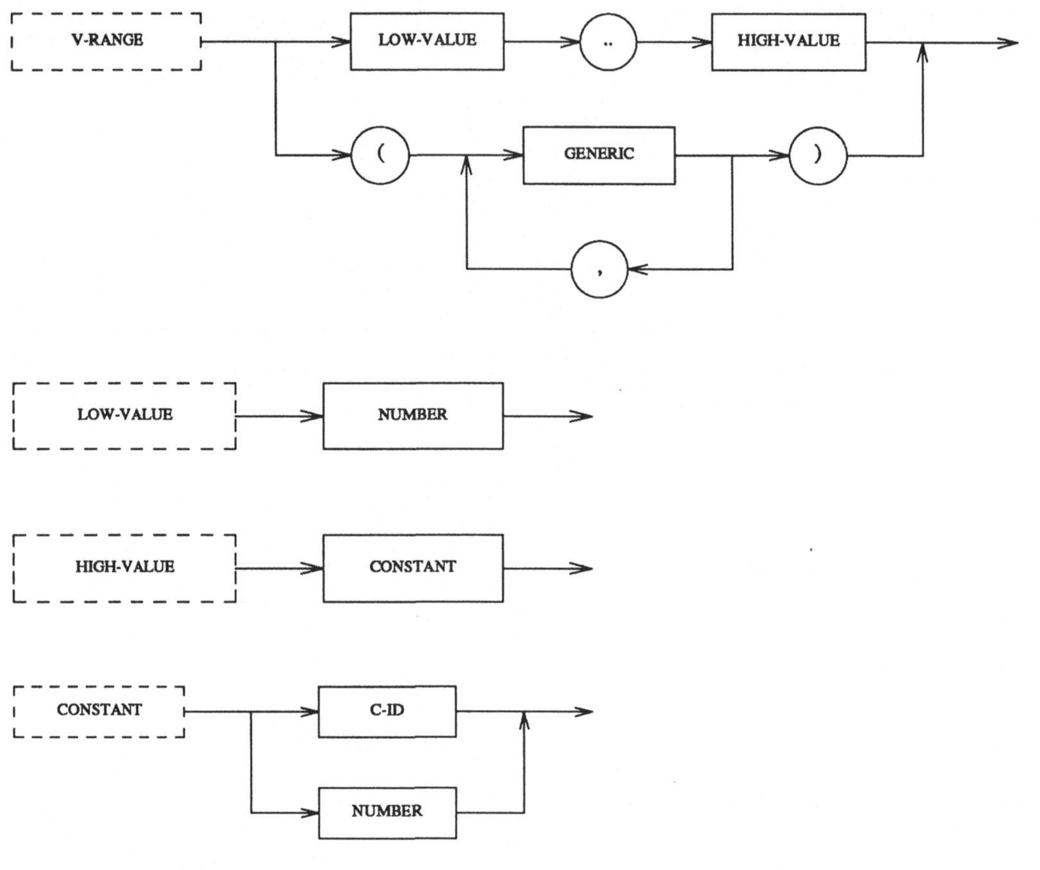

Semantical restrictions and explanations:

- LOW-VALUE $\leq$ HIGH-VALUE.
- All referenced C-IDs are defined in part 2.
- Every GENERIC is unique.

5. Functions definition

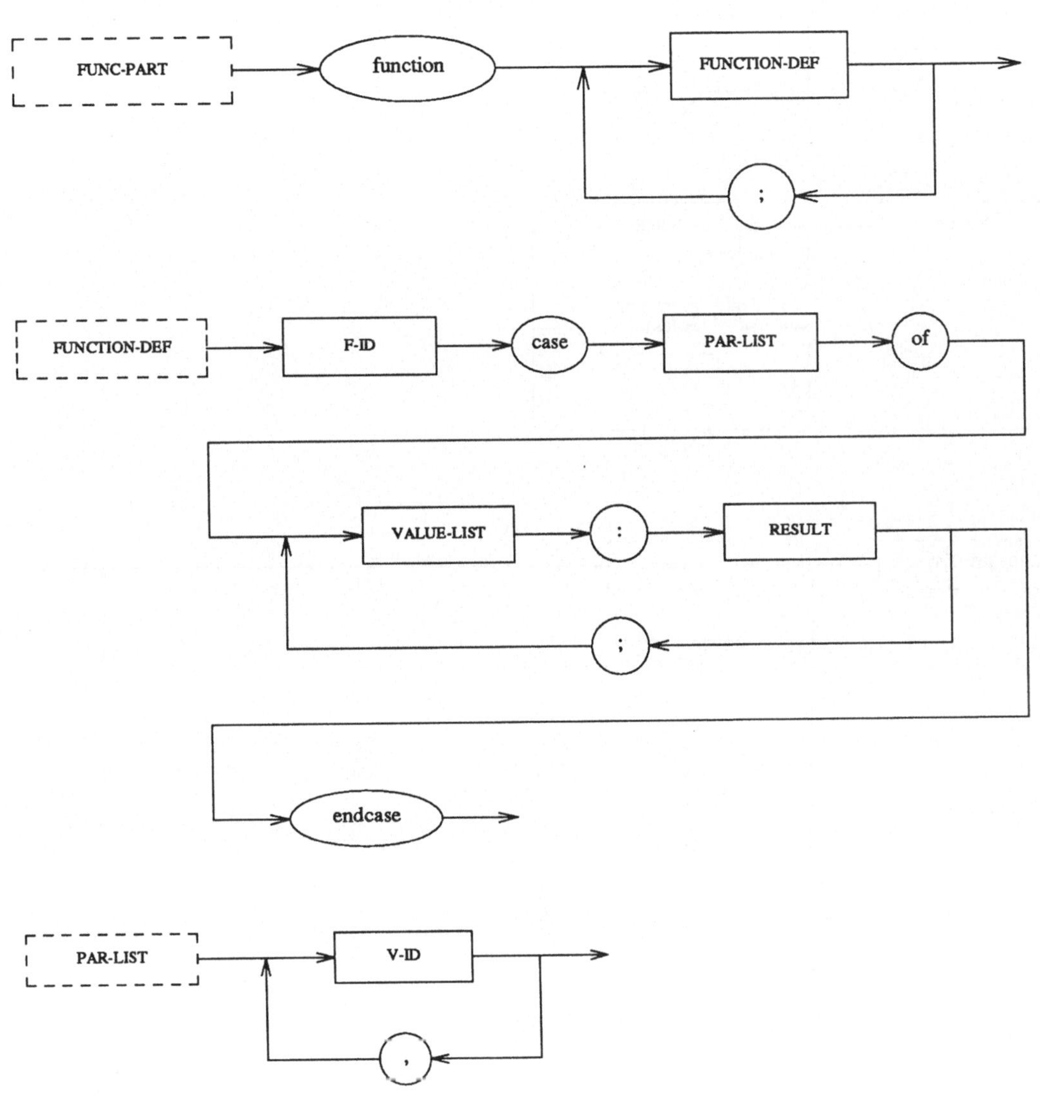

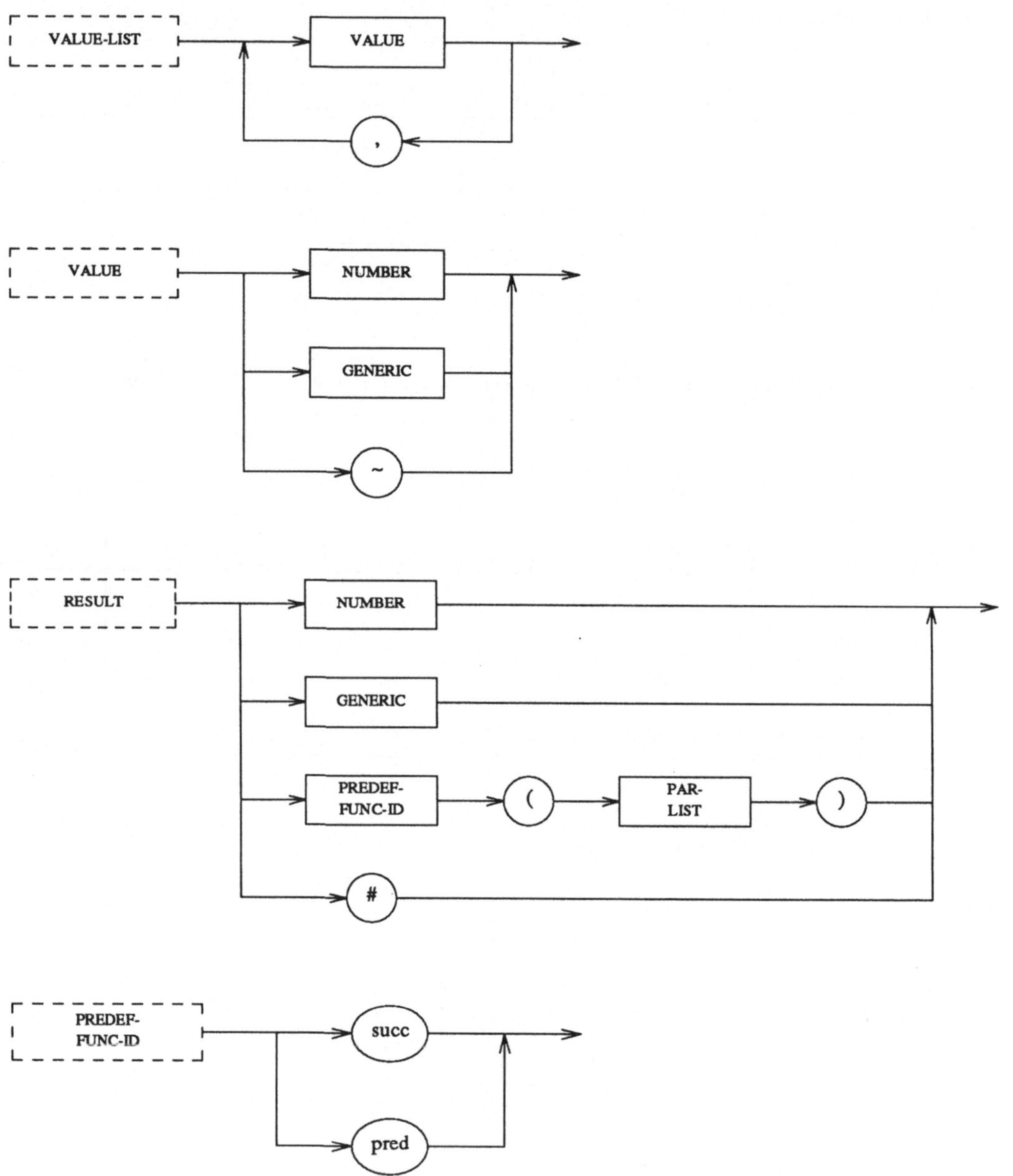

VALUE-LIST
VALUE
,
VALUE
NUMBER
GENERIC
~
RESULT
NUMBER
GENERIC
PREDEF-
FUNC-ID
(
PAR-
LIST
)
#
PREDEF-
FUNC-ID
succ
pred

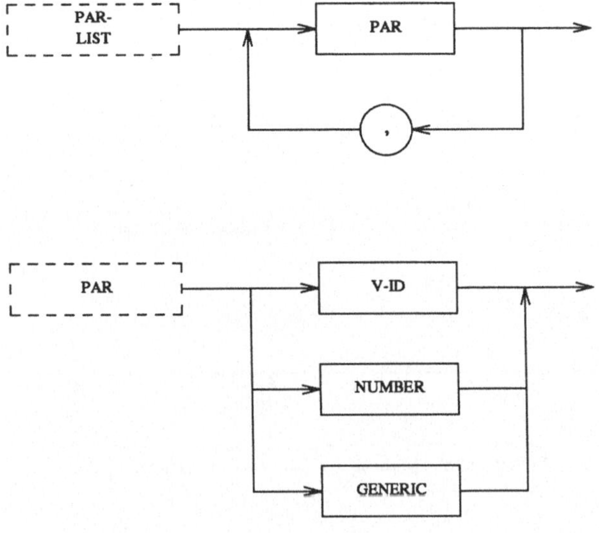

Semantical restrictions and explanations:

- A function call is evaluated as follows. First, formal parameters and all their occurrences within the function are substituted by the constant values of actual parameters (call by value). Then, value-lists are evaluated sequentially, 'from left to right'. For the first matching of a value-list and the actual parameters, the corresponding result is determined. That is, no indeterministic choice is made: if there are several matching value-lists, only the first one (in order of definition) is taken.

- All referenced C-IDs are defined in part 2.

- All referenced V-IDs and GENERICs are defined in part 3.

- For each function, cardinality of PAR-LIST equals cardinality of all its VALUE-LISTs.

- succ, pred define modular arithmetic addition and substraction.
  The result of an invocation depends on the respective value range of the function's actual parameter. The upper limit of this range is taken as modulus.
  Cardinality of PAR-LISTs of (currently) predefined internal functions succ and pred is 1.

- ~ means "any value" which can be substituted when a transition using the function fires.

- # means a function result with the effect that no token is output at all to the place where a transition's action invokes this function, assigns it to a variable, and this variable appears in an arc inscription leading to this place. # is an undefined (erroneous) result if the function is called within an if-part of a transition (cf. chapter 8 below).

6. Place definition

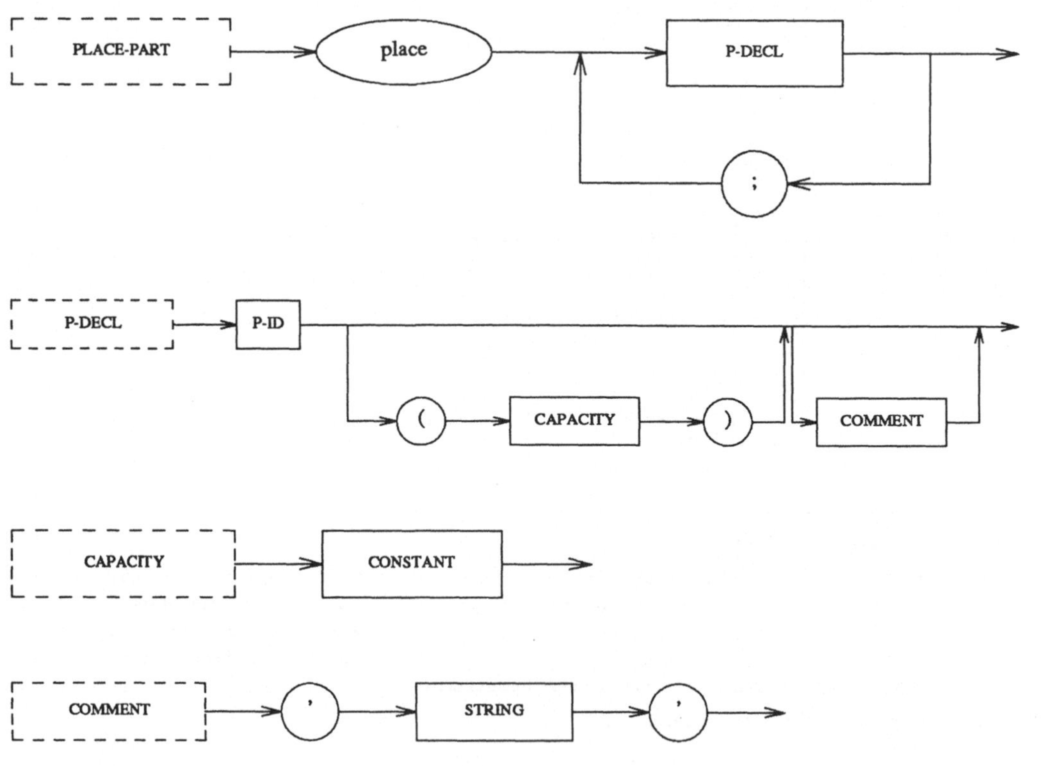

Semantical restrictions and explanations:

- PROVER realizes a strong PRT-net transition firing rule, i.e. place capacities are never exceeded.
- All referenced C-IDs are defined in part 2.
- If place capacity is ommitted, 1 is taken as default value.
- STRING is defined as usual and can have length of at most 70 characters.

7. Transition definition

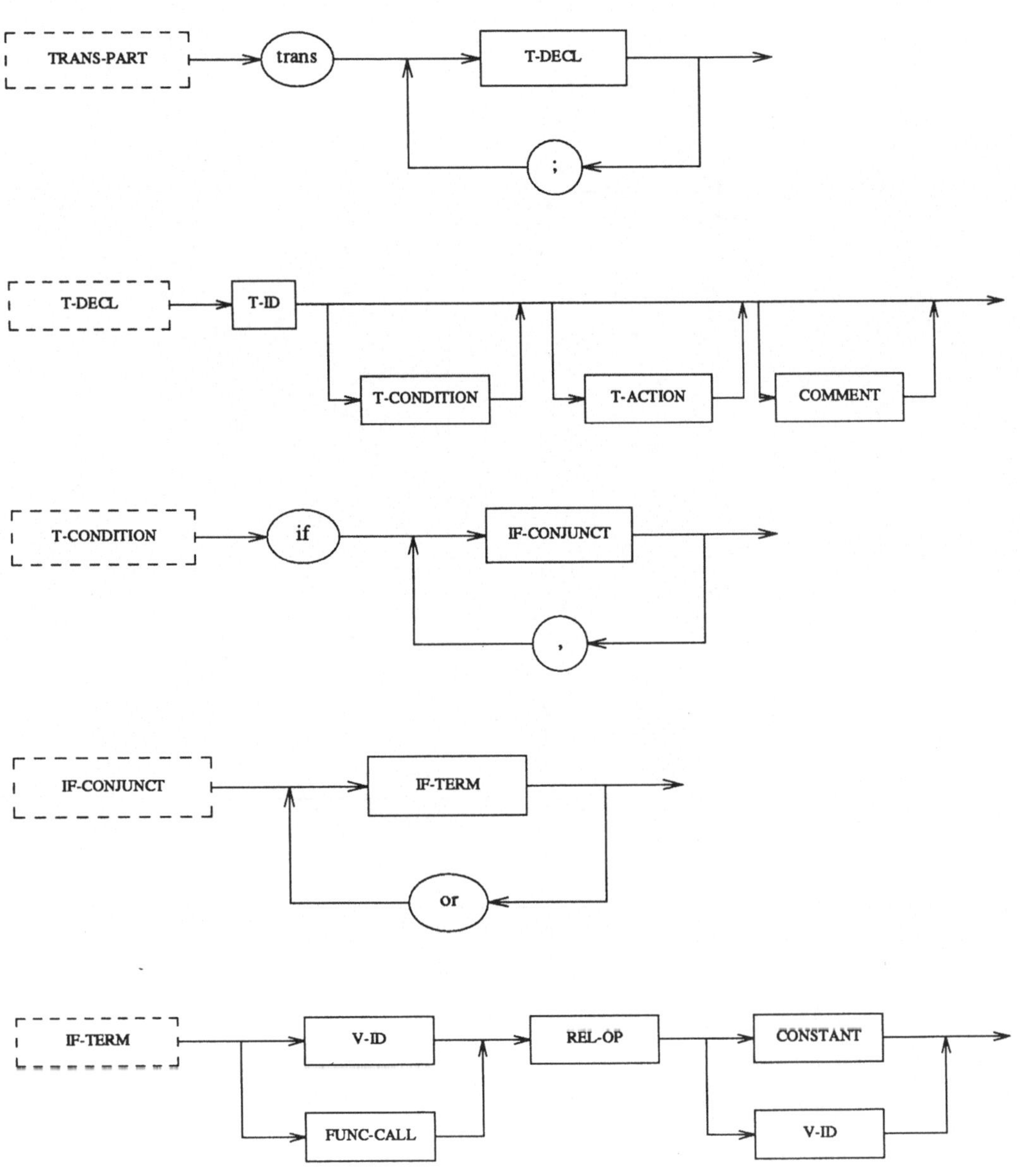

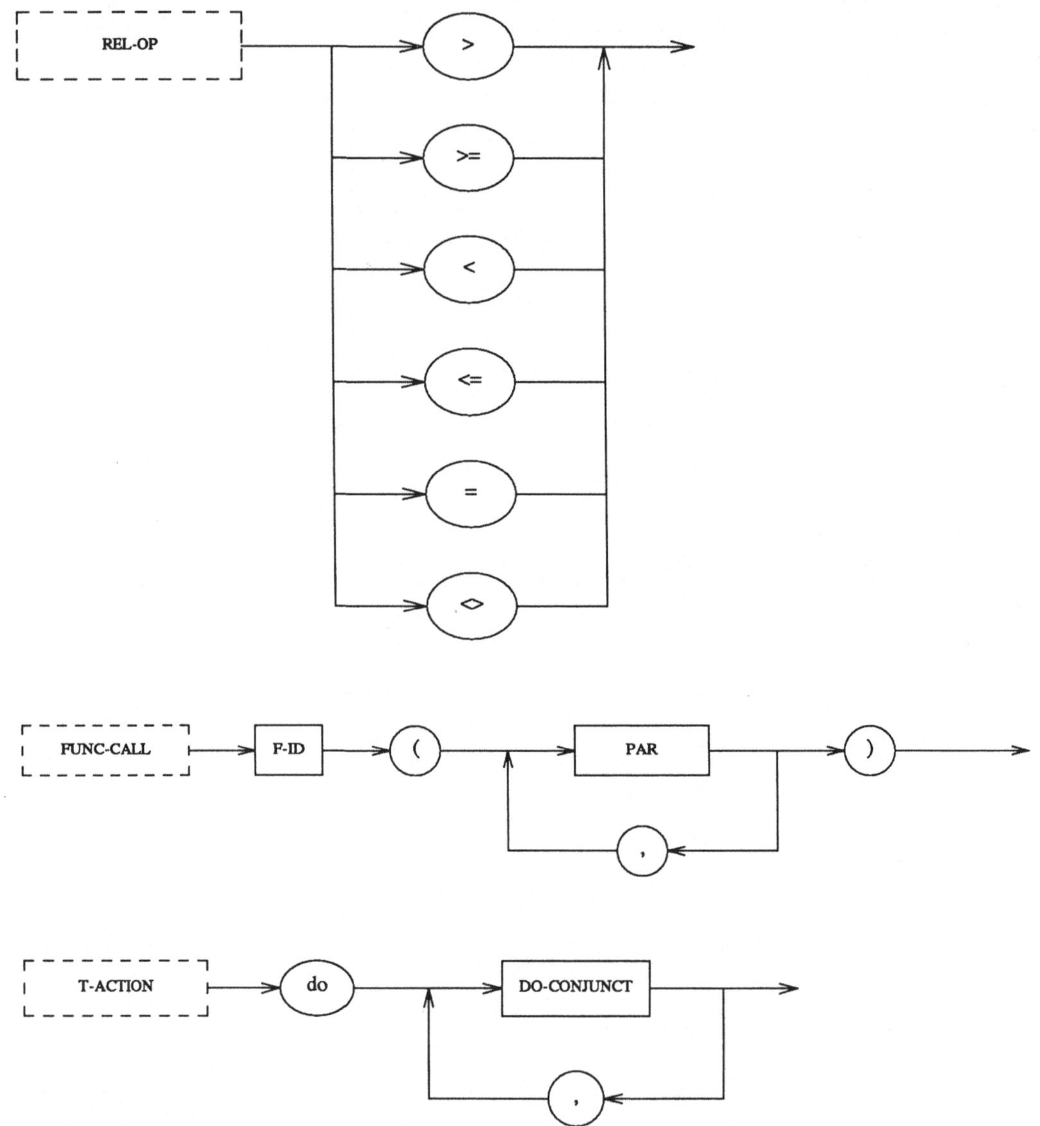

REL-OP
>
>=
<
<=
=
<>
FUNC-CALL
F-ID
(
PAR
,
)
T-ACTION
do
DO-CONJUNCT
,

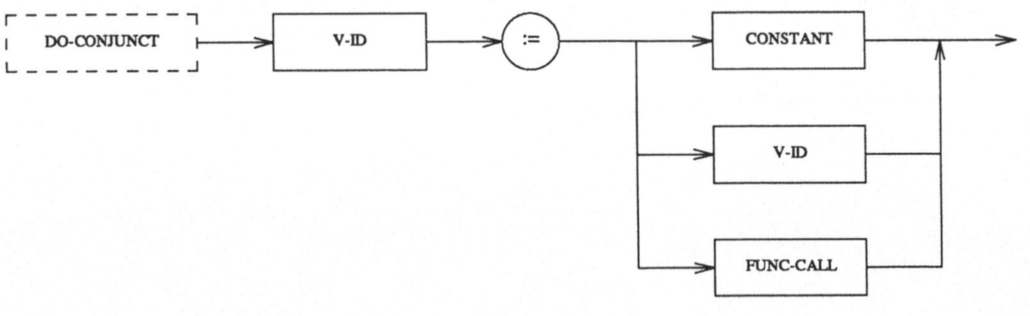

Semantical restrictions and explanations:

- A "komma" in conditions and actions means "and".
- REL-OP "<>" means "not equal".
- All referenced C-IDs are defined in part 2.
- All referenced V-IDs are defined in part 3.
- Number of actual parameters in a FUNC-CALL must correspond to number of formal parameters as defined in part 3.
- All referenced F-IDs are defined in part 4.

8. Facts definition

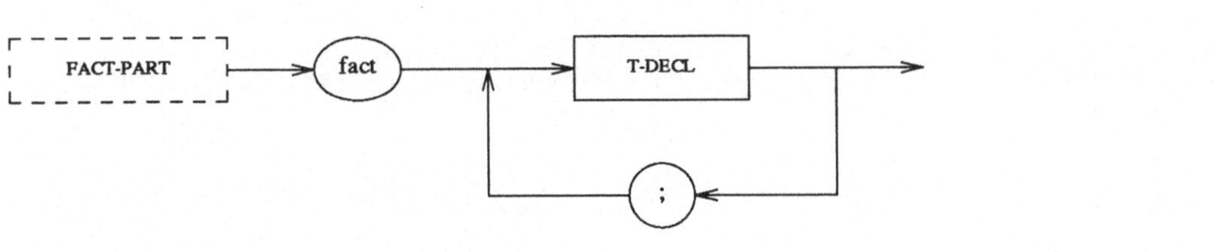

Facts are transitions which are assumed to never fire.

9. Flows definition

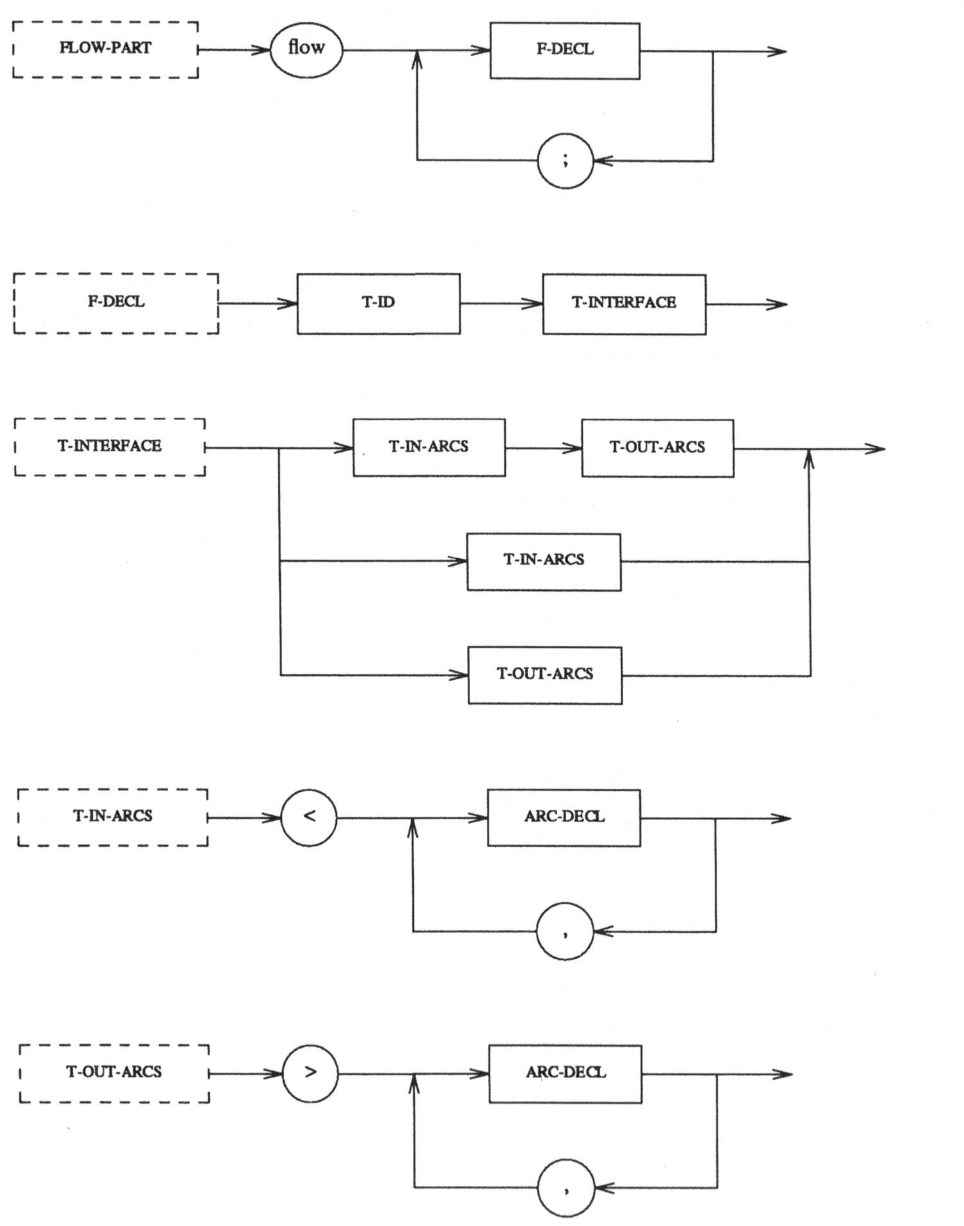

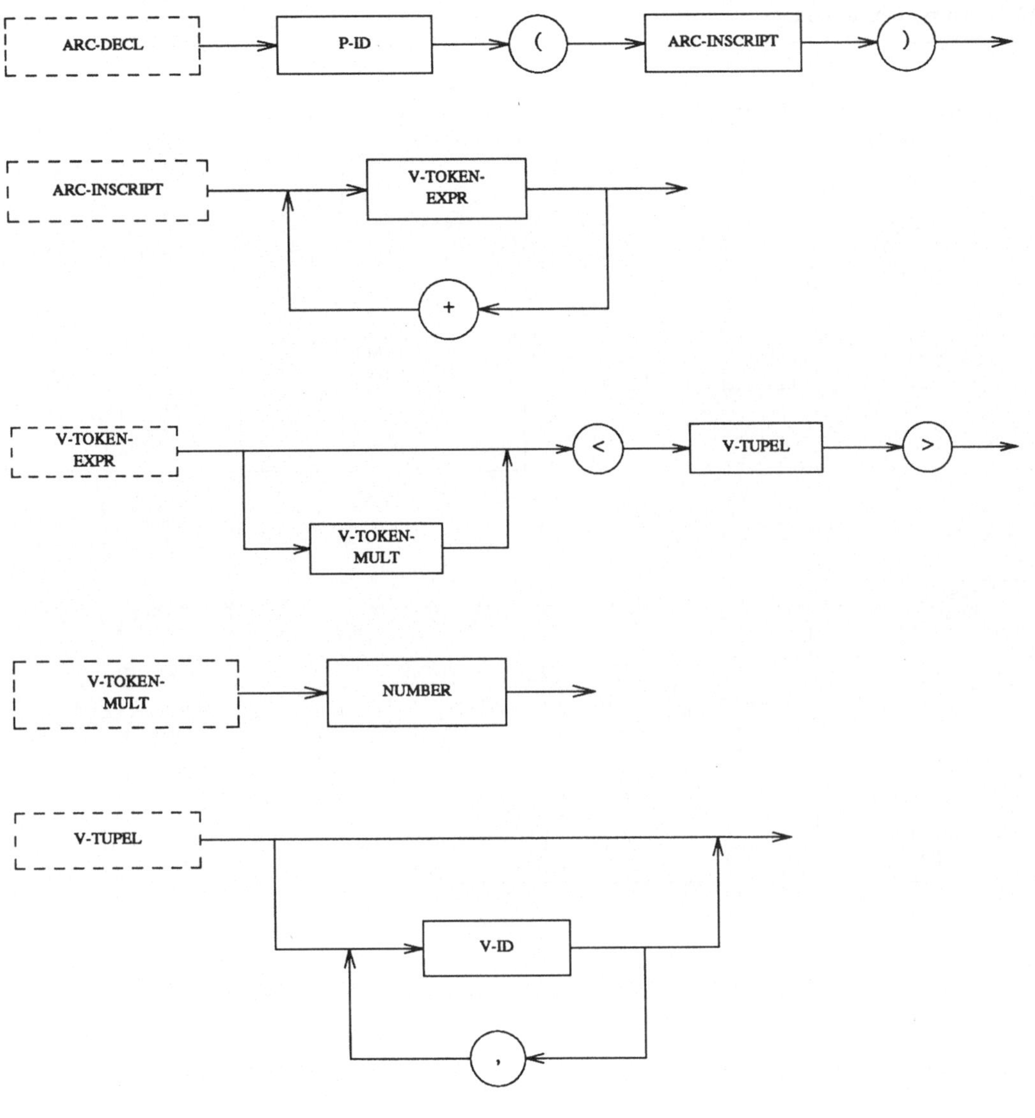

Semantical restrictions and explanations:

- Isolated transitions are not allowed.
- All referenced C-IDs are defined in part 2.
- All referenced V-IDs are defined in part 3.
- Arity of places (i.e. number of attributes of each token flowing through the place) is defined implicitly by the arity of tokens (V-TUPELs) in all arc inscriptions to / from this place.

10. Initial marking definition

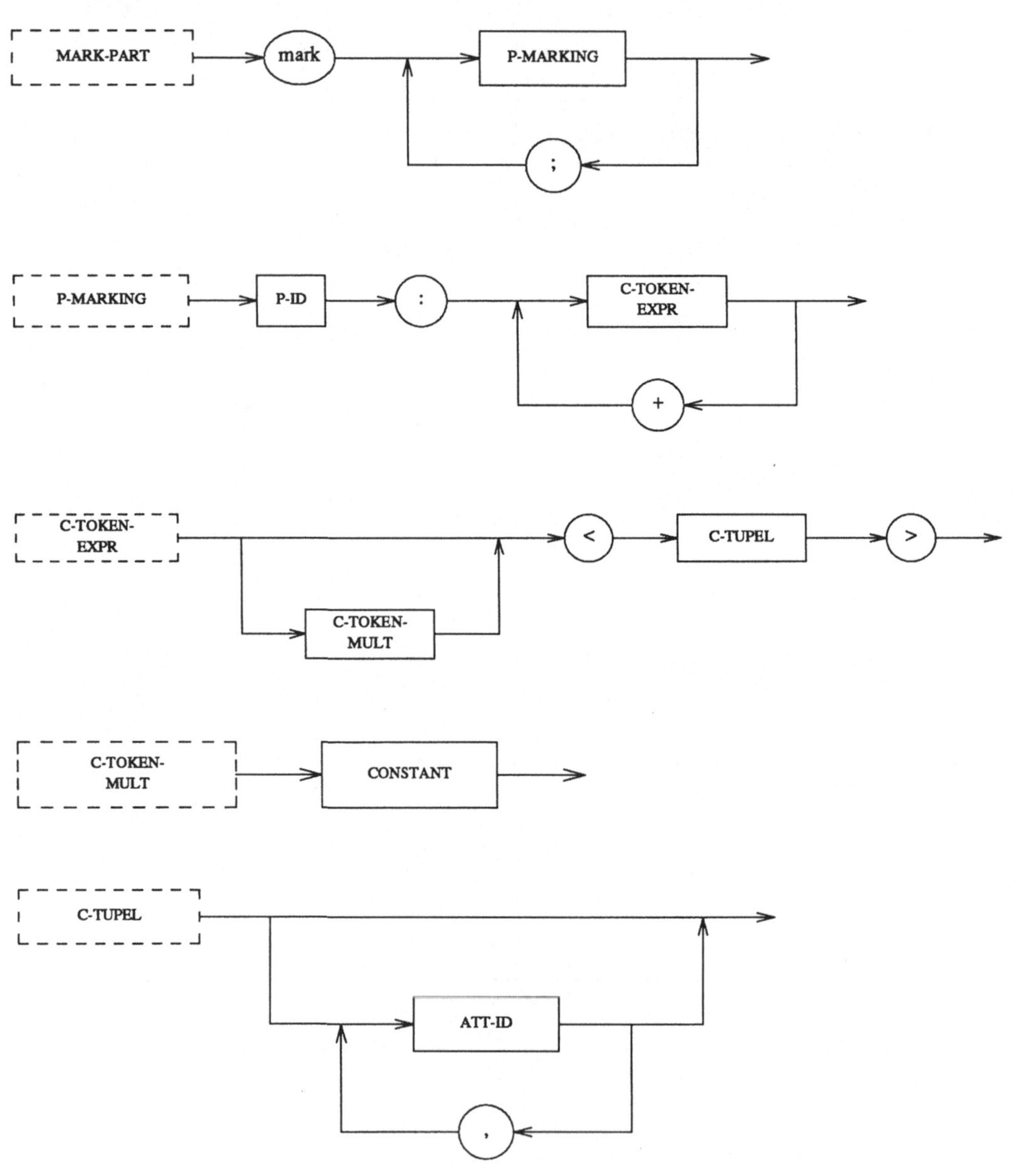

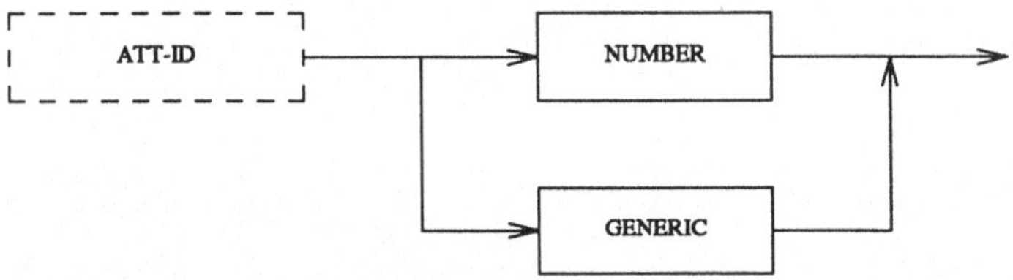

Semantical restrictions and explanations:

- All referenced C-IDs are defined in part 2.
- Arity of C-TUPELs are equal to the arity of the referenceing place as defined in 8.

11. End definition

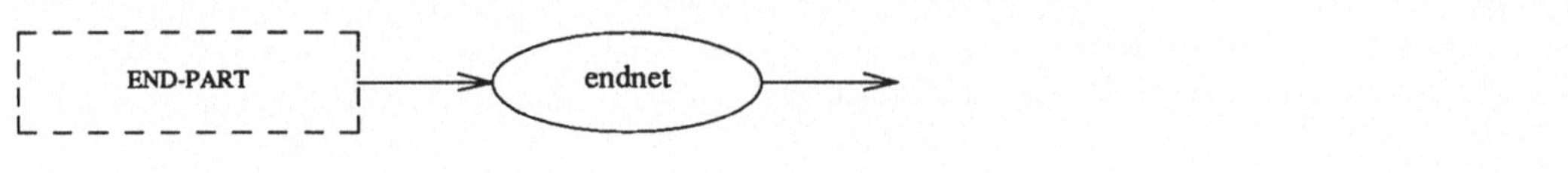

12. Identifiers and numbers

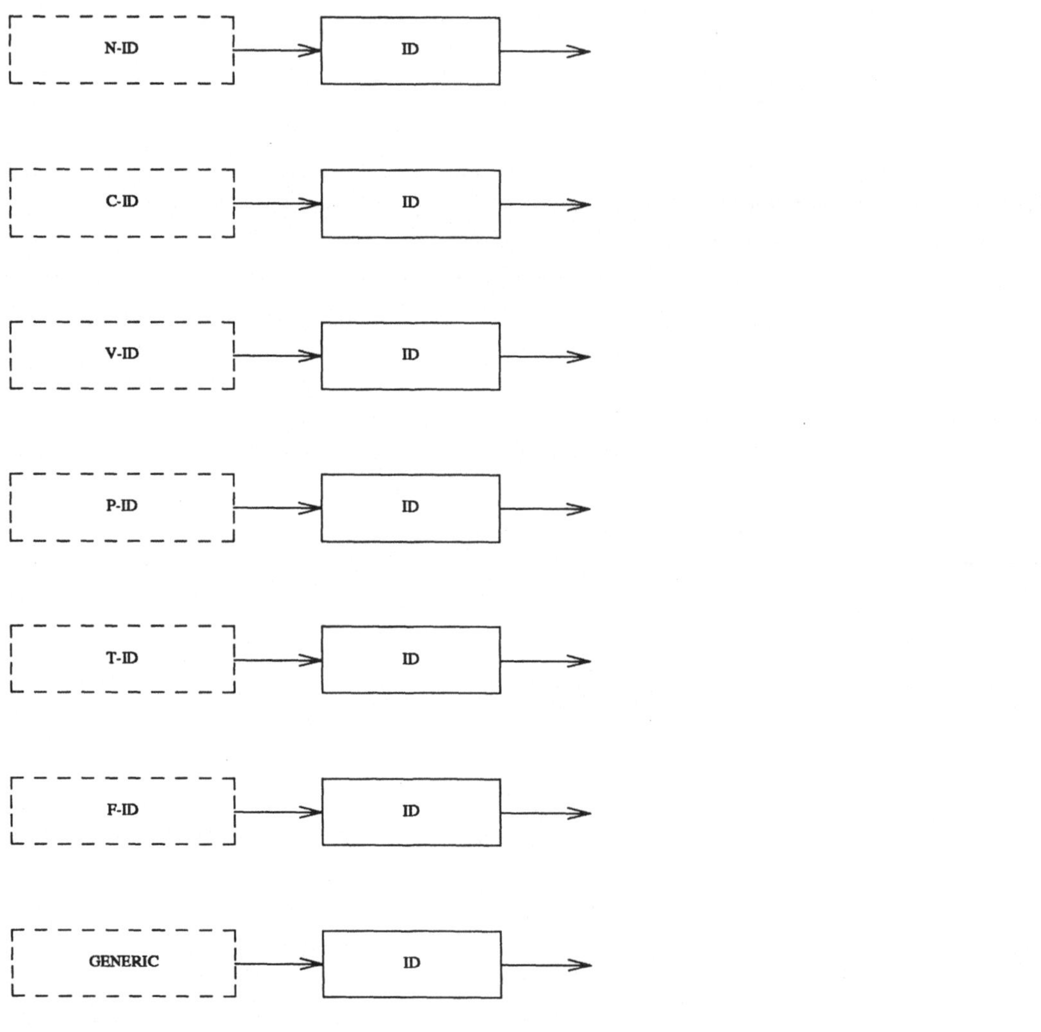

ID is any string, consisting of small or capital letters, and the underline character '_'

NUMBER is a non-negative integer.

13. Textual key words

petrinet	const	var	function	case	of	succ
pred	endcase	place	trans	if	do	fact
flow	mark	endnet				

14. Seperator key words

<>	+	(	)	:	..	:=	=	>=	<=	<	>	,	;	#	~	'

9.2   Entwurf einer erweiterten PDL

Als Folgerung aus den Ergebnissen von Kapitel 2 sowie Modellierungserfahrungen mit den Petri-Netz-Werkzeugen **DEMON** (s. Kapitel 2) und **PROVER** werden folgende *aufwärts-kompatiblen Erweiterungen* der PDL vorgeschlagen:

(1)   Markierungs-unabhängige Spezifikation von *Nebenläufigkeits-Grad* und *Schalt-Priorität* als Transitions-Parameter CONC2 und PRIO1 (Kap. 2.2.2).

Um Aufwärts-Kompatibilität zu gewährleisten, bedeutet eine fehlende CONC- bzw. PRIO-Spezifikation stets maximale (d.h. uneingeschränkte) Nebenläufigkeit bzw. Schalt-Priorität.

Ob markierungs-abhängige CONC- bzw. PRIO-Spezifikationen (Parameter CONC3 bzw. PRIO2) beim Entwurf realer Anwendungen häufig benötigt werden, ist mangels Erfahrung mit komplexen Netzspezifikationen noch unklar. Jedenfalls können solche Abhängigkeiten aber stets mit Hilfe der angebotenen CONC2- und PRIO1-Parameter modelliert werden.

(2)   *Rücksetz-Kanten* RESET1 (Kap. 2.2.3). Syntaktisch können solche Kanten auf unterschiedliche Weise spezifiziert werden:

-      Als spezieller *Kantentyp* von einer Stelle s zu einer Transition t;

-      Als *konstante Kantenbeschriftung* "reset" von s nach t ;

-      Als vordefinierte Funktion *reset* (ohne Parameter), die in der Zuweisung

<Tupel> := *reset*

im *do*-Teil einer Transitions-Inschrift auftreten kann. Dabei ist <Tupel> Teil einer (s,t)-Kantenbeschriftung. Damit wird durch die *reset*-Funktion die sonst geltende 'Normalfall'-Beschriftung ungültig, sodaß *alle* Marken von Stelle s, unabhängig von dieser Beschriftung, entfernt werden.

Die dritte Alternative wird vorgeschlagen. Diese wird dann analog formuliert zur *partiellen Schaltregel* (Parameter TOKEN-OUT in Kap. 2.2.4) in der in **PROVER** realisierten PDL: Hierfür existiert das vordefinierte Funktionssymbol '#' s. Kap. 9), das auf Transitions-Outputkanten angewendet werden kann und diese dann bezüglich der Schalt-Nachbedingung entwertet (d.h. Markentransfer auf die entsprechende Outputstelle wird verhindert).

Bei Bedarf kann auch eine vordefinierte *copy*-Funktion vorgesehen werden, die eine Spezifikation von Kopierkanten (Parameter ARC-COPY in Kap. 2.2.3) gestattet.

(3) *Markenzugriffs-Modus* (TOKEN-ACCESS, Kap. 2.2.4). Hier wird sowohl FIFO- als auch PRIO-Zugriff vorgeschlagen, der im Rahmen einer Transitions-Inschrift spezifiziert werden kann.

Es besteht die Idee, Transitionen 'intelligenter' zu machen, indem die *Auswahlmöglichkeiten* von Marken, die beim Schalten einer Transition t von einer Stelle s abgezogen werden können, allgemeiner und flexibler gestaltet werden.

Nach der traditionellen Definition der Prädikat/Transition-Netze [GEN86a] ist es für t nicht möglich, eine Marke auf s in Abhängigkeit von anderen Marken auf s auszuwählen, wie z.B. in FIFO- oder einer anderen Ordnungs-Reihenfolge. Dies ist aber zur detaillierten Entwurfsspezifikation vieler Rechensysteme unbedingt erforderlich, z.B. zur Modellierung von prioritäts-orientierten Multitasking-Systemen.

Wir definieren daher zusätzlich die vordefinierten Funktionen *first, last, min* und *max*, die im Rahmen des *if*-Teils einer Transitions-Inschrift verwendet werden können. Durch diese Funktionen werden *Ordnungs-Relationen* auf der Multimenge der Marken einer Stelle s (in einer bestimmten Markierung des Netzes) definiert. Da eine Multimenge dieselbe Marke mehrfach enthalten kann, handelt es sich im allgemeinen Fall um konkrete 'kleiner-gleich'-Relationen. Diese sind aber stets Totalordnungen, da alle in der Relation stehenden Elemente *vergleichbar* sind.

Ein Aufruf einer solchen Funktion beim Schalten der Transition t bewirkt, daß aus der jeweiligen Halbordnung nur solche Marken aus s ausgewählt werden können, die bezüglich der Halbordnung minimal bzw. maximal sind.

Syntaktisch kommen nun zwei Arten von Termen hinzu, die innerhalb eines *if*-Teils mit den booleschen Operatoren *and, or, not* verknüpft werden können:

<Ablageordnungs-Funktion>   (<Tupel>)   [: <Nr>]

<logische Ordnungs-Funktion>   (<Variablenname>)   [: <Nr>]

Vordefinierte Ablageordnungs-Funktionen sind *first* und *last*, die jeweils FIFO- und LIFO-Zugriff auf Marken realisieren sollen. Um welche Marken von welchen Inputstellen einer Transition es sich dabei handelt, wird durch die Angabe eines n-Tupels, bestehend aus Variablen, in <Tupel> spezifiziert. Dieses Tupel muß in mindestens einer Inputkante der aufrufenden Transition vorkommen.

Die optionale Angabe :<Nr> gibt an, daß z.B. bei FIFO-Zugriff nicht die 'älteste' sondern die Nr-älteste Marke zu selektieren ist.

Vordefinierte Logische Ordnungs-Funktionen sind *min* und *max*, die jeweils solche Marken selektieren sollen, die bezüglich einer bestimmten Tupelkomponente minimal bzw. maximal sind, und zwar bezüglich allen Marken, die sich auf einer gewissen Inputstelle der aufrufenden Transition befinden.

Die optionale Angabe :<Nr> gibt an, daß z.B. bei Auswertung von *min* nicht die minimale, sondern die Nr-kleinste Marke zu selektieren ist.

Zur Erläuterung der Semantik dieser Funktionen dienen die *Anwendungsbeispiele*, die nun erläutert werden. In der gegebenen Markierung M(s) ist als Zusatzinformation die *Ablagehistorie* auf Stelle s enthalten. Die syntaktischen Formulierung

       n <Tupel> : <Ordnungszahl>

bedeutet, daß n Exemplare der strukturierten Marke <Tupel> 'parallel' auf Marke s gelangt sind, d.h. von genau einem Schalten einer gewissen Transition dort abgelegt sind. Marken mit <Ordnungszahl> = 1 sind kausal die 'ältesten' auf Stelle s abgelegten, alle anderen Marken auf s sind gemäß ihrer Ordnungszahl entsprechend 'jünger'.

Ein Beispiel, wie eine solche Ablagehistorie durch sukzessives Schalten von Transitionen entstehen kann, wurde auch bereits in Abb. 2.2.4-2 gegeben.

In der Abbildung 9.2-1 sind weitere Beispiele beschrieben:

		t-Inschrift	Aus $M_0(s)$ selektierte Marken (*): indeterministische Auswahl
(a)	s $\langle x_1,x_2\rangle$ t	**if** $\text{first}(\langle x_1,x_2\rangle)$	$\langle 1,2\rangle$
(b)	s $\langle x_1,x_2\rangle$ t	**if** $\neg\text{first}(\langle x_1,x_2\rangle)$	(*) 1 Marke aus $\langle 2,3\rangle + 3\langle 3,2\rangle$
(c)	s $\langle x_1,x_2\rangle$ t	**if** $\min(x_2)$	(*) 1 Marke aus $2\langle 1,2\rangle + 3\langle 3,2\rangle$
(d)	s $\langle x_1,x_2\rangle$ t	**if** $\neg\min(x_2)$	$\langle 2,3\rangle$
(e)	s $\langle x_1,x_2\rangle$ t	**if** $\min(x_1){:}2$	$\langle 2,3\rangle$
(f)	s $\langle x_1,x_2\rangle$ t	**if** $\text{first}(\langle x_1,x_2\rangle)$, $\min(x_2)$, $x_1 < 3$	$\langle 1,2\rangle$
(g)	s $2\langle a,b\rangle$ t $+2\langle x,y\rangle$	**if** $\text{first}(\langle a,b\rangle)$	$2\langle 1,2\rangle + 2\langle 3,2\rangle$
(h)	s $3\langle a,b\rangle$ t $+\langle x,y\rangle$	**if** $\max(b)$	t ist nicht in-enabled
(i)	s $2\langle x_1,x_2\rangle$ t	**if** $\min(x_2)$, $\min(x_1)$	$2\langle 1,2\rangle$

$$M(s)=2\langle 1,2\rangle{:}1+\langle 2,3\rangle{:}2+3\langle 3,2\rangle{:}3$$

Abb. 9.2–1 :   Anwendungsbeispiele der vordefinierten Funktionen *min, max, first, last*

(a)   Dies ist der einfachste Fall eines FIFO-Markenzugriffs von Stelle s.

(b)   Hier wird irgendeine Marke selektiert, die *nicht* die älteste ist. Diese ist daher aus M(s) - 2<1,2> = <2,3> + 3<3,2> auszuwählen. (Ein Kalkül auf Multimengen incl. der Subtraktions-Operation ist im Kap. 10, Def. 1.7 und 1.8, beschrieben.)

(c)   Dies ist ein einfacher Fall eines PRIO-Zugriffs von Stelle s, bei dem eine minimale Priorität nicht eindeutig auf eine einzige Marke führt. Alle Marken der Multimenge 2<1,2> + 3<3,2> sind minimal bezüglich der zweiten Tupelkomponente; daher ist daraus gemäß der (s,t)-Kantenbeschriftung irgendeine Marke auszuwählen.

(d)   Bei der Negation der Inschrift des vorigen Beispiels werden genau diejenigen Marken selektiert, die sich aus der Subtraktion von M(s) und dem Ergebnis des vorigen Beispiels ergeben. Dies führt eindeutig auf die Marke <2,3>.

(e)   Hier wird eine bezüglich der ersten Tupelkomponente zweitkleinste Marke gesucht. Dies ist eindeutig die Marke <2,3>.

(f)   Mit dieser t-Inschrift wird ein Zugriff auf Marken in Stelle s gemäß einer *bedingten Prioritäts-Warteschlange* spezifiziert. Diese Inschrift legt eine Markenauswahl beim Schalten von t in folgenden drei Schritten fest:

-       Unter allen auf Stelle s in einer gewissen Markierung befindlichen Marken werden zunächst solche ermittelt, deren erste Tupelkomponente kleiner als 3 ist. Ergebnis ist die Marken-Multimenge A1 = 2<1,2> + <2,3> .

-       In A1 werden diejenigen Marken ermittelt, deren zweite Tupelkomponente minimal bezüglich allen Marken aus A1 ist. Ergebnis sei die Marken-Multimenge A2 = 2<1,2>

-       In A2 wird die 'älteste' Marke ermittelt, d.h. diese muß kausal als erste bezüglich allen Marken aus A2 auf Platz s angelangt sein. (Falls es mehr als eine solche unterschiedliche Marke gibt, wird indeterministisch ausgewählt. Dies ist hier aber nicht der Fall.)

In den verbleibenden drei Beispielen wird die Anwendung der vordefinierten Funbktionen im Fall allgemeinerer Kanteninschriften, die 'echte' Multimengen sind, erläutert.

(g)   Hier bezieht sich die Transitions-Inschrift auf den Teil 2<a,b> der Kanteninschrift. Damit werden die *zwei ältesten* Marken aus s selektiert. Diese sind A1 = 2<1,2> .

Über den verbleibenden Teil 2<x,y> der Kanteninschrift macht die Transitionsinschrift keine Aussage.

Daher wird in der Rest-Multimenge M(s) - A2 = 3<3,2> + <2,3> nach der Substitution 'x=3,y=2' zusätzlich zu A1 noch 2<3,2> selektiert.

(h)   Hier führt die Transitionsinschrift nicht zu einer ausführbaren Substitution der Variablen b:
max(b) bezieht sich auf den Teil 3<a,b> der Kanteninschrift. Es gibt aber nur eine Marke in M(s) mit maximaler zweiter Komponente: diese Marke ist <2,3>. Die Kanteninschrift fordert aber 3 Exemplare einer solchen Marke in M(s).

(i)   Hier ist in der Transitionsinschrift ein 2-dimensionaler PRIO-Zugriff spezifiziert. Dieser wird 'von links nach rechts' ausgewertet: Zunächst wird die Multimenge der Marken auf s mit minimaler zweiter Komponente gebildet. Dies selektiert die Multimenge A1 = 2<1,2> + 3<3,2>. Auf der Rest-Multimenge A1 werden nun alle Marken mit minimaler erster Komponente ausgewählt. Dies ergibt A2 = 2<1,2>. Da genau zwei Exemplare einer Marke gemäß der Kanteninschrift gesucht werden, ist A2 bereits das Endergebnis der Markenauswahl aus der Stelle s.

Den Beispielen (f) und (i) liegt folgende *Vorrangregelung* bei der Auswertung von Termen eines *if*-Teils zugrunde, die generell aus Sicht der Praxis sinnvoll erscheint, aber durch Klammerung modifiziert werden kann:

- Zuerst werden Terme ausgewertet, die keine der hier definierten Funktionen enthalten.

- Danach werden Terme mit *min*- oder *max*-Aufrufen ausgewertet.

- Liegen mehrere Terme mit *min*- oder *max*-Aufrufen vor, dann wird in Notations-Reihenfolge 'von links nach rechts' ausgewertet.

- Schließlich werden Terme mit *first*- oder *last*-Aufrufen ausgewertet.

- Liegen mehrere Terme mit *first*- oder *last*-Aufrufen vor, dann wird in Notations-Reihenfolge 'von links nach rechts' ausgewertet.

Dadurch wird erreicht, daß Aufrufe der vordefinierten Funktionen die von einer Stelle abzuziehenden Marken beim Schalten einer Transition noch *weiter einschränken*, als es der in einer Transitions-Inschrift bisher vorgesehene *if*-Teil leisten kann.

Der Nachteil einer Vorrangregelung für boolesche Terme ist, daß damit die logischen Operatoren OR und AND *nicht mehr kommutativ* sind. Diese Eigenschaft wird durch die Semantik der vordefinierten Ordnungsoperatoren bewirkt und wäre ohne diese nicht erfüllt. Andererseits würde aber ein Verzicht auf eine solche Regelung die Modellierung noch wesentlich aufwendiger machen.

Zur Realisierung der vordefinierten Funktionen *first* und *last* ist es sinnvoll, die Marken jeder Stelle s, für die eine Output-Transition t mit Aufrufen solcher Funktionen existiert, in einer verketteten Liste abzulegen. Diese Liste sollte alle Marken nach ihrer *kausalen Eingangs-Reihenfolge* auf der Stelle s ordnen.

Die Funktionen *first* und *last* sollten auch in der Anfangsmarkierung M_0 anwendbar sein. Daher ist es konsequent, optional eine *geordnete Anfangsmarkierung* auf gewissen Stellen spezifizieren zu können.

(4) *Arithmetische Ausdrücke* als Funktions-Ergebnis im Rahmen der Spezifikation einer Transitions-Inschrift. Diese Erweiterung resultierte aus vielen Anwendungsbeispielen der vorliegenden PDL.

Von mehreren Experten wurde vorgeschlagen, als Spezifikationssprache für Transitions-Inschriften eine höhere Programmiersprache wie ADA, C, MODULA oder PASCAL anzubieten. Wir sind aber der Meinung, daß eine akzeptable Entwurfssprache mit einer relativ kleinen, überschaubaren Menge von Basiskonstrukten auskommen sollte.

Daher wird vorgeschlagen, zunächst lediglich den Ergebnisteil von *case*-Anweisungen in Funktions-Definitionen zu erweitern. Hier bietet die PDL bisher nur die Zuordnung von Konstanten, einen Aufruf einer Basisfunktion der modularen Arithmetik (*succ* und *pred*), oder einen Aufruf der Funktion '#' (s. oben). Dieser Ergebnisteil soll nun wie folgt erweitert werden:

- Zu den Funktionen *succ* und *pred* kommen zusätzlich die allgemeinen 2-stelligen Additions- und Subtraktions-Funktionen '+' und '-'. Beide sind natürlich ebenfalls modular, d.h. sind abgeschlossen bezüglich dem Individuenbereich, auf dem sie angewendet werden.

- Über diesen Funktionen können beliebige *arithmetische Ausdrücke* gebildet werden, wobei als Hilfskonstrukte auch Klammern '(' und ')' zur Verfügung stehen.

- Arithmetische Ausdrücke können im Rahmen *bedingter Anweisungen* (if-then-else Konstrukt) verwendet werden.

Als weitere, hier nicht näher diskutierte Erweiterung sollten *stochastische Parameter* eingebaut werden (s. Kapitel 2.2.5), um aus einem Netzmodell auch Leistungs- bzw. Zuverlässigkeits-Analysen vornehmen zu können.

Im folgenden wird zunächst in Kap. 10.1 eine formale Basis zum Aufbau der Prädikat/Transitions-Netze (PRT-Netze) erarbeitet. Diese Basis besteht aus zwei Arten von Bausteinen:

- Ausdrücken einer *prädikatenlogischen Sprache erster Ordnung*, sowie

- *Multimengen (formalen Summen)*, deren Komponenten Ausdrücke in dieser Sprache sind.

Mit Hilfe dieser Bausteine wird dann in Kap. 10.2 eine Unterklasse der (allgemeinen) PRT-Netze nach Genrich / Lautenbach [GEN86a] definiert. Diese Unterklasse ist durch endlichen Zustandsraum (den sog. *Erreichbarkeits-Graph*) eines PRT-Netzes charakterisiert. Die Endlichkeit wird durch beschränkte Stellen-Kapazitäten und endliche Individuen-Wertebereiche erzwungen. Diese Unterklasse hat sich zur praktischen Anwendung und zur rechnergestützten Behandlung als geeignet erwiesen und ist daher im Petri-Netz-Werkzeug **PROVER** realisiert.

Das dynamische Verhalten eines Petri-Netzes ist vollständig (bis auf die Nebenläufigkeits-Relation) in dessen Erreichbarkeitsgraph (Kap. 10.3) repräsentiert. Daher können alle wesentlichen dynamischen Eigenschaften eines durch ein PRT-Netz beschriebenen Systems als Prädikate auf dem Erreichbarkeits-Graph des Netzes definiert werden. Dazu gehören *Konflikte* und *Kontakte* (Kap. 10.4), *Lebendigkeits-Eigenschaften* (Kap. 10.6), *Fairness-Eigenschaften* (Kap. 10.7), sowie schließlich *gefrorene Marken* (Kap. 10.8).

Zur Erarbeitung der formalen Basis der PRT-Netze und darauf definierten Eigenschaften wurden folgende, meist für PT-Netze geltenden Referenzen verwendet:

- [BEFE86] bzw. [GEN86a] zur "Standard"-Definition der PT-Netze bzw. der PRT-Netze und ihren Eigenschaften;

- [JEVA87], [REI85b], [SILV87] jeweils zur PT-Netzdefinition von Erreichbarkeits-Graphen, von Schritten, sowie von (k-)Fairness.

Viele dieser auf PT-Netzen definierten Eigenschaften haben wir auf PRT-Netze verallgemeinert.

Bis auf wenige Ausnahmen sind alle nachfolgend definierten Eigenschaften in **PROVER** realisiert. Diese Ausnahmen sind:

- Überprüfung von Anfangs- und Folgemarkierungen auf Bewahrung der Stellenprädikate (s. Def. 2.1, 2.2 und 2.4),

- Schritt-Graphen als Verallgemeinerung des Schaltens einzelner Transitionen (s. Def. 2.6 und 3.2),

- die Bestimmung der k-Fairness und der schwachen Fairness (Def. 7.2 und 7.3),

- die Ermittlung gefrorener Marken (Def. 8.1 bis 8.3), sowie

- der allgemeine Konflikt zwischen Schritten (Def. 4.1) und die Bildung von Konfliktklassen (Def. 4.2). Realisiert wurde der Spezialfall eines Konflikttests zwischen genau zwei Transitionen [BEFE86].

Alle diskutierten Beispielnetze befinden sich in Kapitel 10.9.

Zur Darstellung der formalen Definitionen und Sätze werden Notationen aus der Prädikatenlogik und der Mengentheorie angewendet, die mit Hilfe folgender <u>Metasprache</u> beschrieben werden:

(1) Aussagen- und Prädikatenlogik

$a \wedge b$	logisches UND (Aussage a und Aussage b)
$a \vee b$	logisches ODER (Aussage a oder Aussage b)
$\neg a$	logisches NICHT (Negation der Aussage a)
$a \Rightarrow b$	logische IMPLIKATION (aus Aussage a folgt Aussage b)
$a \Leftrightarrow b$	logische ÄQUIVALENZ ($a \Rightarrow b \wedge b \Rightarrow a$)
$P :\Leftrightarrow a$	Das Prädikat P wird durch eine (zu P äquivalente) Aussage a definiert
$\exists x: P(x)$	Es existiert ein Wert der Variablen x, sodaß Prädikat P gilt
$\forall x: P(x)$	Für alle Werte der Variablen x gilt Prädikat P
$v \leftarrow c$	Variable v wird durch Konstante c substituiert

(2) Mengen

$\emptyset$	leere Menge
$x \in X$	x ist Element der Menge X (Negation: $x \notin X$)
$X \subseteq Y$	X ist Teilmenge der Menge Y
$X = Y$	Gleichheit der Mengen X und Y (Negation: $X \neq Y$)
$X \cup Y$	Vereinigung der Mengen X, Y
$\bigcup\limits_{i=1}^{n} X_i$	Vereinigung der Mengen $X_1, X_2, \ldots, X_n$
$\bigcup\limits_{P_i} X_i$	Teilmenge von $\bigcup\limits_{i=1}^{n} X_i$, wobei eine Menge X_i genau dann in der Teilmenge vorkommt, wenn das Prädikat P_i wahr ist.
$X \cap Y$	Durchschnitt der Mengen X, Y
$\bigcap\limits_{i=1}^{n} X_i$	Durchschnitt der Mengen $X_1, X_2, \ldots, X_n$
$X - Y$	Differenz der Mengen X, Y
$|X|$	Kardinalität (Mächtigkeit) der Menge X
X^n	n-stelliges Cartesisches Produkt der Menge X, d.h. Menge aller n-Tupel über X: $X^n = \{ \langle x_1, x_2, \ldots, x_n \rangle \mid x_i \in X; i \in [1,n] \}$
$X := Y$	Menge X wird durch Menge Y definiert
$\mathbb{N}$	Menge der natürlichen Zahlen

$\mathbb{N}_o$ Menge der natürlichen Zahlen mit 0

$[a, b]$ Menge der ganzen Zahlen zwischen a und b, d.h. $[a,b] = \{c \in \mathbb{N}_o \mid a \leq c \leq b\}$

(3) Funktionen

$f : X \rightarrow Y$ Funktion f von Menge X (Definitionsbereich) nach Menge Y (Zielbereich)

$f(x_1, \cdots x_n) := c$
     Wert der n-stelligen Funktion an den Stellen $x_1, \cdots, x_n$ wird als Konstante c
     definiert

(4) Multimengen

ε leere Multimenge

$|\phi|$ Kardinalität der Multimenge ϕ

(5) Worte

λ leeres Wort

T^* Menge aller Worte über Menge T incl. λ

$t < w$ Symbol t ist in Wort w enthalten

$|w|$ Länge des Wortes w (Anzahl Symbole in w)

10.1   Prädikatenlogische und mengentheoretische Grundlagen

Die formale Basis der im nächsten Abschnitt definierten Prädikat/Transitionsnetze bilden die nachfolgend definierten prädikatenlogischen Ausdrücke und Multimengen.

Zunächst wird in Def. 1.1 die Syntax-Definition einer *prädikatenlogischer Sprache* erster Ordnung gegeben. Diese Sprache bekommt erst durch Spezifikation einer *Struktur* eine eindeutige Semantik (Def. 1.2), die als *Interpretion* der Sprache bezeichnet wird. Zulässige Formeln der Sprache können mit Hilfe der gegebenen Struktur *ausgewertet* (Def. 1.4) und auf *Erfüllbarkeit* getestet (Def. 1.5) werden. Dazu sind gewisse *Variablen* innerhalb Ausdrücken durch Individuen zu *substituieren* (Def. 1.3).

In Def. 1.6 und 1.7 werden *Multimengen* als Verallgemeinerung von Mengen eingeführt und in Def. 1.8 auf n-Tupeln aus Individuen bzw. Variablen angewendet.

DEFINITION 1.1 : Prädikatenlogische Sprache erster Ordnung (first-order language)

Gegeben seien folgende paarweise disjunkte Mengen:

- D   Menge der <u>Individuen</u> (Konstanten);

- V   Menge der <u>Variablen</u> über D ;

- $\Omega^{(n)}$ Menge der n-stelligen Funktionssymbole über D ;

$$\Omega := \bigcup_{n \in I\!N} \Omega^{(n)} \;\; ;$$

- $\Pi^{(n)}$ Menge der n-stelligen Prädikatsymbole über D .

$$\Pi := \bigcup_{n \in I\!N_o} \Pi^{(n)} \;\; .$$

$L := T_L \cup F_L$ ist <u>prädikatenlogische Sprache erster Ordnung</u> , wobei

- T_L Menge der <u>Terme</u> , die aus Konstanten, Variablen und Funktionssymbolen gebildet werden. Funktionssymbole werden dabei auf Konstanten, Variablen, bzw. bereits gebildete Funktions-Ausdrücken angewendet:

  (1)   Falls $v \in V$, dann auch $v \in T_L$

  (2)   Falls $d \in D$, dann auch $d \in T_L$

  (3)   Falls $f^{(n)} \in \Omega^{(n)}$ für Operanden $v_1 , \ldots , v_n \in T_L$ und $n \in I\!N$,
  dann auch $f^{(n)}(v_1 , \ldots , v_n) \in T_L$

- F_L Menge der <u>logischen Formeln</u> , die aus Termen durch Anwendung von Gleichheit zwischen Termen, von aussagen-logischen Prädikaten und Konnektoren $\neg, \vee$, sowie von Quantoren $\exists$ gebildet werden:

  (4)   Falls $t_1 , t_2 \in T_L$, dann $t_1 = t_2 \in F_L$

  (5)   Falls $P^{(n)} \in \Pi^{(n)}$ mit Operanden $t_1 , \ldots , t_n \in T_L$ und $n \in I\!N$, dann
  $P^{(n)}(t_1 , \ldots , t_n) \in F_L$

  (6)   Falls $p, p_1 , p_2 \in F_L$, dann auch $\neg p \in F_L$ und auch $p_1 \vee p_2 \in F_L$

  (7)   Falls $x \in V$ und $p \in F_L$, dann auch $\exists x : p \in F_L$

BEMERKUNG 1.1 : Abgeleitete Konnektoren der prädikatenlogischen Sprache

Die Konnektoren $\wedge, \Rightarrow, \Leftrightarrow, \forall$ können aus der Sprache L wie üblich abgeleitet werden. Z.B. gilt für $x \in V$ und $p \in F_L$:

$$\neg \exists x : p \;\; \Leftrightarrow \;\; \forall x : \neg p$$

DEFINITION 1.2 : Struktur und Interpretation der prädikatenlogischen Sprache

Die *Syntax* der prädikatenlogische Sprache L wurde in Def. 1.1 gegeben. Die *Semantik* von L blieb dabei noch offen. Dazu werden nun *konkrete Funktionen* und *konkrete Prädikate* auf dem Individuenbereich D vorgegeben. Diese werden, zusammen mit D, als Struktur bezeichnet. Die Anwendung einer Struktur auf L heißt Interpretation der Sprache L.

Formal ist eine Struktur ein 3-Tupel $\Re = \langle D, \{f_1, \cdots, f_k\}, \{R_1, \cdots, R_l\} \rangle$ mit

- $D \neq \varnothing$ Interpretationsbereich (domain)
- $f_i, i = 1, \cdots, k$ Funktionen–Menge auf D
- $R_j, j = 1, \cdots, l$ Relationen–Menge auf D

Jede Funktion f in $\Re$ ist definiert durch $f : D^n \rightarrow D$, wobei $n \in I\!N$ die Stelligkeit von f ist.

Jede Relation R in $\Re$ ist eine Teilmenge des Cartesischen Produkts D^m für ein $m \in I\!N$.

Eine Struktur $\Re$ wird für eine prädikatenlogische Sprache L erster Ordnung L-Interpretation genannt, wenn

-     Jedes n-stellige Funktionssymbol $f^{(n)} \in \Omega^{(n)}$ in L durch eine n-stellige Funktion $f_\Re$ in $\Re$ interpretiert wird, und

-     jedes Prädikatsymbol $P^{(m)} \in \Pi^{(m)}$ in L durch eine m-stellige Relation $R_\Re$ in $\Re$ interpretiert wird. Elemente jeder m-stelligen Relation sind m-Tupeln mit der Schreibweise

$$\langle x_1, \cdots, x_m \rangle \text{ für } x_i \in D; i \in [1, m]$$

Ist die Stelligkeit m eines Prädikats $P^{(m)}$ nicht unmittelbar einsichtig, dann liefert die Funktion

$$arity : \Pi \rightarrow I\!N_o$$

genau diesen Wert m, d.h. $arity\,(P^{(m)}) := m$.

Durch die Interpretation bekommen also Funktions- und Prädikatsymbole in L eine konkrete *Semantik*, die durch die Struktur $\Re$ bestimmt wird. Dabei kann es i.d.R. mehrere Strukturen $\Re$ geben, mit denen ein L interpretiert werden kann.

Die Struktur $\Re$ wird dynamische Struktur genannt, wenn ein Teil der Relationen in $\Re$ variabel sind, d.h. in Abhängigkeit vom betrachteten Systemzustand unterschiedliche Werte annehmen kann. Andernfalls heißt $\Re$ statische Struktur.

Seien

- $\Pi_{stat} \subseteq \Pi$: Menge der Prädikate, die als *statische Relationen* interpretiert werden ;

- $\Pi_{dyn} \subseteq \Pi$: Menge der Prädikate, die als *variable Relationen* interpretiert werden,

  mit $\qquad \Pi_{stat} \cup \Pi_{dyn} = \Pi$, $\Pi_{stat} \cap \Pi_{dyn} = \varnothing$.

- L_{stat} auf D, V, Ω, Π_{stat} : statischer Teil der Sprache L ;

- L_{dyn} auf D, V, Ω, Π_{dyn} : dynamischer Teil der Sprache L, mit

$$L_{stat} \cup L_{dyn} = L \ , \ L_{stat} \cap L_{dyn} = \varnothing \ .$$

- $\mathfrak{R}$ ist dynamische Struktur $\ :\Longleftrightarrow\ \Pi_{dyn} \neq \varnothing$.

- $\mathfrak{R}$ ist statische Struktur $\ :\Longleftrightarrow\ \Pi_{stat} \neq \varnothing,\ \Pi_{dyn} = \varnothing$.

DEFINITION 1.3 : Variablen in Formeln, Variablen-Substitution, α-Instanz

Um Formeln der prädikatenlogischen Sprache L mit Hilfe der Struktur $\mathfrak{R}$ auszuwerten, sind alle in einer Formel vorkommenden *freien Variablen* durch geeignete Konstanten zu ersetzen. Dazu dient die Definition der *Variablen-Substitution*.

Sei $p \in F_L$ eine Formel, $x \in V$ eine Variable.

(1) Die Variablenmenge von p sei

$$var\,(p\,) := \{\,x \in V \mid x \text{ kommt in } p \text{ vor}\,\} .$$

(2) x heißt freie Variable in p, wenn x in p vorkommt und nicht durch $\exists x$ oder $\forall x$ gebunden ist. (Falls p ein Term ist, sind alle darin vorkommenden Variablen trivialerweise frei.)
Die Menge aller freien Variablen in p ist

$$free\_var\,(p\,) := \{\,x \in V \mid x \in var(p) \wedge x \text{ frei}\,\} .$$

(3) Eine Formel heißt geschlossen , wenn sie keine freien Variablen enthält. Die Menge aller geschlossenen Formeln der Sprache L ist dann

$$closed\,(L\,) := \{\,p \in L \mid free\_var\,(p\,) = \varnothing\} \ .$$

(4) Sei $p \in L\,;\, x_1,\,\cdots,\,x_n \in V\,;\, d_1,\,\cdots,\,d_n \in D$.

Eine Substitution α ist eine (i.d.R. partielle) Abbildung von Variablen auf Individuen:

$$\alpha:\ V' \to D \quad \text{mit} \quad V' \subseteq V \text{ und } \alpha := \{\,x_1 \leftarrow d_1,\,\cdots,\,x_n \leftarrow d_n\}$$

(5) Wir betrachten die sogenannte "kanonische Erweiterung" dieser Abbildung von einzelnen Variablen auf beliebige Ausdrücke p der prädikatenlogischen Sprache L, wobei alle *freien Variablen* in p *simultan* durch Konstanten substituiert werden.

Das Ergebnis nach Anwendung einer Substitution α auf p wird als α-Instanz von p, Schreibweise $p : \alpha$, bezeichnet:

$$p : \alpha \;=\; p : \{ x_1 \leftarrow d_1 , \cdots , x_n \leftarrow d_n \} \quad ,$$

wobei $x_i \in free\_var\,(p)\,;\, i \in [1,n]\,.$

DEFINITION 1.4 : Auswertung von Ausdrücken der prädikatenlogischen Sprache L

Mit Hilfe der Struktur $\mathfrak{R}$ wird durch die zugehörige Interpretation $I_{\mathfrak{R}}$ eine Auswertung (evaluation) jeder geschlossenen prädikatenlogischen Formel in L festgelegt. Dabei werden

- Terme auf Individuen in D abgebildet, d.h. $I_{\mathfrak{R}} : T_L \rightarrow D$

- Formeln auf einen Wahrheitswert *true* bzw. *false* abgebildet, d.h. $I_{\mathfrak{R}} : F_L \rightarrow \{true, false\}$

Formal wird die Abbildung $I_{\mathfrak{R}}$ nun induktiv über alle Ausdrücke der Sprache L definiert:

Sei t ein geschlossener (also variablenfreier) Term, d.h. $t \in closed\,(L\,) \cap T_L$. Dann wird $I_{\mathfrak{R}}\,(t\,)$ definiert durch :

(1a) Falls t Konstante $d \in D$ ist, dann $I_{\mathfrak{R}}\,(t\,) := d \quad (\in D)$

(1b) Falls t eine Funktionsausdruck $f^{(n)}\,(t_1, \cdots, t_n\,)$ ist,
dann $I_{\mathfrak{R}}\,(t\,) := f_{\mathfrak{R}}\,(I_{\mathfrak{R}}\,(t_1\,), \cdots, I_{\mathfrak{R}}\,(t_n\,)) \quad (\in D)$

Sei p eine geschlossene Formel, $p \in closed\,(L\,) \cap F_L$. (Falls eine Formel noch freie Variablen enthält, ist vor Anwendung des folgenden Auswertungs-Verfahrens eine geeignete Substitution aller solcher Variablen durch Konstante in D auszuführen.)

$I_{\mathfrak{R}}\,(p\,)$ wird definiert durch :

(2a) Falls p von der Form $t_1 = t_2$ über Termen t_1, t_2 ist, dann
$$I_{\mathfrak{R}}\,(p\,) = true \iff I_{\mathfrak{R}}\,(t_1\,) = I_{\mathfrak{R}}\,(t_2\,)$$

(2b) Falls p ein m-stelliger Prädikatausdruck $P^{(m)}\,(v_1, \cdots, v_m\,)$ über Termen $v_1, \cdots, v_m$ ist,
dann $I_{\mathfrak{R}}\,(p\,) = true \iff \langle I_{\mathfrak{R}}\,(v_1\,), \cdots, I_{\mathfrak{R}}\,(v_m\,)\rangle \in R_{\mathfrak{R}}$
Dabei ist $R_{\mathfrak{R}}$ genau diejenige m-stellige Relation in der Struktur $\mathfrak{R}$, welche eine Interpretation des m-stelligen Prädikatsymbols P darstellt (Def. 1.2, L-Interpretation).

178

(2c) Falls p von der Form $\neg q$ ist, dann $I_{\Re}(p) = \textit{true} \iff I_{\Re}(q) = \textit{false}$

(2d) Falls p von der Form $p_1 \vee p_2$ über Formeln p_1, p_2 ist,

dann $I_{\Re}(p) = \textit{true} \iff I_{\Re}(p_1) = \textit{true} \vee I_{\Re}(p_2) = \textit{true}$

(2e) Falls p von der Form $\exists x : q$ ist, dann wird der Wahrheitsgehalt von p ermittelt durch das Weglassen des Quantorenausdrucks und durch die Wahl einer geeigneten Konstante, die für die vorher durch $\exists$ gebundene Variable x in der restlichen Formel q substituiert wird:

$$I_{\Re}(p) = \textit{true} \iff \exists d \in D : I_{\Re}(q : \{x \leftarrow d\}) = \textit{true}$$

DEFINITION 1.5 : Erfüllbarkeit von Formeln der prädikatenlogischen Sprache L

Für die praktische Anwendung prädikatenlogischer Formeln der Sprache L sind nur solche Formeln $p \in F_L$ interessant, für die überhaupt eine Struktur $\Re$ mit zugehöriger Interpretation $I_{\Re}$ existiert, sodaß p zu $\textit{true}$ ausgewertet werden kann. Formel p heißt dann <u>erfüllbar</u> (satisfiable).

Sei $p \in F_L$ eine Formel, sei $\Re$ eine Struktur, sei $\alpha : V \to D_{\Re}$ eine Substitution von Variablen durch Individuen.

$$sat(p) \;:\!\!\iff\; \exists \Re, \exists \alpha: \quad I_{\Re}(p : \alpha) = \textit{true}$$

$$SAT_L \;:=\; \{\, p \in F_L \mid sat(p) \,\}$$

DEFINITION 1.6 : Multimengen und formale Summen

Sei D eine aufzählbare, nichtleere Menge.
Eine Funktion ϕ mit

$$\phi : D \to I\!N_o$$

heißt <u>Multimenge.</u> Dabei bedeutet $\phi(d)$ die <u>Anzahl der Vorkommen</u> eines Elements $d \in D$ in der Multimenge ϕ.

Der Begriff der Multimenge ist eine *Verallgemeinerung* des Mengenbegriffs. Z.B. bestimmt $\phi : D \to I\!N_o$ eindeutig eine Teilmenge von D, falls gilt

$$\forall d \in D: \; 0 \leq \phi(d) \leq 1 \;.$$

Für $\phi(d) = 1$ kommt Element d in der Teilmenge vor, andernfalls nicht.

Falls D <u>endlich</u> ist, d.h. $D = \{d_1, d_2, \cdots, d_n\}$ für ein $n \in I\!N$, gibt es zwei alternative Charakterisierungen einer Multimenge ϕ:

(1) <u>Vektordarstellung:</u> Wegen der Endlichkeit von D ist ϕ eindeutig bestimmt durch dessen n Funktionswerte $\phi(d_1), \cdots \phi(d_n)$. Daher läßt sich ϕ äquivalent auch durch folgenden Vektor darstellen:

$$(\; \phi(d_1), \phi(d_2), ..., \phi(d_n) \;)$$

(2) <u>Formale Summe</u>: Die Zuordnung eines Funktionswerts $\phi(d)$ zu einem Element $d \in D$ kann in der Form

$$\phi(d)\,d$$

dargestellt werden. Daher kann ϕ insgesamt in Summenschreibweise dargestellt werden. Man bezeichnet ϕ dann als formale Summe:

$$\sum_{i=1}^{n} \phi(d_i)\,d_i$$

Im folgenden gehen wir von endlichen Mengen D aus, sodaß die Schreibweise von Multimengen als formale Summen zulässig ist.

DEFINITION 1.7 : Operatoren auf formalen Summen

Auf formalen Summen werden nun arithmetische Funktionen und Vergleichsprädikate definiert. Sei

- D eine endliche, nichtleere Menge, d.h. $D = \{d_1, d_2, \cdots, d_n\}$ für ein $n \in I\!N$.

- ϕ, ϕ_1, ϕ_2 formale Summen über D mit

$$\phi = \sum_{i=1}^{n} a_i\,d_i, \quad \phi_1 = \sum_{i=1}^{n} a_{i_1}\,d_i, \quad \phi_2 = \sum_{i=1}^{n} a_{i_2}\,d_i \text{ für } a_i, a_{i_1}, a_{i_2} \in I\!N_o \text{ mit } i \in [1,n].$$

(1) <u>Menge aller formalen Summen über D:</u>

$$\Phi_D := \{\sum_{i=1}^{n} a_i d_i \mid a_i \in I\!N_o\}$$

(2) <u>leere Multimenge ε :</u>

$$\phi = \varepsilon \;:\!\Longleftrightarrow\; \forall\, d_i \in D:\; \phi(d_i) = 0$$

(3) <u>Element-Relation $\in$:</u>

$$\forall\, d_i \in D:\; d_i \in \phi \;:\!\Longleftrightarrow\; \phi(d_i) > 0$$

(4) <u>Kardinalität:</u>

$$|\phi| := \sum_{i=1}^{n} a_i$$

(5) <u>Addition:</u>

$$\phi_1 + \phi_2 := \sum_{i=1}^{n} (a_{i_1} + a_{i_2})\,d_i$$

(6) <u>Vergleich:</u>
Für $op \in \{=, <, \leq, >, \geq\}$ gilt:

$$\phi_1 \; op \; \phi_2 \;:\!\Longleftrightarrow\; \forall\, i \in [1,n]: a_{i_1} \; op \; a_{i_2}$$

Additions- und Vergleichsoperatoren werden also auf die komponentenweise definierten Operatoren auf nichtnegativen ganzen Zahlen zurückgeführt. Man beachte aber, daß die Menge aller formalen Summen Φ_D *keine Totalordnung* ist! Es kann formale Summen ϕ_1 und ϕ_2 geben, die in *keiner* der aufgeführten Vergleichsprädikate stehen. Wir bezeichnen ϕ_1 und ϕ_2 in diesem Fall als <u>unvergleichbar</u>.

(7) Subtraktion:

$$\phi_1 - \phi_2 \;:=\; \begin{cases} \sum_{i=1}^{n} (a_{i_1} - a_{i_2})\, d_i & \text{, falls } \phi_1 \ge \phi_2 \\ \text{undefiniert} & \text{, sonst} \end{cases}$$

(8) Skalar-Multiplikation:

$$\forall\, k \in I\!N: \quad k\,\phi \;:=\; \sum_{i=1}^{n} (k\, a_i)\, d_i$$

BEISPIEL 1.7

Sei $D = \{d_1, d_2, d_3, d_4\}$. Gegeben seien folgende formale Summen über D:

$$\phi_1 = 2d_1 + 3d_3 + 4d_4$$
$$\phi_2 = d_1 + 5d_3$$
$$\phi_3 = 2d_3 + 3d_4$$

Diese lassen sich als Vektoren wie folgt darstellen:

$$\phi_1 = (2,0,3,4), \quad \phi_2 = (1,0,5,0), \quad \phi_3 = (0,0,2,3),$$

wobei die i-te Komponente jeweils die Anzahl der Vorkommen von $d_i \in D$ bezeichnet.

Dann gilt z.B.

- $|\phi_1| = 2+3+4 = 9$
- $\phi_1 + \phi_2 = 3d_1 + 8d_3 + 4d_4$
- ϕ_1 und ϕ_2 sind unvergleichbar. Insbesondere ist daher $\phi_1 - \phi_2$ undefiniert.
- $\phi_3 \le \phi_1$. Daher ist $\phi_3 - \phi_1$ definiert, und es gilt $\phi_3 - \phi_1 = 2d_1 + d_3 + d_4$
- $2\,\phi_2 = 2d_1 + 10d_3$

DEFINITION 1.8 : Formale Summen aus n-Tupeln über Konstanten bzw. Variablen

Bei der im nächsten Abschnitt folgenden Definition der Prädikat/Transitions-Netze werden formale Summen auf der Basismenge der n-Tupel mit Konstanten aus einer Individuenmenge D bzw. Variablen über D als Tupelkomponenten bennötigt. Diese Basismengen sind für ein $n \in I\!N_o$:

- Menge aller n-Tupeln aus Konstanten:
$$D^n = \{\, \langle x_1, x_2, ..., x_n \rangle \mid x_i \in D \,;\, i \in [1,n]\,\}$$
- Menge aller n-Tupeln aus Variablen:
$$V^n = \{\, \langle x_1, x_2, ..., x_n \rangle \mid x_i \in V \,;\, i \in [1,n]\,\}$$

Damit werden folgende Mengen von Multimengen konstruiert:

Φ_{D^n} Menge aller Multimengen aus n-Tupeln mit konstanten Komponenten, wobei die Stelligkeit jeder solchen Multimenge genau n ist, d.h.

$$\forall x \in \Phi_{D^n} : \; arity\,(x) := n$$

$\Phi_{D^\infty} := \bigcup_{n \in I\!N_o} \Phi_{D^n}$ Menge aller Multimengen aus Tupeln beliebiger (endlicher) Stelligkeit mit konstanten Komponenten,

Φ_{V^n} Menge aller Multimengen aus n-Tupeln mit variablen Komponenten, wobei die Stelligkeit jeder solchen Multimenge genau n ist, d.h.

$$\forall x \in \Phi_{V^n} : \; arity\,(x) := n$$

$\Phi_{V^\infty} := \bigcup_{n \in I\!N_o} \Phi_{V^n}$ Menge aller Multimengen aus Tupeln beliebiger (endlicher) Stelligkeit mit variablen Komponenten.

DEFINITION 1.9 : Auswertung von Prädikaten auf formalen Summen aus n-Tupeln

Bei der im nächsten Abschnitt folgenden Definition der Prädikat/Transitions-Netze hängt die Konsistenz eines solchen Netzes u.a. davon ab, ob gewisse formale Summen aus n-Tupeln ein gegebenes Prädikat erfüllen. Dazu wird im folgenden die in Def. 1.4-(2b) gegebene Auswertungsregel für die Interpretation eines n-stelligen Prädikats über n Termen *verallgemeinert* auf die Auswertung dieses Prädikats über einer formalen Summe, deren Elemente n-Tupeln sind.

Sei

- L prädikatenlogische Sprache erster Ordnung nach Def. 1.1 und $P \in \Pi^{(n)}$ ein n-stelliges Prädikatsymbol in L ;

- $\Re = \langle D, \text{Funktionen–Menge}, \text{Relationen–Menge} \rangle$ eine Struktur nach Def. 1.2, sodaß die Interpretation $I_\Re$ Formeln in L mit Hilfe dieser Struktur gemäß Def. 1.4 auswertet.

- $\Phi = \sum\limits_{i=1}^{k} a_i \, tupel_i$ eine nichtleere formale Summe über der Menge aller n-Tupel über D, d.h.

     -- $k \in I\!N,\, a_i \in I\!N,\, tupel_i \in D^n$

     -- $\Phi \in \Phi_{D^n}$ nach Def. 1.8.

Dann definieren wir

$$I_\Re\,(P\,(\Phi)) := I_\Re\,(P\,(tupel_1)) \wedge \cdots \wedge I_\Re\,(P\,(tupel_k))$$

Damit wird die Auswertung eines n-stelligen Prädikats über einer formalen Summe aus n-Tupeln zurückgeführt auf die Auswertung des Prädikats auf *jedes* n-Tupel der formalen Summe. Diese Einzelauswertung erfolgt dann gemäß Def. 1.4-(2b).

10.2 Prädikat/Transitions-Netz

Nachdem im vorigen Abschnitt alle prädikatenlogischen und mengentheoretischen Grundlagen festgelegt wurden, folgt nun deren Anwendung zur Attributierung "niederer" Petri-Netze, die zu einer Klasse "höherer" Netze - den Prädikat/Transitions-Netzen - führt.

DEFINITION 2.1 : Prädikat/Transitions-Netz (predicate/transition net)

Ein Prädikat/Transitions–Netz (PRT-Netz) ist ein 4-Tupel $\Sigma := \langle N, A, K, M_o \rangle$ mit

(1) $N = (S, T; F)$ ist ein Petri-Netz:

- S   Menge der Stellen ,

- T   Menge der Transitionen , wobei $S \cap T = \varnothing$, $S \cup T \neq \varnothing$

- F   Flußrelation (Menge der gerichteten Kanten) mit

$$F \subseteq (S \times T) \cup (T \times S) \text{ , sodaß}$$

$$\text{domain(F)} \cup \text{range(F)} = S \cup T, \text{ wobei}$$

$$\text{domain(F)} := \{ \text{ x } | \exists y: (x,y) \in F\},$$

$$\text{range(F)} := \{ \text{ x } | \exists y: (y,x) \in F\}$$

(2) $A = \langle A_S, A_T, A_F \rangle$ ist die Beschriftung des Netzes N. Dabei werden prädikatenlogische Formeln der Sprache L (Def. 1.1), sowie formale Summen über n-Tupeln aus Konstanten und Variablen in L benutzt :

$A_S : S \to \Pi_{stat}$
Stellenbeschriftung: bijektive Abbildung von Stellen $s \in S$ auf Stellen–Prädikate $A_S(s)$ einer gewissen Stelligkeit $arity(A_S(s))$, s. Def. 1.2. Ein Stellen-Prädikat charakterisiert die Menge aller Objekte ("Marken"), die in allen möglichen *Markierungen* (s. Def. 2.2) auf der betreffenden Stelle vorkommen können.

$A_F : F \to \Phi_{V^\infty}$
Kantenbeschriftung: Jede Kante $(s,t) \in F$ bzw. $(t,s) \in F$ weist als Beschriftung eine formale Summe über n-Tupeln aus Variablen für ein gewisses $n \in I\!N_o$ (s. Def. 1.8) auf. Es gilt folgende *Konsistenzbedingung* (K1):

Alle Tupeln als Teil der Kantenbeschriftung von $(s,t) \in F$ (bzw. von $(t,s) \in F$), für $s \in S$, $t \in T$, haben alle dieselbe Stelligkeit $x_s = arity(A_S(s))$, d.h. diese Stelligkeit ist identisch mit der Stelligkeit des Stellen-Prädikats $A_S(s)$. Damit haben auch alle Tupel in allen Inschriften von Kanten, die in der unmittelbaren Umgebung einer Stelle s liegen, dieselbe Stelligkeit. Formal bedeutet dies:

$$\forall s \in S, \forall t \in T: f \in F \text{ für } f = (s,t) \text{ oder } f = (t,s) \implies$$

$$arity(A_F(f)) = arity(A_S(s)) \tag{K1}$$

$A_T : T \to SAT_L$

Transitionsbeschriftung: Jede Transition kann (optional) als Beschriftung eine erfüllbare Formel (Def. 1.5) aufweisen. Jede solche Formel $A_T(t)$ für eine Transition $t \in T$ operiert auf individuellen strukturierten Marken, die bei einer *Aktivierung* der Transition (Def. 2.3 bis 2.5) ausgewählt werden. Dabei wird u.a. die betreffende Formel *ausgewertet* (Def. 1.4). Auswertung und Markenauswahl hängen dabei ab von

- der *Markierung* von Stellen $s \in S$, die in der t-Umgebung liegen, d.h. für die eine Kante $(s,t) \in F$ bzw. $(t,s) \in F$ existiert;

- den zugehörigen Beschriftungen aller t-Umgebungskanten $A_F(s,t)$ bzw. $A_F(t,s)$.

Für die Menge der freien Variablen einer Transitions-Formel $A_T(t)$ gilt folgende *Konsistenzbedingung* (K2):

Sei

$$in\_var(t) := \bigcup_{(s,t) \in F} var(A_F(s,t))$$

$$out\_var(t) := \bigcup_{(t,s) \in F} var(A_F(t,s))$$

die Menge der t-Inputvariablen und der t-Outputvariablen; diese ergeben vereinigt alle *t-Umgebungsvariablen*:

$$var(t) := in\_var(t) \cup out\_var(t)$$

Dann muß die Menge der freien Variablen $free\_var(A_T(t))$ einer Transitions-Formel $A_T(t)$ (Def. 1.3(2)) in der Menge aller t-Umgebungsvariablen enthalten sein. Ferner müssen alle Variablen, die t-Outputvariablen aber nicht t-Inputvariablen sind, als freie Variablen in der Transitions-Formel vorkommen. Formal bedeutet dies:

$$\forall t \in T: \quad out\_var(t) - in\_var(t) \subseteq free\_var(A_T(t)) \subseteq var(t) \qquad \text{(K2)}$$

(3) $\quad K : S \to I\!N \qquad$ Jeder Stelle $s \in S$ wird eine beschränkte <u>Kapazität</u> $K(s)$ zugeordnet. Diese gibt eine Obergrenze für die Markenanzahl auf s in allen möglichen *Markierungen* (Def. 2.2).

(4) $\quad M_o : S \to \Phi_{D^\infty} \qquad$ Jeder Stelle $s \in S$ wird eine <u>Anfangs-Markierung</u> $M_o(s)$ zugeordnet. Diese besteht aus einer (evtl. leeren) formalen Summe über n-Tupeln (hier *individuelle, strukturierte Marken* genannt) aus Individuen in D. Hierbei muß folgende *Konsistenzbedingung* (K3) gelten, die die Menge aller *syntaktisch zulässigen Anfangsmarkierungen* festlegt:

Die Stelligkeit aller Tupel aus einer Anfangs-Markierung $M_o(s)$ einer Stelle $s \in S$ ist identisch mit der Stelligkeit des zugehörigen Stellen-Prädikats $A_S(s)$. Ferner darf die Anzahl der Marken auf s, $|M_o(s)|$, nicht größer als die Stellen-Kapazität $K(s)$ sein. Formal bedeutet dies:

184

$$\forall\, s \in S \;\; \exists\, x \in I\!N_o : M_o(s) \in \Phi_{D^x} \;\wedge\; arity(A_S(s)) = x \;\wedge$$

$$|M_o(s)| \le K(s) \tag{K3}$$

Durch die obige Definition eines PRT-Netzes Σ wurde festgelegt, wie durch *Attribuierung* eines Petri-Netzes (Beschriftung und Anfangs-Markierung) syntaktisch sinnvolle PRT-Netze konstruiert werden können. Dies reicht aber i.d.R. für eine dynamische Analyse von PRT-Netzen nicht aus: Falls ein PRT-Netz Σ Transitions-Formeln mit Funktions- oder Prädikat-Symbolen aus der prädikatenlogischen Sprache L enthält, muß diesen Symbolen noch eine *konkrete Semantik* zugeordnet werden, damit diese Formeln ausgewertet werden können (Def. 1.4). Diese Zuordnung geschieht durch Definition einer geeigneten *Struktur* $\mathfrak{R}$ und führt auf folgende *erweiterte Definition*:

Ein <u>interpretiertes Prädikat/Transitions-Netz</u> ist ein 2-Tupel $\Sigma_{\mathfrak{R}} := \langle \Sigma, \mathfrak{R} \rangle$, wobei

- Σ ist ein Prädikat/Transitions-Netz;

- $\mathfrak{R} = \langle D, \text{Funktionen–Menge}, \text{Relationen–Menge} \rangle$
  ist eine statische Struktur (Def. 1.2), sodaß

  -- Interpretationsbereich D ist endlich und identisch mit der Konstantenmenge, aus der n-Tupeln der Anfangs-Markierung des Netzes Σ gebildet werden;

  -- $\mathfrak{R}$ ist eine Interpretation der in einem PRT-Netz Σ vorkommenden Ausdrücke der prädikatenlogischen Sprache L: Jedem Funktions-Symbol einer Transitions-Formel bzw. jedem Prädikat-Symbol einer Transitions-Formel und eines Stellenprädikats des Netzes Σ wird dabei eine konkrete Funktion bzw. eine konkrete Relation in $\mathfrak{R}$ zugeordnet.

  Den Stellen-Prädikaten werden *spezielle Relationen* zugeordnet: Jedem m-stelligen Stellen-Prädikat $A_S(s) \in \Pi^{(m)}$ einer Stelle $s \in S$ wird eine m-stellige Relation über dem Cartesischen Produkt

  $$D_1 \times D_2 \times \ldots \times D_m \text{ mit } D_i \subseteq D \text{ für } i \in [1,m]$$

  zugeordnet.

Da durch die Interpretation nun konkrete Stellen-Prädikate feststehen, kann nun eine weitere *Konsistenzbedingung* (K4) formuliert werden, die die Menge der *semantisch zulässigen* Anfangsmarkierungen mit Hilfe der konkreten Stellen-Prädikate festlegt. Hierzu wird die Auswertungsfunktion von Prädikaten auf formalen Summen aus m-Tupeln (Def. 1.9) benutzt:

Sei M_o eine syntaktisch zulässige Anfangsmarkierung gemäß (4) eines interpretierten PRT-Netzes $\Sigma_{\mathfrak{R}}$, dann muß gelten

$$\forall\, s \in S : I_{\mathfrak{R}}(A_S(s)(M_o(s))) = true \tag{K4}$$

Im folgenden gehen wir stets von interpretierten PRT-Netzen aus.

BEMERKUNG 2.1

Alle Konsistenzbedingungen (K1) bis (K4) lassen sich bereits zur 'Übersetzungszeit' nachprüfen, d.h. aus der Netzspezifikation zusammen mit einer Interpretation.

Für nichttriviale Anwendungen der PRT-Netze ist eine *Verfeinerung* des Individuenbereichs D in
$k \geq 2$ $\underline{\text{Sorten}}\ D_1, D_2, \ldots, D_k$ erforderlich, wobei

$$D := \bigcup_{i=1}^{k} D_i .$$

Diese Verfeinerung entspricht der Partitionierung von D durch die Menge aller speziellen Relationen für Stellen-Prädikate (s.o.).

Mehrstellige Funktionen und Prädikate können auf einem Cartesischen Produkt aus unterschiedlichen Sorten definiert sein.

Unsere PRT-Netzdefinition weicht von der bekannten Genrich'schen Definition [GEN86a] in mehreren Punkten ab. Unsere PRT-Netze schränken die PRT-Netze nach Genrich durch folgende Vereinbarungen ein, um damit eine für die *Praxis geeignetere Netzsprache* zu gewinnen:

- Endlicher Individuenbereich. Auch wegen der Endlichkeit aller Stellen-Kapazitäten eines PRT-Netzes bleibt die Menge der von der Anfangsmarkierung aus erreichbaren Markierungen des Netzes (die Erreichbarkeits-Menge, s. Kap. 10.3) stets endlich. Dadurch wird eine *rechnergestützte Erreichbarkeits-Analyse* auf PRT-Netzen erst sinnvoll möglich, da die zugehörigen Algorithmen stets terminieren.

- Keine variablen Kantenbeschriftungen, d.h. bei uns haben alle formalen Summen an Kanten konstante Kardinalität, während diese bei Genrich markierungs-abhängig variieren kann.

- Keine beliebigen Terme als Komponenten von Tupeln in formalen Summen als Kantenbeschriftungen, sondern nur Variablen als Komponenten.
  Durch beliebige Terme aus Variablen, Individuen und Funktionen würden zusätzliche Schaltvor- bzw. Schaltnachbedingungen für Transitionen spezifiziert, die äquivalent innerhalb einer Transitions-Inschrift und ausschließlich durch Variablen als Komponenten formuliert werden können (s. Abb. 10.9-1, Beispiele a und b).

- Transitions-Inschriften können anstatt mit der Sprache L auch äquivalent in Schaltvorbedingung (*if*-Teil oder "Guard", s. Kapitel 2.2.4) und Schaltnachbedingung (*do*-Teil) unterteilt werden. Damit vermeiden wir eine unnötige Redundanz in der Netzdefinition. Ein Beispiel einer äquivalenten Umformung ist Abb. 10.9-1,a und b demonstriert.

- Keine prinzipiell unerfüllbaren Formeln in Transitions-Inschriften, da diese a priori zu toten Transitionen und damit zu Entwurfsfehlern führen.

Unsere PRT-Netze erweitern die PRT-Netze nach Genrich durch folgende Vereinbarung:
- Nebenbedingungen sind zulässig, d.h. es kann eine Transition $t \in T$ und eine Stelle $s \in S$ geben mit $(s,t) \in F$ und $(t,s) \in F$, wobei auch $A_F(s,t) = A_F(t,s)$. Unsere PRT-Netze sind also nicht notwendig 'rein' (pure).

BEISPIEL 2.1

Im Beispiel Abb. 10.9-2,a ist folgendes Petri-Netz dargestellt: $S = \{s_1, s_2, s_3\}$; $T = \{t\}$; $F = \{(s_1, t), (s_2, t), (t, s_3)\}$.

Aus diesem Netz wird durch "Beschriftung" das in Abb. 10.9-2,b gezeigte Prädikat/Transitions-Netz. Den Prädikaten soll dabei folgende Semantik zukommen:

$P_1(a, x)$ Auftrag ('job') a wartet auf Ausführung auf Rechner x,

$P_2(x)$ Rechner x ist verfügbar,

$P_3(y)$ Auftrag y wurde ausgeführt.

Transition t soll dann Aufträge auf verfügbaren Rechnern ausführen. Die zugehörige Transitions-Inschrift

$$A_T(t) = {}^\prime x_1 = x_2 \wedge y = a^\prime$$

kann auch entsprechend dem Beispiel Abb. 10.9-1 äquivalent umgeformt werden zu

$$\text{if } x_1 = x_2 \ do \ y := a$$

Der Individuenbereich dieses Netzes ist $D = \{1, 2, 3, 4\} \cup \{job_1, job_2, job_3\}$; Funktionen-Menge ist leer; Relationen-Menge bezieht sich auf die drei obigen Stellenprädikate.

Das Beispiel Abb.10.9-3 zeigt ein *inkonsistentes* Prädikat/Transitions-Netz. Ausgehend von der Interpretation $\Re = \langle\{1,2,3\}, \{\oplus, \ominus\}, \varnothing\rangle$, wobei $\oplus, \ominus$ die modulo-3-Addition bzw. Substraktion sind, werden alle oben definierten Konsistenzregeln (K1) bis (K3) verletzt:

(K1)   Es gilt *arity* $(A_S(s_1)) = 2$, aber $\langle z \rangle = A_F(s_1, t_2)$ ist kein Element von Φ_{V^2}.

(K2)

-   Variable z wird in der Inschrift von Transition t_1 benutzt, taucht aber nicht in der Umgebung dieser Transition auf:
  $z \in$ *free_var* $(A_T(t_1))$,   aber $z \notin$ *var* (t_1).   Daher   gilt   nicht *free_var* $(A_T(t_1)) \subseteq$ *var* (t_1) .

-   Variable c kommt in der Inschrift der Kante von Transition t_3 zu s_2 vor, ihr wird aber in der Inschrift dieser Transition kein Wert zugeordnet:
  out_var $(t_3) -$ *in_var* $(t_3) = \{c\}$ und *free_var* $(t_3) = \{a, b\}$, aber $\{c\}$ ist keine Teilmenge von $\{a, b\}$.

(K3)

-   Es gilt *arity* $(A_S(s_2)) = 2$, aber $M_o(s_2)$ ist kein Element von Φ_{D^2}, da $\langle 3 \rangle$ und $\langle 1,4 \rangle$ nicht in D^2 liegen. (Letzteres gilt nicht, da $4 \notin D$.)

-   $|M_o(s_2)| \leq K(s_2)$ ist nicht erfüllt, da $|M_o| = 10$ und $K(s_2) = 9$.

In Abb. 10.9-5 ist ein Prädikat/Transitions-Netz dargestellt:

- $S = \{s_1, s_2\}$

- $T = \{t_1, t_2, t_3, t_4\}$

- $F = \{(s_1, t_1), (s_1, t_2), (s_1, t_4), (t_1, s_2), (t_2, s_2), (t_4, s_2), (s_2, t_3), (t_3, s_1)\}$

- $A_S(s_1) = P_1(x)$, $A_S(s_2) = P_2(x)$.
  Dabei sind P_1, P_2 hier nicht näher spezifizierte Stellenprädikate.

- $A_T(t_1) = $ "if x=0" , ...

- $A_F(s_1, t_1) = \langle x \rangle$, ...

- $K(s_1) = 2$, $K(s_2) = 1$

- $M_o(s_1) = \langle 0 \rangle$, $M_o(s_2) = \langle 1 \rangle$

Zu diesem Netz gehört folgende Interpretation:

- Individuenbereich D ist $\{0, 1, 2\}$

- Funktionen-Menge = $\{\oplus: \text{modulo-2-Addition}\}$

- Relationen-Menge = $\{\leq, P_1, P_2\}$

DEFINITION 2.2 : Markierung (marking)

$$M : S \rightarrow \Phi_{D^\infty} \quad \text{ist } \underline{\text{Markierung}} \text{ von } \Sigma :\Longleftrightarrow$$

$$\forall s \in S \, \exists x \in I\!N_o : \quad M(s) \in \Phi_{D^x} \ \wedge \ arity(A_S(s)) = x \ \wedge \ |M(s)| \leq K(s)$$

$$\wedge \ I_{\mathfrak{R}}(A_S(s)(M(s))) = true$$

Schreibweise: $\qquad\qquad m_\Sigma \quad$ Menge aller möglichen Markierungen von Σ .

DEFINITION 2.3 : Ausführbare Substitution der Umgebungsvariablen einer Transition

Die in Def. 1.3 gegebene allgemeine Definition einer Variablen-Substitution auf Ausdrücken (d.h. Termen oder Formeln) wird nun angewendet auf eine Transition t, um deren *Aktivierbarkeit* (s.u.) zu überprüfen.

Dazu sind zunächst alle Variablen in der Umgebung von t durch "sinnvolle" Konstanten zu substituieren. Eine Substitution, angewandt auf eine prädikatenlogische Formel (s. Def 1.1), wird dann als "sinnvoll" bzw. *ausführbar* (feasible) bezeichnet, wenn die Formel nach der Substitution zu *wahr* ausgewertet wird (s. Def. 1.4).

Sei $t \in T$, sei $\alpha = \{x_1 \leftarrow d_1, \dots, x_n \leftarrow d_n\}$ eine Substitution der t-Umgebungsvariablen (s. Def. 2.1)

$var(t) = \{x_1, x_2, \dots, x_n\}$ durch Individuen $d_1, d_2, \dots, d_n \in D$.

α heißt <u>ausführbar</u> für Transition t :

$$feasible\,(\,\alpha\,,t\,)\ \ :\!\Longleftrightarrow\ I_{\Re}\,(A_T(t):\alpha) = true$$

$$FEASIBLE\,(\,t\,) := \{\,\alpha \mid feasible\,(\,\alpha,t\,)\,\}$$

Falls eine Transitionsinschrift $A_T\,(t)$ für t nicht definiert ist, dann ist das Prädikat $feasible\,(\alpha,t)$ für beliebige Substitutionen α wahr.

BEISPIEL 2.3

Im Prädikat/Transitions-Netz von Beispiel b in Abb. 10.9-2 ist jede der 12 Substitutionen

$$\alpha_{ij} \ = \ 'x_1\!=\!i, x_2\!=\!i, y\!=\!job_j, a\!=\!job_j{'}\ \text{mit}\ \ i \in [1,4]\ \text{und}\ \ j \in [1,3]$$

ausführbar für Transition t, und nur diese.

DEFINITION 2.4 : Aktivierbarkeit (enabledness) einer Transition in einer Markierung

$t \in T$ heißt <u>aktivierbar</u> (enabled) in Markierung $M \in m_\Sigma$, falls eine ausführbare Substitution α existiert, sodaß

(1)   geeignete Marken in den Markierungen aller t-Inputstellen vorhanden sind, und

(2)   das Schalten der Transition nicht die Kapazität irgendeiner t-Outputstelle überschreiten würde, sowie die Stellenprädikate aller t-Outputstellen gewahrt werden:

$$in\_enabled\,(M\,,t:\alpha)\ \ :\!\Longleftrightarrow\ \alpha \in FEASIBLE\,(\,t\,) \ne \varnothing\ \ \wedge$$

$$\forall\,s \in S:\ A_F\,(\,s\,,t\,):\alpha \le M\,(\,s\,)$$

$$out\_enabled\,(M\,,t:\alpha)\ \ :\!\Longleftrightarrow$$

$$\forall\,s \in S:\ \mid M\,(\,s\,)\mid -\mid A_F\,(\,s\,,t\,)\mid +\mid A_F\,(\,t\,,s\,)\mid\ \le\ K\,(\,s\,)$$

$$\wedge\,I_{\Re}\,(A_S(\,s\,)\,(A_F(\,t\,,s\,):\alpha)) = true$$

$$enabled\,(M\,,t:\alpha)\ \ \ :\!\Longleftrightarrow\ in\_enabled\,(M\,,t:\alpha)\ \wedge\ out\_enabled\,(M\,,t:\alpha)$$

BEMERKUNG 2.4

In der Definition für *in_enabled* sind die Operanden der Vergleichs-Operation "$\leq$" formale Summen mit ausschließlich konstanten Termen (s. Def. 1.7).

Hingegen werden im ersten Teil der Definition für *out_enabled* Kardinalitäten von formalen Summen aus individuellen Marken verglichen. Da die jeweilige Anzahl *unabhängig* von der Substitution α ist, braucht der erste Teil des Prädikats *out_enabled* für eine Markierung M und eine Transition t nur einmal überprüft zu werden, auch wenn t für mehrere Substitutionen in M *in_enabled* ist. Dabei wurde folgende, in PT-Netzen übliche Konvention für nicht-existente Kanten (s,t) (und entsprechend auch für nicht-existente Kanten (t,s)) übernommen:

$$\forall (s,t) \notin F : \; | A_F (s,t) | := 0$$

BEISPIEL 2.4

Im Prädikat/Transitions-Netz von Beispiel b in Abb. 10.9-2 ist in der Anfangsmarkierung M_o Transition t für Substitution α_{13} *in_enabled*;
$\alpha_{13} = \;'x_1{=}1, x_2{=}1, y{=}job_3, a{=}job_3\;'$ nach Beispiel 2.3.
Dies gilt, weil $\langle a, x_1 \rangle : \alpha_{13} = \langle job_3, 1 \rangle \; \leq \; M_o (s_1)$ und $\langle x_2 \rangle : \alpha_{13} = \langle 1 \rangle \; \leq \; M_o (s_2)$.

Hingegen ist t für α_{42} nicht *in_enabled*, da $\langle a, x_1 \rangle : \alpha_{42} = \langle job_2, 4 \rangle$ und $M_o (s_2)$ nach *Def.* 1.7 nicht vergleichbar sind.

Im Netz von Beispiel Abb. 10.9-5 gilt:

-     *in_enabled*$(M_o, t_1 : x{=}0)$, aber nicht *out_enabled*(M_o, t_1).
-     $\neg$ *in_enabled*$(M_o, t_2 : \alpha_2) \;\wedge\; \neg$ *out_enabled*(M_o, t_2) für beliebige Substitutionen α_2.
-     *enabled*$(M_o, t_3 : \alpha_3)$ für $\alpha_3 = \;'x{=}1, y{=}0'$. Es gilt
$$M_o \to_{(t_3 : \alpha_3)} M_1 \text{ für } M_1 = (2\langle 0 \rangle, \varepsilon).$$

Dabei steht ε für die leere Belegung der Stelle s_1.

DEFINITION 2.5 : Schaltregel (firing rule) einer Transition

Es gelte *enabled* $(M, t : \alpha)$ für eine Transition $t \in T$ in Markierung $M \in m_\Sigma$ mit Substitution α.

Dann kann t <u>α-schalten</u> mit Folgemarkierung $M' \in m_\Sigma$, wobei

$$\forall s \in S : M'(s) := M(s) - A_F (s,t):\alpha + A_F (t,s):\alpha$$

Schreibweise: $\qquad M \to_{t:\alpha} M'$.

BEMERKUNG 2.5

Diese Schaltdefinition ist eine Multimengen-Operation auf formalen Summen.
Es ist folgendes zu beachten: Ist keine Kante von s nach t (bzw. von t nach s) vorhanden, so ist $A_F(s,t)$ (bzw. $A_F(t,s)$) die leere formale Summe "ε" (s. Def. 1.7).

Wo es eindeutig oder die Unterscheidung in verschiedene Substitutionen nicht nötig ist, wird im folgenden vereinfachend $\rightarrow_t$ statt $\rightarrow_{t\,:\,\alpha}$ geschrieben.

DEFINITION 2.6 : Schaltfolge (firing sequence)

Sei $w \in T^*$ (freies Monoid über T).

w heißt <u>Schaltfolge</u> der <u>Länge</u> $|w| = k$ für M , $M' \in m_\Sigma$, $k \in I\!N$

$$
:\!\Longleftrightarrow \quad
\begin{cases}
w = \lambda \ \text{(leeres Wort)} & \Longrightarrow \ M \rightarrow_w M' = M \\[2mm]
w = t_{i_1} t_{i_2} \cdots t_{i_k} & \Longrightarrow \ \exists M_1, M_2, \ldots, M_k \in m_\Sigma : \\[2mm]
& \qquad M \rightarrow_{t_{i_1}} M_1 \rightarrow_{t_{i_2}} \cdots \rightarrow_{t_{i_k}} M_k = M'
\end{cases}
$$

Schreibweisen : $M \Rightarrow_w M'$ (M' ist von M aus <u>erreichbar</u>) ;

$\qquad\qquad\qquad\quad\ M \Rightarrow_w M$ (w ist <u>zyklisch</u> in M, wobei $|w| > 0$)

$\qquad\qquad\qquad\quad\ t < w \ :\!\Longleftrightarrow\ \exists\ w', w'' \in T^* : \ .w = w' t w''$
$\qquad\qquad\qquad\qquad\qquad\qquad\qquad$ (t ist in w <u>enthalten</u>).

BEISPIEL 2.6

In dem Netz Abb. 10.9-5 ist die Schaltfolge $t_3 t_1 t_3 t_2$ zyklisch in M_o wegen
$\qquad M_o \rightarrow_{t_3} M_1 \rightarrow_{t_1} M_2 \rightarrow_{t_3} M_3 \rightarrow_{t_2} M_o$ $\qquad\qquad$ für
$\qquad M_1 = (2\langle 0\rangle, \varepsilon), \ M_2 = (\langle 0\rangle, \langle 0\rangle), \ M_3 = (\langle 0\rangle + \langle 1\rangle, \varepsilon).$

Die Markierungen M_o, M_1 *und* M_2 sind von M_3 aus erreichbar.

DEFINITION 2.7 : Nebenläufiges Schalten von Transitionen in Schritten (steps)

Das in Def. 2.4 und 2.5 definierte sequentielle Schaltverhalten *einzelner Transitionen* kann auf das nebenläufige Schaltverhalten von *Transitions-Multimengen* verallgemeinert werden. Dies wird beschrieben durch einen *Schritt*:

> Ein Schritt f beschreibt einen *Mehrfach-Schaltvorgang*. Der Schritt insgesamt besteht aus einem *Schaltvektor*, dessen einzelne Komponenten von der Form $f(t, \alpha)$ sind. Das bedeutet, daß in einer Markierung $M \in m_\Sigma$ jedes $t \in T$ mit einer ausführbaren Substitution α genau $f(t, \alpha)$ mal nebenläufig 'zu sich selbst' schaltet. Bei der Aktivierung von f werden *alle* Komponenten darin 'gleichzeitig' aktiviert.

Nebenläufiges Schaltverhalten von Prädikat/Transitions-Netzen wird nun formal in drei Teilen definiert. Zunächst wird eine Definition eines zulässigen Schrittes gegeben. Diese wird zur Definition der Aktivierbarkeit von Schritten und schließlich zur Definition einer Schritt-Schaltregel herangezogen.

(1)   Schritt

Sei $M \in m_\Sigma$, $t \in T$, $\alpha := \bigcup_{t \in T} FEASIBLE(t)$.

Dabei ist α ist die Menge aller ausführbaren Substitutionen für alle Transitionen des Netzes Σ (vergl. Def. 2.3)

Eine Funktion

$$f : T \times \alpha \to I\!N_o$$

heißt Schritt , wobei

$$f(t, \alpha) := \begin{cases} \text{Anzahl nebenläufiger Aktivierungen} \\ \text{von } t \in T \text{ mit Substitution } \alpha & \text{, falls } \alpha \in FEASIBLE(t) \\ \quad\quad 0 & \text{, sonst} \end{cases}$$

Nach der Multimengen-Definition 1.6 und 1.7(1) kann jeder Schritt f als Element der Menge aller *formalen Summen* über T und α angesehen werden. Diese Menge ist $\Phi_{T \times \alpha}$:

$$\Phi_{T \times \alpha} := \{ \Sigma f(t, \alpha) \cdot t{:}\alpha \mid f(t, \alpha) \in I\!N_o \wedge t \in T \wedge \alpha \in FEASIBLE(t) \}$$

(2)   Aktivierbarkeit von Schritten
Die Aktivierbarkeit eines Schrittes f wird im Gegensatz zur Aktivierbarkeit einzelner Transitionen t mit zugehöriger Substitution α für *alle* Transitionen t und *alle* Substitutionen α betrachtet und anschließend mit der 'Schalthäufigkeit' $f(t, \alpha) \in I\!N_o$ gewichtet.

Sei $f \in \Phi_{T \times \alpha}$ ein Schritt, sei $M \in m_\Sigma$.

Wie üblich bezeichnen $\bullet x$ die Menge der F-Vorgänger von $x \in S \cup T$ und $x \bullet$ die Menge der F-Nachfolger von $x \in S \cup T$, d.h. für $s \in S$, $t \in T$:

$$\bullet t := \{s \in S \mid (s,t) \in F\} \qquad \text{t-Inputstellen}$$

$$t \bullet := \{s \in S \mid (t,s) \in F\} \qquad \text{t-Outputstellen}$$

$$\bullet s := \{t \in T \mid (t,s) \in F\} \qquad \text{s-Inputtransitionen}$$

$$s \bullet := \{t \in T \mid (s,t) \in F\} \qquad \text{s-Outputtransitionen}$$

Dann wird die Aktivierbarkeit *enabled* (M,f) eines Schritts f in der Markierung M wie folgt definiert:

$in\_enabled\,(M,f) \quad :\Longleftrightarrow$

$$\forall s \in S: \sum_{t \in s^\bullet} \sum_{\alpha \in FEASIBLE(t)} f(t,\alpha) \cdot A_F(s,t){:}\alpha \; \le \; M(s)$$

$out\_enabled\,(M,f) \quad :\Longleftrightarrow$

$$\forall s \in S: |M(s)| - \sum_{t \in s^\bullet} \sum_{\alpha \in FEASIBLE(t)} f(t,\alpha) \cdot |A_F(s,t)|$$

$$+ \sum_{t \in {}^\bullet s} \sum_{\alpha \in FEASIBLE(t)} f(t,\alpha) \cdot |A_F(t,s)| \; \le \; K(s)$$

$$\wedge \; I_{\mathfrak{R}}(A_S(s)\,(\sum_{t \in {}^\bullet s} \sum_{\alpha \in FEASIBLE(t)} f(t,\alpha) \cdot A_F(t,s){:}\alpha\,)) = \textit{true}$$

$enabled\,(M,f) \quad :\Longleftrightarrow \quad in\_enabled\,(M,f) \; \wedge \; out\_enabled\,(M,f)$

(3) Schritt-Schaltregel

Es gelte *enabled* (M,f) für Schritt f in Markierung M.

Dann kann f <u>schalten</u> mit Folgemarkierung M', wobei

$$\forall s \in S: M'(s) := M(s) - \sum_{t \in s^\bullet} \sum_{\alpha \in FEASIBLE(t)} f(t,\alpha) \cdot A_F(s,t){:}\alpha$$

$$+ \sum_{t \in {}^\bullet s} \sum_{\alpha \in FEASIBLE(t)} f(t,\alpha) \cdot A_F(t,s){:}\alpha$$

Schreibweise : $\qquad M \to_f M' \; .$

BEMERKUNG 2.7

Schaltfolge kann leicht zu Schrittfolge verallgemeinert werden.

BEISPIEL 2.7

Für das Prädikat/Transitions-Netz in Beispiel Abb. 10.9-4 sei
$\Re = \langle D, f\text{--}Menge, R\text{--}Menge \rangle$ eine Interpretation mit $D = \{0, 1, 2, 3, 4\}$, $f\text{--}Menge = \varnothing$,
$R\text{--}Menge = \{\leq, \geq\}$.

Dann sind $\alpha_i := \text{'}x = i\text{'}$ mit $i \in [0, 4]$ alle möglichen Substitutionen der Variablen x.

Die ausführbaren Substitutionen für die Transitionen t_1, t_2, t_3 sind:
$$FEASIBLE(t_1) = \{\alpha_0, \alpha_1\}, \quad FEASIBLE(t_2) = \{\alpha_2, \alpha_3\}, \quad FEASIBLE(t_3) = \{\alpha_4\} .$$

In der Anfangsmarkierung M_o ist jedes Element der folgenden Menge ein aktivierbarer
Schritt:

$$\{x(t_1, \alpha_1) + y(t_2, \alpha_2) + z(t_3, \alpha_4) \mid x \in [0,2] \wedge y \in [0,3] \wedge z \in [0,5] \wedge x{+}y{+}z \in [1,7]\}$$

Daraus ergeben sich 61 in M_o aktivierbaren Schritte.

Für das Netz in Beispiel Abb. 10.9-6 gilt

-     $M_o \rightarrow_f M_3$ mit Schritt f $= t_1 + t_2$ und $M_o = (2,0,0)$, $M_3 = (0,1,1)$,
-     $M_o \rightarrow_g M_4$ mit Schritt g $= 2\,t_1$ und $M_4 = (0,2,0)$,
-     $M_o \rightarrow_h M_5$ mit Schritt h $= 2\,t_2$ und $M_5 = (0,0,2)$.

10.3 Erreichbarkeits-Graph

Nachdem in den vorausgehenden Abschnitten Prädikat/Transitions-Netze in den wesentlichen statischen und dynamischen Aspekten diskutiert worden sind, wird nun eine *vollständige Beschreibung* des dynamischen Netzverhaltens angestrebt, die auf die Definition des *Erreichbarkeits-Graphen* eines Netzes führt. Auf der Basis eines solchen Graphen werden später wichtige Systemeigenschaften definiert, die auch rechnergestützt verifiziert (bzw. falsifiziert) werden können.

DEFINITION 3.1 : Erreichbarkeits-Menge (reachability set, RS)

Die Erreichbarkeits-Menge RS eines Netzes Σ ist die Menge aller von der Anfangsmarkierung aus erreichbaren Markierungen (incl. dieser selbst):

$$RS_\Sigma := \{M \in m_\Sigma \mid \exists\, w \in T^* : M_o \Rightarrow_w M\} \ .$$

DEFINITION 3.2 : Erreichbarkeits-Graph (reachability graph, RG)

Der Schaltgraph eines Netzes Σ ist definiert durch das Tripel

$$RG_\Sigma := \langle V, E, M_o \rangle \ \text{mit:}$$

$$V = RS_\Sigma \ ;$$

$$E = \{(M, t:\alpha, M') \mid M, M' \in RS_\Sigma \wedge t \in T \wedge$$
$$\exists\, \alpha \in FEASIBLE\,(t) : M \rightarrow_{t:\alpha} M'\} \ ;$$

M_o ist Wurzel .

Der Schrittgraph eines Netzes Σ ist definiert durch das Tripel

$$SRG_\Sigma := \langle V, SE, M_o \rangle \ \text{mit:}$$

$$V = RS_\Sigma \ ;$$

$$SE = \{(M, f, M') \mid M, M' \in RS_\Sigma \wedge f \ Schritt \ mit \ f \neq \varepsilon \wedge M \rightarrow_f M'\} \ ;$$

M_o ist Wurzel .

BEMERKUNG 3.2

Falls für eine Transition t und Markierungen M, M' mehrere Substitutionen α_1, α_2, $\cdots$ existieren, die alle denselben Übergang $M \to_t M'$ bewirken, dann werden diese als <u>äquivalente Substitutionen</u> (im Sinne ihrer Wirkung auf das Schaltverhalten) angesehen. Aus diesem Grund wird im Schaltgraph jeweils nur ein solcher Übergang als Kante geführt.

Entsprechendes gilt für Kanten des Schrittgraphen.

BEISPIEL 3.2

Beispiel c von Abb. 10.9-2 zeigt den Schrittgraph des Prädikat/Transitions-Netzes.

Abb. 10.9-5,b zeigt den Schaltgraph des Prädikat/Transitions-Netzes. Dieser Graph ist zugleich ein Schrittgraph, da in dem Netz keine Transition nebenläufig zu anderen schalten kann.

Abb 10.9-6,b zeigt den Schalt- und Schrittgraph des Stellen/Transitions-Netzes.

In dem Prädikat/Transitions-Netz in Beispiel Abb. 10.9-10 kann Transition t mit den Substitutionen $\alpha_1 = $ 'a=1,b=2' und $\alpha_2 = $ 'a=2,b=1' schalten. Diese sind äquivalent, da sie zu *derselben* t-Folgemarkierung führen.

LEMMA 3.2

Für jeden Schritt sind alle 'kleineren', nichtleeren Schritte ebenfalls in der Kantenmenge des Schrittgraphen enhalten:

Sei $f_1, f_2 : T \to I\!N_o$; $M, M' \in RS_\Sigma$ und $(M, f_1, M') \in SE_\Sigma$.

Dann gilt:

$$\forall f_2 \text{ mit } f_2 < f_1 \text{ und } f_2 \neq \varepsilon : \exists M'' \in RS_\Sigma : (M, f_2, M'') \in SE \ ,$$

Dabei bedeutet "ε" die leere Multimenge; mit "<" werden Multimengen komponentenweise verglichen (vergl. Def. 1.7).

Beweis

Es genügt zu zeigen, daß ein beliebiger Schritt f_2 mit $f_2 < f_1$ in M nach Def. 2.7(2) *in_enabled* ist.

Wegen $f_2 < f_1$ gilt für alle Komponenten der formalen Summen f_1 und f_2, daß $f_1(t,\alpha) \leq f_2(t,\alpha)$. Daraus folgt sofort *in_enabled*(M,f_2) und *out_enabled*(M,f_2).

DEFINITION 3.3 : Vorgänger, Nachfolger (predecessor, successor)

<u>Vorgänger</u> und <u>Nachfolger</u> einer Markierung $M \in RS_\Sigma$ sind wie folgt definiert :

$$pred\,(M) := \{M' \in RS_\Sigma \mid \exists\, t \in T , \alpha \in FEASIBLE\,(t) : M' \rightarrow_{t:\alpha} M\} \ ;$$

$$succ\,(M) := \{M' \in RS_\Sigma \mid \exists\, t \in T , \alpha \in FEASIBLE\,(t) : M \rightarrow_{t:\alpha} M'\} \ ;$$

$$pred^*\,(M) := \{M' \in RS_\Sigma \mid M' \Rightarrow M\} \ ;$$

$$succ^*\,(M) := \{M' \in RS_\Sigma \mid M \Rightarrow M'\} \ ;$$

Ein Element aus $succ^*\,(M)$ wird auch *M-Folgemarkierung* genannt.

Die Menge der in einer Markierung <u>aktivierbaren Transitionen</u> ergibt sich aus:

$$en\_t\,(M) := \{t \in T \mid \exists\, \alpha \in FEASIBLE(t) : enabled\,(M,t:\alpha)\} \ ;$$

$$en\_t^*\,(M) := \{t \in T \mid \exists\, M' \in RS_\Sigma, \exists\, \alpha \in FEASIBLE(t) :$$

$$M \Rightarrow M' \wedge enabled\,(M',t:\alpha)\} \ .$$

BEISPIEL 3.3

In dem Netz in Beispiel Abb. 10.9-7,a mit Erreichbarkeits-Graph in Abb. 10.9-7,b gilt:

- $pred^*\,(M_3) = \{M_o, M_4, M_5, M_6\}$
- $en\_t^*\,(M_o) = T, \quad en\_t^*\,(M_3) = \{t_{tll1}, t_{tll2}\}$

10.4   Konflikte und Kontakte

In diesem Abschnitt werden zwei Eigenschaften betrachtet, die sich auf eingeschränkte Aktivierbarkeit von Transitionen beziehen.

DEFINITION 4.1 : Konflikt (conflict)

Ein <u>Konflikt</u> zwischen zwei Transitions-Multimengen ist eine Situation, bei der in einer gegebenen Markierung jede dieser Multimengen insgesamt 'nebenläufig zu sich selbst' aktiviert werden kann, aber nicht die Summe beider Multimengen. Die Multimengen müssen unterschiedlich sein und aus mindestens einer Transition bestehen, andernfalls wären alle aktivierbaren Transitions-Multimengen Konflikte:

Sei $M \in RS_\Sigma$; f_1, f_2 nichtleere Schritte, d.h. $f_1 \neq \varepsilon$, $f_2 \neq \varepsilon$.

$$conflict\,(f_1, f_2, M)\; :\Longleftrightarrow\; f_1 \cap f_2 = \varnothing \;\; (d.h.\, \forall t \in T\!: f_1(t) = 0 \vee f_2(t) = 0)$$

$$\wedge\; \exists M_1, M_2 \in RS_\Sigma\!:\; M \to_{f_1} M_1 \;\wedge\; M \to_{f_2} M_2$$

$$\wedge\; \neg \exists M_3 \in RS_\Sigma\!:\; M \to_{f_1 + f_2} M_3 \;.$$

Bemerkung: Hierbei ist "ε" die leere Multimenge; "+" bezeichnet die Addition von Multimengen (s. Def. 1.7).

LEMMA 4.1

(a)   Die Konflikt-Relation ist irreflexiv, symmetrisch und nicht transitiv, d.h. sie ist insbesondere *keine Halbordnung*.

Beweis

Daß Konflikte nicht reflexiv und symmetrisch sind, folgt unmittelbar aus der Definition.

Daß es nicht transitive Konflikte gibt, läßt sich durch ein einfaches Beispiel zeigen: Ändert man in Beispiel Abb. 10.9-8 die Anfangsmarkierung $M_o\,(s)$ zu $2\langle 1\rangle + 2\langle 2\rangle$, dann stehen in M_o jeweils $t_1\!:\!x=1, t_3\!:\!x=1,y=2$ und $t_2\!:\!x=2, t_3\!:\!x=1,y=2$ miteinander in Konflikt, nicht jedoch $t_1\!:\!x=1, t_2\!:\!x=2$.

(b)   In Analogie zum Lemma 3.2 gilt für zwei Schritte, die nicht miteinander im Konflikt stehen, daß auch alle darin enthaltenen, 'kleineren' Schritte dies auch nicht tun:

$$\neg\, conflict\,(f_1, f_2, M)\;\Longrightarrow$$

$$\forall f_1', f_2' \text{ mit } f_1' \leq f_1, f_2' \leq f_2\!:\; \neg\, conflict\,(f_1', f_2', M)\;.$$

Beweis

Aus $\neg\,conflict\,(f_1,f_2,M)$ folgt aus der Definition, daß der Schritt f_1+f_2 in M aktivierbar ist. Dann sind nach Lemma 3.2 auch alle kleineren Schritte $f_1{}'+f_2{}'$ mit $f_1{}'\leq f_1$, $f_2{}'\leq f_2$ in M aktivierbar, können in M also nicht miteinander im Konflikt stehen.

DEFINITION 4.2 : Konflikt-Klasse (conflict class)

Bei einem Netz mit einer großen Erreichbarkeits-Menge wird es oft viele Markierungen geben, in denen dieselben Schritte miteinander im Konflikt stehen. Die folgende Definition von Konflikt-Klassen gestattet es, von solchen Markierungen zu abstrahieren. Stehen zwei Schritte nur in einigen Markierungen miteinander in Konflikt, so sprechen wir von partiellen Konflikt-Klassen:

Seien f_1, f_2 Schritte.

$$full\text{-}conflict\text{-}class\,(f_1,f_2) \quad :\!\Longleftrightarrow \quad \exists\, M \in RS_\Sigma : conflict\,(f_1,f_2,M) \;\wedge$$
$$\forall\, M',M_1,M_2 \in RS_\Sigma :$$
$$M' \to_{f_1} M_1 \;\wedge\; M' \to_{f_2} M_2 \;\Longrightarrow$$
$$conflict\,(f_1,f_2,M')$$

$$partial\text{-}conflict\text{-}class\,(f_1,f_2) \quad :\!\Longleftrightarrow \quad \exists\, M \in RS_\Sigma : conflict\,(f_1,f_2,M) \;\wedge$$
$$\neg\,full\text{-}conflict\text{-}class\,(f_1,f_2)$$

BEISPIEL 4.2

Im Prädikat/Transitions-Netz in Beispiel Abb. 10.9-8,a mit Erreichbarkeits-Graph in Abb. 10.9-8,b gibt es genau folgende Konflikte:

- t_1 und t_3 stehen in M_o, M_2, M_3 und M_7 in Konflikt. Es gilt $full\text{-}conflict\text{-}class\,(t_1,t_3)$.

- t_2 und t_3 stehen in M_4 und M_6 in Konflikt. Es gilt $full\text{-}conflict\text{-}class\,(t_2,t_3)$.

Im Stellen/Transitions-Netz in Beispiel Abb. 10.9-6 stehen t_1 und t_2 in M_1 und in M_2 in Konflikt; es gilt $partial\text{-}conflict\text{-}class\,(t_1,t_2)$. Ferner existieren folgende Konflikte in M_o:

$2\,t_1, 2\,t_2$, als auch $2\,t_1, t_2$, sowie $t_1, 2\,t_2$.

DEFINITION 4.3 : Kontakt (contact)

In einem <u>Kontakt</u> wird eine Transition allein wegen der beschränkten Kapazität von mindestens einer Output-Stelle der Transition am Schalten gehindert. Ist in der gesamten
Erreichbarkeits-Menge eines Netzes keine Kontakt-Situation vorhanden, dann könnten
alle Kapazitäten zu 'unbeschränkt' gesetzt werden, ohne das dynamische Verhalten zu
ändern.

$Sei \ t \in T, M \in RS_\Sigma.$

$$contact(M,t) :\Longleftrightarrow \exists \, \alpha \in FEASIBLE(t):$$

$$in\_enabled(M,t:\alpha) \land \neg out\_enabled(M,t) .$$

Bemerkung: Schalt–Kontakt kann leicht zu Schritt–Kontakt verallgemeinert werden

BEISPIEL 4.3

Im Netz von Beispiel Abb. 10.9-5 gibt es genau folgende Kontakte:
$$(M_o, t_1), \ (M_2, t_1), \ (M_4, t_2), \ (M_4, t_6)$$

10.5   Starke Zusammenhangs-Komponenten

Die folgende graphen-theoretische Charakterisierung eines Erreichbarkeits-Graphen erfolgt mit dem Ziel, darauf effiziente Algorithmen zur Analyse dynamischer Eigenschaften eines PRT-Netzes (s. nächstes Kapitel) zu konstruieren.

DEFINITION 5.1 : Partitionierung eines RG in starke Zusammenhangs-Komponenten (SCC)

Sei $RS_\Sigma = \{M_1, M_2, \cdots, M_\rho\}$.

Die Relation SCC (strongly connected components):

$$\forall M, M' \in RS_\Sigma : M \; SCC \; M' \iff M \Rightarrow M' \wedge M' \Rightarrow M$$

ist eine Äquivalenzrelation. Daher existiert die Quotientenmenge $RS_{/SCC}$ mit $Rang \; \gamma, \gamma \in [1, \rho]$, d.h. diese enhält eine Verfeinerung der Relation SCC in γ Teilrelationen:

$$RS_{/SCC} = \{SCC_1, SCC_2, \cdots, SCC_\gamma\} \; .$$

$RS_{/SCC}$ ist eine Partitionierung von RS, d.h.

- $\forall SCC, SCC' \in RS_{/SCC} : SCC = SCC' \vee SCC \cap SCC' = \emptyset$

- $\displaystyle\bigcup_{i=1}^{\gamma} \{M \mid M \in SCC_i\} = RS$

DEFINITION 5.2 : SCC–Graph

Der SCC–Graph eines Netzes Σ ist der Graph aus starken Zusammenhangs-Komponenten:

$$SCC\text{–}RG := (SV, SE) \text{ mit:}$$

$$- \; SV = RS_{/SCC} = \{SCC_1, SCC_2, \cdots, SCC_\gamma\} \; ;$$

$$- \; SE = \{(SCC_i, SCC_j) \mid i, j \in [1, \gamma], i \neq j \; \wedge$$

$$\exists t \in T, M_i \in SCC_i, M_j \in SCC_j : M_i \rightarrow_t M_j\} \; ;$$

LEMMA 5.2

Ein SCC-Graph ist ein azyklischer Wurzelgraph.

Die Wurzel ist diejenige starke Zusammenhangs-Komponente, in der sich die Anfangs-Markierung M_o befindet.

Beweis

Trivialerweise ist jeder SCC-Graph azyklisch: Angenommen, es gäbe zwei unterschiedliche Zusammenhangs-Komponenten, zwischen denen ein Zyklus besteht. Dann würde zwischen diesen Komponenten die SCC-Relation gelten, sodaß beide in eine und dieselbe Komponente partitioniert wären (Widerspruch zur Annahme zweier Komponenten).

Jeder SCC-Graph ist ein Wurzelgraph mit M_o als Element der Wurzelkomponente, die SCC_1 bezeichnet sei: Da alle Markierungen der Erreichbarkeits-Menge von M_o aus erreichbar sind, sind auch alle SCCs von SCC_1 aus erreichbar (dies folgt aus der SCC-Relation).

DEFINITION 5.3 : Nachfolger eines SCC–Graph–Knotens

Sei $SCC \in RS_{/SCC}$.

$$SUCC(SCC) := \{ SCC_j \in RS_{/SCC} \mid (SCC, SCC_j) \in SE \} \ ;$$

$$SUCC^*(SCC) := \{ SCC_j \in RS_{/SCC} \mid \exists\, SCC_{i_1}, SCC_{i_2}, \ldots, SCC_{i_k} \in RS_{/SCC} :$$

$$(SCC_{i_1}, SCC_{i_2}), \ldots, (SCC_{i_{k-1}}, SCC_{i_k}) \in SE$$

$$\wedge\ SCC = SCC_{i_1} \wedge SCC_j = SCC_{i_k} \} \ .$$

DEFINITION 5.4 : Blatt–SCC (leaf SCC)

Sei $SCC_i \in RS_{/SCC}$.

$$leaf(SCC_i) :\Longleftrightarrow SUCC(SCC_i) = \varnothing \ .$$

BEISPIEL 5.4

Die Erreichbarkeits-Graphen der Netze in Abb. 10.9-5, Abb. 10.9-6, Abb.10.9-8 bestehen aus jeweils genau einer SCC.

Der Erreichbarkeits-Graph in Abb. 10.9-7,b besteht aus 5 SCCs.
Dabei bilden SCC_1, SCC_2 und SCC_3 die Blatt-SCCs.
Ferner gilt z.B. $SUCC^*(SCC_4) = \{SCC_1, SCC_2, SCC_3, SCC_4\}$.

10.6 Lebendigkeits-Eigenschaften

Ziel dieses Abschnitts ist die Definition und Angabe effektiver Algorithmen für alle wesentlichen Lebendigkeits-Eigenschaften, die aus dem RG eines (PRT-)Netzes bestimmt werden können. Die Algorithmen können direkt aus den Definitionen bzw. aus den Lemmata 6.6, 6.7, 6.8 und 6.10 abgeleitet werden.

Die Algorithmen basieren meist auf dem Graph der starken Zusammenhangs-Komponenten (SCC-Graph, Def. 5.2) des RG. Der SCC-Graph kann nach einem bekannten Algorithmus [TARJ72] mit Zeitkomplexität $O(|V| + |E|)$ bestimmt werden, wobei V und E die Knoten und Kanten des RG sind. Voraussetzung dazu ist eine Speicherung des RG als Multi-Liste.

Es konnte gezeigt werden, daß alle in diesem Abschnitt definierten Eigenschaften jeweils mit Zeitkomplexität $O(|E|)$ berechnet werden können, wenn vorab der SCC-Graph konstruiert wurde. Bei den Eigenschaften 6.9 bis 6.10 gilt die Komplexitätsschranke pro Transition. Jedenfalls konnte aber in allen Algorithmen der Aufwand des Verfahrens zur Bildung aller Wege, $O(|V|^3)$, vermieden werden (s. [HOSA76, S.306]). Dieses Verfahren müßte angewendet werden, wenn man in den Eigenschaften 6.5 bis 6.10 direkt von der Definition ausginge!

DEFINITION 6.1 : Statische Verklemmung (deadlock)

Jede Markierung, die nicht Anfangsmarkierung ist und von der aus keine Transition aktivierbar ist, heißt statische Verklemmung:

Sei $M \in RS_\Sigma$ und M_o Anfangsmarkierung.

$$deadlock\,(M) \; :\!\!\Longleftrightarrow \; en\_t(M) = \emptyset \,\wedge\, M \neq M_o \;\;.$$

$$\Sigma \text{ ist } deadlock\text{-}frei \; (1\text{--live}) \; :\!\!\Longleftrightarrow \; \forall M \in RS_\Sigma : \neg\, deadlock\,(M) \;\;.$$

DEFINITION 6.2 : Triviale dynamische Verklemmung (trivial livelock)

Eine triviale dynamische Verklemmung ist eine Markierung, die nicht Anfangsmarkierung ist, in der mindestens eine Transition aktivierbar ist, und in der das Schalten jeder solchen Transition diese Markierung nicht verläßt:

Sei $M \in RS_\Sigma$ und M_o Anfangsmarkierung.

$$trivial\_livelock\,(M) \; :\!\!\Longleftrightarrow \; M \neq M_o \,\wedge\, succ\,(M) = \{M\}$$

LEMMA 6.2

Eine triviale dynamische Verklemmung ist ein Blatt-SCC aus genau einem Element, welches nicht die Anfangsmarkierung ist und in welcher mindestens eine Transition schalten kann:

$$trivial\_livelock\,(M) \iff \exists i \in [1,\gamma]: \{M\} = SCC_i \;\wedge\; leaf\,(SCC_i)$$
$$\wedge\; M \neq M_o \;\wedge\; \neg\,deadlock\,(M)$$

Beweis

"$\Longrightarrow$" Aus der Definition eines trivialen Livelocks folgt, daß die Nachfolger-menge der Markierung M, die nicht Anfangsmarkierung ist, lediglich aus M selbst besteht. Dann ist aber $\{M\}$ eine starke Zusamenhangskomponente, die keine anderen Komponenten als Nachfolger haben kann, also ein Blatt ist.

 Nach Definition 3.3 von *succ* muß in M auch mindestens eine Transition schalten können, sodaß also M kein Deadlock sein kann.

"$\Longleftarrow$" Die Aussage in dieser Richtung kann analog bewiesen werden.

DEFINITION 6.3 : Dynamische Verklemmung (livelock)

Jede Markierung in einer starken Zusammenhangs-Komponente, die ein Blatt mit mehr als einem Element ist und die die Anfangs-Markierung nicht enthält, gehört zu einer dynamischen Verklemmung:

Sei $m \subseteq RS_\Sigma$ und M_o Anfangsmarkierung.

$$livelock\,(m) :\iff \exists i \in [1,\gamma]: m = SCC_i \;\wedge\; M_o \notin m \;\wedge\; leaf\,(SCC_i) \;\wedge\; |m| > 1$$

LEMMA 6.3

Alle Deadlocks, trivialen Livelocks und 'echten' Livelocks sind *wechselseitig disjunkte* Blatt-SCC's.

Beweis

Zunächst folgt direkt aus den Definitionen, daß alle drei Verklemmungsarten SCCs ohne Nachfolger, also Blatt-SCCs sind.

Da jeder SCC, der ein 'echter' Livelock ist, mehr als eine Markierung enthält, kann er keine trivialen Livelocks oder Deadlocks enthalten, die ja SCCs aus genau einer Markierung bilden.

Triviale Livelocks und Deadlocks liegen in unterschiedlichen SCCs, da bei den ersteren mindestens eine Transition aktivierbar ist, bei einem Deadlock hingegen gar keine.

BEISPIEL 6.3

Die Netze in Abb. 10.9-5, Abb. 10.9-6, und Abb. 10.9-8 sind verklemmungsfrei. Für den Erreichbarkeits-Graph in Abb. 10.9-7,b des Netzes in Abb. 10.9-7,a gilt:

- M_1 bildet den einzigen Deadlock,
- M_2 bildet den einzigen trivialen Livelock,
- M_3, M_4 bilden den einzigen 'echten' Livelock.

DEFINITION 6.4 : Schwache Lebendigkeit (2–liveness, weak liveness)

Eine Transition ist schwach lebendig, wenn sie in *irgendeiner* von der Anfangsmarkierung aus erreichbaren Markierung aktiviert werden kann. Andernfalls wird sie als 'tot' bezeichnet:

Sei $t \in T$.

$$dead(t) \mathrel{:\Longleftrightarrow} \forall M \in RS_\Sigma : t \notin en\_t(M) \ .$$

$$\Sigma \text{ ist } weakly\_live \mathrel{:\Longleftrightarrow} \forall t \in T : \neg dead(t) \ .$$

BEISPIEL 6.4

Transition t_4 im Netz von 10.9-5 ist tot.

Die Netze in Abb. 10.9-6 und Abb. 10.9-8 sind schwach lebendig.

DEFINITION 6.5 : Schwache Reproduzierbarkeit (3–liveness, weak reproducibility)

Eine Markierungs-Teilmenge ist <u>schwach reproduzierbar</u>, wenn jede darin enthaltene Markierung M nach Verlassen wieder erreicht werden kann:

Sei $m \subseteq RS_\Sigma$.

$$weak\text{-}repro\,(m) \;:\!\Longleftrightarrow\; \forall M \in m \; \exists M' \in RS_\Sigma : M \Rightarrow M' \,\wedge\, M \neq M' \,\wedge\, M' \Rightarrow M \quad.$$

$$\Sigma \text{ ist } weak\text{-}repro \;:\!\Longleftrightarrow\; weak\text{-}repro\,(RS_\Sigma) \quad.$$

LEMMA 6.5

Alle Markierungen einer SCC aus mehr als einem Element sind schwach reproduzierbar:

$$\forall i \in [1,\gamma]: \qquad |\,SCC_i\,| > 1 \;\Longrightarrow\; weak\text{-}repro\,(SCC_i)$$

Beweis

Die Behauptung folgt direkt aus der Definition der schwachen Reproduzierbarkeit.

BEISPIEL 6.5

Die Markierungs-Teilmengen $\{M_3\},\{M_4\},\{M_5\},\{M_6\},\{M_3,M_4\},\{M_5,M_6\}$ des Netzes in Abb. 10.9-7 sind schwach reproduzierbar, und nur diese.

DEFINITION 6.6 : Starke Reproduzierbarkeit (4–liveness, strong reproducibility)

Eine Markierungs-Teilmenge ist <u>stark reproduzierbar</u>, wenn jede darin enthaltene Markierung M schwach reproduzierbar ist, und wenn von *jeder* M-Folgemarkierung, die sich von M unterscheidet, M selbst wieder erreichbar ist:

Sei $m \subseteq RS_\Sigma$.

$$strong\text{-}repro\,(m) \;:\!\Longleftrightarrow$$

$$weak\text{-}repro\,(m) \,\wedge\, \forall M \in m \; \forall M' \in succ^*(M): M' \neq M \;\Longrightarrow\; M' \Rightarrow M \quad.$$

$$\Sigma \text{ ist } strong\text{-}repro \;:\!\Longleftrightarrow\; strong\text{-}repro\,(RS_\Sigma) \quad.$$

LEMMA 6.6

Alle Markierungen einer Blatt-SCC aus mehr als einem Element sind stark reproduzierbar:

$$\forall\, i \in [1,\gamma]: \quad |\,SCC_i\,| > 1 \;\wedge\; leaf\,(SCC_i) \implies strong\text{–}repro\,(SCC_i)$$

Beweis

Sei SCC_i ein starke Zusammenhangskomponente aus mehr als einer Markierung ohne Nachfolger-Komponenten. Dann ist für jede Markierung $M \in SCC_i$ und jede davon unterschiedliche Folgemarkierung M' (d.h. $M' \in succ^*(M)$, $M' \neq M$) wegen der SCC-Relation und der Eigenschaft, daß SCC_i ein Blatt ist, auch M selbst wieder von M' aus erreichbar.

BEISPIEL 6.6

Die Markierungs-Teilmengen $\{M_3\}, \{M_4\}, \{M_3, M_4\}$ des Netzes in Abb. 10.9-7 sind stark reproduzierbar, und nur diese.

DEFINITION 6.7 : Homezustand und Homeraum (homestate, homespace)

<u>Home-Zustand</u> (bzw. <u>Home-Raum</u>) ist diejenige Menge von Markierungen, die von *allen* Folgemarkierungen einer gegebenen Markierung (bzw. Markierungs-Teilmenge) aus erreichbar ist:

Sei $M \in RS_\Sigma$.

$$homestates\,(M) := \{\, M' \in RS_\Sigma \mid \forall\, M'' \in succ^*(M) : M'' \Rightarrow M' \,\} \quad .$$

Sei $m \subseteq RS_\Sigma$, $m \neq \varnothing$.

$$homespace\,(m) := \bigcap_{M \in m} homestates\,(M) \quad .$$

LEMMA 6.7

Falls alle Markierungen Home-Zustand der Anfangsmarkierung sind, dann gibt es genau eine starke Zusammenhangs-Komponente (und umgekehrt):

(a) $homestates\,(M_o) = RS_\Sigma \iff \gamma = 1$.

Beweis

Die Menge der Home-Zustände von der Anfangsmarkierung besteht genau dann aus allen Elementen der Erreichbarkeits-Menge, wenn jede Markierung darin von jeder anderen aus erreichbar ist (und umgekehrt). Dann stehen auch alle Markierungen der Erreichbarkeits-Menge miteinander in der SCC-Relation.

Besteht zusätzlich zu (a) der Erreichbarkeitsgraph aus mehr als einer Markierung, dann sind alle Markierungen stark reproduzierbar:

(b) $homestates\,(M_o) = RS_\Sigma \wedge |RS_\Sigma| > 1 \iff strong\!-\!repro\,(RS_\Sigma)$.

Beweis

Die Behauptung folgt direkt aus (a) und Lemma 6.6.

Der Home-Raum einer Markierungs-Teilmenge m kann wie folgt konstruktiv bestimmt werden:

(1)   Bestimme die Menge SCC_m aller SCCs, die alle Markierungen von m enthält.

(2)   Bilde die Menge F_m aller Blatt-SCCs, die von den SCCs in SCC_m erreichbar sind.

(3)   Falls F_m mehr als einen SCC enthält, ist der Home-Raum für m leer. Andernfalls bildet genau diese eine SCC den Home-Raum zu m . Das heißt formal:

(c) $homespace\,(m) = \begin{cases} \{M \in RS \mid \exists\, SCC \in F_m : M \in SCC\} & \text{falls } |F_m| = 1 \\ \varnothing & \text{sonst} \end{cases}$

wobei

- $F_m := \{\, SCC_j \in RS_{/SCC} \mid \exists\, SCC_i \in SCC_m :$

$$SCC_j \in SUCC^*\,(SCC_i) \wedge leaf\,(SCC_j)\}$$

- $SCC_m := \{\, SCC_i \in RS_{/SCC} \mid \exists\, M \in m : M \in SCC_i\}$

BEISPIEL 6.7

Im Netz von Abb. 10.9-7 gilt z.B.
$$homestates\,(M_o) = \varnothing \text{ und}$$
$$homestates\,(M_3) = homestates\,(M_4) = \{M_3, M_4\}$$

DEFINITION 6.8 : Gemeinsame Folgemarkierungen (common followers)

Gemeinsame Folgemarkierungen einer gegebenen Markierungs-Teilmenge sind solche, die von *allen* Markierungen dieser Teilmenge erreichbar sind:

Sei $m \subseteq RS_\Sigma$.

$$common\_followers\,(m) \;:=\; \bigcap_{M \in m} succ^*\,(M)$$

LEMMA 6.8

$$\forall\, m \subseteq RS_\Sigma: homespace\,(m) \subseteq common\_followers\,(m)$$

Beweis

Aus der Definition 6.7 der Home-Zustandsmenge für eine beliebige Markierung $M \in RS_\Sigma$ folgt, daß die Menge $succ^*\,(M)$ der M-Folgemarkierungen stets in der Menge $homestates\,(M)$ der M-Home-Zustände enthalten ist, d.h. jeder M-Home-Zustand ist auch eine M-Folgemarkierung:
$$homestates\,(M) \subseteq succ^*\,(M).$$

(Die Umkehrung gilt aber i.d.R. nicht !). Die Verallgemeinerung auf Markierungs-Teilmengen $m \subseteq RS_\Sigma$ folgt dann direkt aus den Definitionen von Home-Raum und gemeinsamen Folgemarkierungen.

BEISPIEL 6.8

Im Netz von Abb. 10.9-7 gilt z.B.

- $common\_followers\,(\{M_5, M_6\}) = \{M_1, M_2, ... M_6\}$

- $common\_followers\,(\{M_o, M_1\}) = \{M_1\}$

- $common\_followers\,(\{M_2, M_3\}) = \varnothing$

DEFINITION 6.9 : Beschränkte Aktivierbarkeit von Transitionen

Sei $t \in T$. Eine Transition t ist genau dann beschränkt aktivierbar, wenn sie mindestens einmal, aber nur endlich oft schalten kann. Da der Erreichbarkeitsgraph eines PRT-Netzes entsprechend der Def. 2.1 stets endlich ist, kann t genau dann nur endlich oft schalten, wenn sie in keiner zyklischen Schaltfolge vorkommt.

$$ \textit{finitely\_firable}\,(t) \; :\!\!\Longleftrightarrow \; \neg\, \textit{dead}\,(t) \; \wedge \; \forall M, M', M'' \in RS_\Sigma\,; \; \forall\, \bar{t} \in T : $$

$$ (M \Rightarrow M' \to_{\bar{t}} M'' \Rightarrow M) \; \Longrightarrow \; t \neq \bar{t} $$

LEMMA 6.9

Eine Transition t ist genau dann beschränkt aktivierbar, wenn sie in mindestens einem Übergang *zwischen* starken Zusammenhangs-Komponenten schalten kann, und nur in solchen Übergängen.

(a) $\quad \textit{finitely\_firable}\,(t) \; \Longleftrightarrow \; \neg\, \textit{dead}\,(t) \; \wedge \; \forall M, M' \in RS_\Sigma \; \exists\, i, j \in [1, \gamma] :$

$$ (M \to_t M' \; \wedge \; M \in SCC_i \; \wedge \; M' \in SCC_j) \; \Longrightarrow \; i \neq j $$

Beweis

"$\Longrightarrow$" Wir führen einen Beweis durch Widerspruch.

Angenommen, eine Transition $t \in T$ wäre nur beschränkt aktivierbar, aber die rechte Seite der Behauptung würde nicht gelten. Dann wäre t entweder tot, was der beschränkten Aktivierbarkeit widerspricht. Oder es würde Markierungen M, M' mit $M \to_t M'$ geben, die beide in derselben starken Zusammenhangs-Komponente liegen. Nach der Definition 5.1 der SCC-Relation wäre M dann auch von M' aus erreichbar, sodaß t Teil einer zyklischen Schaltfolge wäre. Dies steht aber ebenfalls im Widerspruch zur beschränkten Aktivierbarkeit von t.

"$\Longleftarrow$" Seien M, M' beliebige Markierungen, für die $M \to_t M'$ für eine Transition $t \in T$ gilt, und die jeweils in unterschiedlichen starken Zusammenhangs-Komponenten liegen. Dann kann wegen der Azyklizität jedes SCC-Graphen (s. Lemma 5.2) t nicht Teil einer zyklischen Schaltfolge sein, woraus die Behauptung folgt, daß t dann nur beschränkt aktivierbar ist.

Wenn alle Transitionen beschränkt aktivierbar sind, kann es keine dynamische Verklemmungen geben (die ja zu zyklischen Schaltfolgen führen):

(b) $\quad \forall t \in T : \textit{finitely\_fireable}\,(t) \; \Longrightarrow \quad \neg \exists M' \in RS_\Sigma : \textit{trivial\_livelock}\,(M') \; \wedge$

$$ \neg \exists M'' \in RS_\Sigma : \textit{livelock}\,(M'') \quad . $$

Beweis

Wir führen einen Widerspruchs-Beweis.

Angenommen, alle Transitionen $t \in T$ wären nur beschränkt aktivierbar, und es würde ein Livelock ('echt' oder trivial) existieren. Nach den Livelock-Definitionen 6.2 und 6.3 muß mindestens eine Transition $\bar{t} \in T$ existieren, die innerhalb des Livelocks aktivierbar ist. Wegen der SCC-Relation aller Markierungen innerhalb des Livelocks (Lemma 6.2, Def. 6.3) wäre $\bar{t}$ dann aber Teil einer zyklischen Schaltfolge. Da nach Annahme auch $\bar{t}$ nur beschränkt aktivierbar sein darf, ergibt sich sofort ein Widerspruch.

BEISPIEL 6.9

Im Netz von C.7-a sind genau die Transitionen t_{ff}, t_{dl}, t_c und t_d beschränkt aktivierbar.

DEFINITION 6.10 : Starke Lebendigkeit (5–liveness, strong liveness)

Sei $t \in T$. Die Transition t ist <u>stark lebendig,</u> wenn sie in mindestens einer Folgemarkierung jeder möglichen Markierung schalten kann:

$$live5(t) \; :\!\Longleftrightarrow \; \forall M \in RS_\Sigma : \; t \in en\_t^*(M) \; .$$

$$\Sigma \text{ ist } 5\text{–}live \; :\!\Longleftrightarrow \; \forall t \in T : \; live5(t) \; .$$

LEMMA 6.10

Die Menge der stark lebendigen Transitionen ist genau die Menge aller *innerhalb aller* Blatt-SCCs aktivierbaren Transitionen:

$$\text{(a)} \quad \{t \in T \mid live5(t)\} = \bigcap_{i \in [1,\gamma] \wedge leaf(SCC_i)} \{t \in T \mid \exists M, M' \in SCC_i : M \to_t M'\}$$

Beweis

Zu zeigen ist die Gleichheit zweier Mengen, d.h. jede Menge muß jeweils in der anderen enthalten sein:

"$\subseteq$"   Wir zeigen durch Widerspruch, daß jede stark lebendige Transition $t \in T$ in der rechten Menge enthalten sein muß.

Angenommen, t wäre kein Element der rechten Menge. Dann würde es mindestens ein Blatt-SCC SCC_i geben, sodaß für keine Markierungen M, M' gelten würde $M \rightarrow_t M'$, d.h. Transition t wäre in keiner Markierung innerhalb SCC_i aktivierbar. Da nach Annahme SCC_i ein Blatt-SCC ist, könnte t auch in keiner M-Folgemarkierung aktiviert werden, d.h. $t \notin en\_t^*(M)$. Dann kann t aber nicht stark lebendig sein - Widerspruch.

"$\supseteq$"   Sei

$$m_{leaf} := \bigcup_{i \in [1,\gamma] \,\wedge\, leaf(SCC_i)} SCC_i$$

die Menge aller Markierungen, die in Blatt-SCCs enthalten sind.

Angenommen, eine Transition $t \in T$ ist innerhalb *jeder* Blatt-SCC aktivierbar. Dann gilt zunächst für jede Markierung $M_1 \in m_{leaf}$, die irgendeiner Blatt-SCC angehört, daß

$$t \in en\_t^*(M_1).$$

Für eine beliebige Markierung $M_2 \in RS_\Sigma - m_{leaf}$ außerhalb jeder Blatt-SCC gilt stets, daß von M_2 aus irgendeine Blatt-SCC erreichbar sein muß. Daher gilt auch

$$t \in en\_t^*(M_2),$$

sodaß insgesamt für alle $M \in RS_\Sigma$ folgt:

$$t \in en\_t^*(M),$$

d.h. $live5(t)$ gilt.

Jede stark lebendige Transition ist (trivialerweise) nicht tot:

(b) $\forall\, t \in T : live5(t) \implies \neg dead(t)$.

Die Existenz einer stark lebendigen Transition reicht aus, statische Verklemmungs-Freiheit des Netzes zu garantieren:

(c) $\exists\, t \in T : live5(t) \implies \Sigma$ ist deadlock–frei (1–live) .

Beweis

Angenommen, eine Transition $t \in T$ ist stark lebendig, aber das Netz enthält einen Deadlock in der Markierung $M \in RS_\Sigma$. Im Deadlock ist keine Transition aktiviert, insbesondere gilt also $t \notin en\_t^*(M)$. Dies ist aber ein Widerspruch zur Annahme, daß $live5(t)$ gilt.

Bei genau einer starken Zusammenhangs-Komponente sind alle nicht-toten Transitionen stark lebendig:

(d) $\forall t \in T : \neg\, dead\,(t)\; \wedge\; \gamma = 1 \implies live5\,(t)$.

Beweis

Wenn eine Transition $t \in T$ nicht tot ist, dann gibt es mindestens eine Markierung $M \in RS_\Sigma$, in der t aktivierbar ist. Wenn das Netz aus genau einer starken Zusammenhangs-Komponente besteht, dann ist diese Markierung M von *jeder* anderen Markierung $M' \in RS_\Sigma$ aus erreichbar, d.h. $M' \Rightarrow M$. Daraus folgt $t \in en\_t^*\,(M')$, d.h. t ist stark lebendig.

BEISPIEL 6.10

- Im Netz von Abb. 10.9-5 sind die Transitionen t_1, t_2, t_3 stark lebendig.

- Das Netz in Abb. 10.9-6 ist stark lebendig.

- Das Netz in Abb. 10.9-7 hat keine stark lebendigen Transitionen. Verkleinert man dieses Netz um das Subnetz, bestehend aus den Elementen $t_{dl}, t_c, s_4, t_{tll}$, dann sind die Transitionen t_{tll1} und t_{tll2} stark lebendig.

10.7   Fairness-Eigenschaften

Eine Transition $t \in T$ wird fair behandelt, wenn t nicht unendlich lange (durch Aktivierungen anderer Transitionen) am Schalten gehindert wird. Unter der Annahme einer <u>Schaltregel mit endlicher Verzögerung</u>, d.h.

-        jede aktivierbare Transition wird *sofort aktiviert* (außer bei Konflikten, bei denen eine andere Transition die Konfliktauflösung "gewinnt" und dann sofort aktiviert wird),

-        jede Aktivierung einer Transition ist in endlicher Zeit abgeschlossen,

kann t nur dann unfair behandelt werden, wenn andere Transitionen unendlich oft aktiviert werden können. Da der Erreichbarkeitsgraph eines PRT-Netzes nach Def. 2.1 stets endlich ist, kann es unendlich lange Schaltfolgen nur bei *zyklischen Schaltfolgen* geben.

Fairness ist also zunächst ein qualitatives Maß, läßt sich aber auch quantitativ durch das Maß der *k-Fairness* [SILV87] erfassen, für eine natürliche Zahl k. Ein Netz verhält sich k-fair, wenn für jede Transition $t \in T$ jede Schaltfolge, die t nicht enthält, nicht größer als k ist. Der Wert von k kann interpretiert werden als die *längste Wartezeit* (repräsentiert durch die maximale Anzahl von Aktivierungen anderer Transitionen), die bis zur (Re-)Aktivierung einer beliebigen vorgegebenen Transition vergeht.

Verallgemeinerungen der k-Fairness sind in mehrere Richtungen möglich, werden aber im Rahmen dieses Berichts nicht untersucht:

(1)   Es werden nicht die relativen Schalthäufigkeiten zwischen einer einzelnen Transition und allen anderen betrachtet, sondern zwischen beliebigen disjunkten Transitions-Teilmengen [SILV87]. Auf diese Weise erhält man (verallgemeinerte) Synchronie-Abstände zwischen diesen Teilmengen.

(2)   Es werden nicht alle von der Anfangsmarkierung aus möglichen Schaltfolgen betrachtet, sondern von einer beliebigen gegebenen Markierung aus.

(3)   k-Fairness wird nicht bezüglich der Anzahl von Einzel-Aktivierungen von Transitionen, sondern bezüglich der Anzahl k' von Schaltschritten betrachtet. Auf diese Weise erhält man die längste Wartezeit bei *maximal nebenläufigem Systemverhalten*, wobei stets k'≤k gilt.

Die Bedingungen, unter welchen sich ein System fair gegenüber einer Transition verhält, lassen sich abschwächen, wenn man von der Annahme einer <u>fairen Schaltregel</u> [VALK86] ausgeht:

Für jede Transition $t_i \in T$, die unendlich oft aktivierbar (enabled) ist, existiert eine natürliche Zahl x_i, sodaß t_i nach höchstens x_i Vorkommen der Aktivierungs-Bedingung *schalten muß*.

Das führt auf den Begriff der *schwachen Fairness*.

DEFINITION 7.1 : Fairness (qualitativ)

Sei $t \in T$.

$$fair(t) \; :\!\!\Longleftrightarrow \; \forall M, M' \in RS_\Sigma \; \forall w \in T^*, w' \in T^* \setminus \{\lambda\}:$$

$$(M \Rightarrow_w M' \Rightarrow_{w'} M) \vee (M \Rightarrow_{w'} M' \Rightarrow_w M) \; \Longrightarrow \; t \lessdot w' \; .$$

Σ ist *fair* $\; :\!\!\Longleftrightarrow \; \forall t \in T : fair(t) \; .$

LEMMA 7.1

Zyklische Schaltfolgen können nur *innerhalb* einer SCC auftreten (Negation von Lemma 6.9(a)). Zur Bestimmung der Fairness bezüglich einer gegebenen Transition reicht es daher aus, aus jedem SCC-Teilgraph alle Kanten der Form $M \to_t M'$ zu entfernen und den resultierenden Teilgraphen auf Azyklizität (d.h. Fehlen einer unendlichen Schalt-folge) zu überprüfen. Dieser Test basiert auf *topologischer Sortierung* und ist mit polynomialem Zeitaufwand in Abhängigkeit von der Größe des Teilgraphen möglich (s. [HOSA76, S.312]).

(a) $\quad fair(t) \; \Longleftrightarrow \; \forall i \in [1,\gamma] : \forall M, M' \in SCC_i \; \forall w \in T^*, w' \in T^* \setminus \{\lambda\}:$

$$(M \Rightarrow_w M' \Rightarrow_{w'} M) \vee (M \Rightarrow_{w'} M' \Rightarrow_w M) \; \Longrightarrow \; t \lessdot w' \; .$$

Falls das Netz deadlock-frei ist, dann ist jede fair behandelte Transition auch stark leben-dig (die Umkehrung gilt jedoch i.d.R. nicht) :

(b) $\quad \forall t \in T: \Sigma$ ist deadlock–frei $\wedge \; fair(t) \; \Longrightarrow \; live5(t)$

Beweis

Sei

$$m_{single} := \{M \in RS_\Sigma \mid \exists i \in [1,\gamma]: SCC_i = \{M\} \wedge \neg\, leaf(SCC_i) \wedge \neg \exists \bar{t} \in T: M \to_{\bar{t}} M\}$$

diejenige Markierungs-Teilmenge, deren Elemente genau solchen starken Zusammenhangs-Komponenten angehören, die aus nur einer Markierung bestehen, sowie zyklenfrei und kein Blatt sind.

Um $live5(t)$ für eine beliebige Transition $t \in T$ zu beweisen, ist $t \in en\_t^*(M)$ für alle Markierungen $M \in RS_\Sigma$ zu zeigen. Dazu unterscheiden wir, ob M in der Menge m_{single} liegt oder nicht:

Fall 1: $M \in RS_\Sigma - m_{single}$

Zunächst gilt dann, daß M von sich selbst aus wieder erreichbar ist: Da M nicht in m_{single} liegt, gehört es entweder zu einem SCC mit mehr als einem Element. Dann gilt die Erreichbarkeit trivialerweise. Oder M gehört zu einem Blatt-SCC; dann ist wegen der Deadlock-Freiheit des Netzes ebenfalls die Erreichbarkeit von M gewährleistet. Dies gilt auch im dritten Fall, wenn bereits $M \to_{\bar{t}} M$ für eine Transition $\bar{t} \in T$ gilt.

Daher muß es eine Transitions-Schaltfolge w geben mit $M \Rightarrow_w M$ und $|w| \geq 1$. Da w eine zyklische Schaltfolge ist und $fair(t)$ nach Annahme gilt, ist t jedenfalls in w enthalten ($t < w$).

Daher gilt $t \in en\_t^*(M)$.

Fall 2: $M \in m_{single}$

Da M in diesem Fall nicht einer Blatt-SCC angehört, muß es eine M-Folgemarkierung $M' \in RS_\Sigma$ geben, d.h. $M \Rightarrow M'$, sodaß M' zu einer Blatt-SCC gehört.

Daher muß es entsprechend Fall 1 eine zyklische Schaltfolge w geben, sodaß $M' \Rightarrow_w M'$ und $|w| \geq 1$. Daraus folgt wie im Fall 1, daß $t \in en\_t^*(M')$ ist.

Wegen $M \Rightarrow M'$ folgt daraus $t \in en\_t^*(M)$.

Insgesamt gilt also $t \in en\_t^*(M)$ für beliebige $M \in RS_\Sigma$; daraus folgt die Behauptung.

DEFINITION 7.2 : k-Fairness

Sei für ein (PRT-)Netz Σ

w	eine Schaltfolge (s. Definition 2.6),

$\vec{w}$ der charakteristische Vektor von w (d.h. w's Parikh-Abbildung), dessen i-te Komponente, $\vec{w}(t_i)$, die Vorkommens-Häufigkeit der Transition $t_i \in T$ innerhalb w ist (s. Def. 1.6).

$\vec{w}(\tau)$ die Vorkommens-Häufigkeit aller Transition $t_i \in \tau$ innerhalb w für $\tau \subseteq T$, d.h.

$$\vec{w}(\tau) := \sum_{t_j \in \tau} \vec{w}(t_j) \qquad \text{(natürlich ist } \vec{w}(T) = |w| \text{)}$$

$W(M)$ Menge aller von der Markierung M aus erreichbaren Schaltfolgen, d.h.

$$W(M) := \{ w \in T^* \mid \exists M', M'' \in succ^*(M): M' \Rightarrow_w M'' \} .$$

(Bemerkung: ist RG_Σ zyklisch, dann ist die Menge $W(M_o)$ nicht endlich.)

Sei $M \in RS_\Sigma$; $\tau_i, \tau_j \subseteq T$ *mit* $\tau_i \cap \tau_j = \varnothing$, $\tau_i \neq \varnothing$, $\tau_j \neq \varnothing$.

Dann ist der maximale Schalthäufigkeit von τ_j gegenüber τ_i:

$$G_M(\tau_i, \tau_j) := sup \{ \vec{w}(\tau_i) \mid w \in W(M) \wedge \vec{w}(\tau_j) = 0 \}$$

Die Länge der maximalen Schaltfolge, $k \in I\!N_o$, die $t \in T$ nicht enthält, führt auf den Begriff der <u>k-Fairness</u> gegenüber einer Transition bzw. dem gesamten Netz:

$$k\text{–}fair(t) \; :\!\!\Longleftrightarrow \; G_{M_o}(T-\{t\}, \{t\}) = k$$

Falls sich ein Netz Σ fair zu allen seinen Transitionen verhält, ist die maximale Wartezeit (im Sinne der maximalen Schaltanzahl $k \in I\!N_o$ anderer Transitionen) für eine beliebige Transition:

$$\Sigma \text{ ist } k\text{--}fair \; :\!\!\Longleftrightarrow \; \exists \, k \in I\!N_o : \; k = \max\{k_i \in I\!N_o \mid t_i \in T \wedge k_i\text{--}fair(t_i)\}$$

LEMMA 7.2

$$\forall t \in T: \; fair(t) \; \Longleftrightarrow \; \exists \, k \in I\!N_o : \; k\text{--}fair(t)$$

$$\Sigma \text{ ist } fair \; \Longleftrightarrow \; \exists \, k \in I\!N_o : \; \Sigma \text{ ist } k\text{--}fair$$

BEMERKUNG 7.2

Falls $k_i\text{--}fair(t_i)$ gilt, ist der Wert von k_i die Länge des maximalen Weges im azyklischen RG ohne t_i-Kanten, d.h. alle Kanten der Form $M \rightarrow_{t_i} M'$ werden nicht betrachtet. Hierfür existiert ein graphentheoretischer Algorithmus mit linearem Aufwand in Abhängigkeit von der RG-Größe.

DEFINITION 7.3 : Schwache Fairness (qualitativ)

Das System verhält sich schwach fair gegenüber einer Transition $t \in T$, falls t in irgendeiner Markierung innerhalb *jeder zyklischen Schaltfolge* aktivierbar ist. Falls zusätzlich die faire Schaltregel gilt, dann kann die Aktivierung von t (wie bei Def. 7.1 bei Annahme der Schaltregel mit endlicher Verzögerung) nicht unendlich lange verzögert werden.

$$weakly\_fair(t) \; :\!\!\Longleftrightarrow$$

$$\forall \, M \in RS_\Sigma, w \in T^* :$$

$$M \Rightarrow_w M \; \Longrightarrow \; \exists \, w_1, w_2 \in T^*, M' \in RS_\Sigma :$$

$$w = w_1 w_2 \; \wedge \; M \Rightarrow_{w_1} M' \Rightarrow_{w_2} M \; \wedge \; enabled(M', t)$$

LEMMA 7.3

$$\forall\, t \in T: \quad fair(t) \implies weakly\_fair(t)$$

BEMERKUNG 7.3

Entsprechend Definition 7.2 ist auch die Einführung der schwachen k-Fairness möglich: Eine Transition ist schwach k-fair, wenn sie nach höchstens k Aktivierungen anderer Transitionen aktivierbar ist.

Ein effizienter Algorithmus zur Validation der schwachen Fairness wurde noch nicht konstruiert. Klar ist, daß die Überprüfung *aller zyklischen Schaltfolgen* nicht mit polynomialer Zeitaufwand in Abhängigkeit von der RG-Größe möglich ist.

BEISPIEL 7.3

- Im Netz in Abb. 10.9-5 gilt 2–*fair* (t_1), 2–*fair* (t_2) *und* 1–*fair* (t_3).

- Im Netz in Abb. 10.9-6 gilt:

  • ¬*fair* (t_1) wegen der zyklischen Schaltfolge $t_2 t_5 t_4$ in M_o,
    aber *weakly* 3–*fair* (t_1), da $t_5 t_5 t_4$ in M_5 die längste Schaltfolge ist, in der t_1 nicht aktivierbar ist. D.h. t_1 ist nach höchstens 3 Aktivierungen anderer Transitionen selbst (wieder) aktivierbar.

  • ¬*fair* (t_2) wegen der zyklischen Schaltfolge $t_1 t_4$ in M_o,
    aber *weakly* 3–*fair* (t_2) wegen $t_5 t_5 t_4$ in M_5.

  • 4–*fair* (t_4) wegen der Schaltfolge $t_2 t_2 t_5 t_5$ in M_o.

  • ¬*fair* (t_5) wegen der zyklischen Schaltfolge $t_1 t_4$ in M_o, aber auch ¬*weakly fair* (t_5) wegen derselben Schaltfolge, in der t_5 nicht aktivierbar ist.

- Das Netz in Abb. 10.9-8 ist nicht fair, aber schwach 5-fair, da für einzelne Transitionen gilt:

  • 5–*fair* (t_1) wegen Schaltfolge $t_3 t_2 t_3 t_3 t_3$ in M_4

  • ¬*fair* (t_2), aber *schwach* 5–*fair* (t_2) wegen $t_1 t_3 t_3 t_3 t_1$ in M_7.

  • ¬*fair* (t_3), aber *schwach* 1–*fair* (t_3), da t_3 in allen zyklischen Schaltfolgen $t_1 t_2$ aktivierbar ist.

10.8   Gefrorene Marken

Sei für ein (PRT-)Netz Σ

$S_\Sigma = \{s_1, s_2, ..., s_n\}$ Menge der Stellen,

$T_\Sigma = \{t_1, t_2, ..., t_p\}$ Menge der Transitionen,

$\mu_\Sigma = \{\mu_1, \mu_2, ..., \mu_r\}$ Menge der Marken, d.h. der unterschiedlichen Tupel, in RS_Σ.

Dann kann eine Markierung $M_i \in RS_\Sigma$ geschrieben werden als

$M_i = (m_{i1}, m_{i2}, ..., m_{in})$,

wobei m_{ij} diejenige Marken-Multimenge ist, die sich in Markierung M_i auf Stelle s_j befindet. In dieser Multimenge sind von jeder möglichen Marke $\mu_k \in \mu_\Sigma$ genau a_k "Kopien" vorhanden ($a_k \in I\!N_o$), d.h.

$$m_{ij} = \sum_{k=1}^{r} a_k(m_{ij}) \cdot \mu_k$$

Eine Transition $t \in T_\Sigma$, die in der Nachfolgermenge $s_j^\bullet$ liegt, kann in der Markierung M_i aktiviert werden durch die Wahl einer geeigneten Substitution α_i. Dabei wird von Stelle s_j folgende Marken-Multimenge entfernt:

$A_F(s_j, t): \alpha_i$

Diese Multimenge kann ebenfalls mittels den Markentypen μ und deren Anzahlen a_k charakterisiert werden:

$$A_F(s_j, t): \alpha_i = \sum_{k=1}^{r} a_k(m_{ij}, t: \alpha_i) \cdot \mu_k$$

Dabei können nur solche Marken von s_j entfernt werden, die dort tatsächlich vorhanden sind, d.h. es gilt stets

$a_k(m_{ij}, t: \alpha_i) \le a_k(m_{ij})$

Aufbauend auf diesen Vereinbarungen, werden nun vier Klassen <u>gefrorener Marken</u> definiert. Wir unterscheiden:

- <u>Lokal und global gefrorene Marken.</u> Marken der ersten Klasse sind in einer Markierung zumindest bis zu allen ihren direkten Folgemarkierungen gefroren. Marken der zweiten Klasse sind ab einer Markierung in allen ihren Folgemarkierungen gefroren.

- <u>Schalt- und schritt-gefrorene Marken.</u> Schalt-gefrorene Marken sind gefroren, wenn man das einzelne, sequentielle Schalten von Transitionen betrachtet. Schritt-gefrorene Marken sind auch dann gefroren, wenn man maximal nebenläufiges Schalten von Transitionen in einem Schritt zuläßt.

DEFINITION 8.1 : Lokal schalt-gefrorene Marken (local firing-frozen tokens)

Sei $\mu_k \in \mu$, $M_i \in RS_\Sigma$, $s_j \in S_\Sigma$.

$$lf\text{-}frozen(\ \mu_k, m_{ij}\ ) \ :\Longleftrightarrow$$

$$\forall\ t \in T_\Sigma: F_k(\ m_{ij}, t) > 0, \quad wobei$$

$$-\ F_k(\ m_{ij}, t) := a_k(\ m_{ij}) - a_k(\ m_{ij}, t: \alpha_i), \ falls$$

$$t \in s_j^\bullet \ \wedge\ \exists\ \alpha_i \in FEASIBLE(t) \neq \varnothing\ :\ enabled(M_i, t: \alpha_i)$$

$$-\ F_k(\ m_{ij}, t) := a_k(\ m_{ij}), \ sonst$$

Dabei ist $F_k(\ m_{ij}, t)$ die Anzahl gefrorener Marken vom Typ μ_k, die nach Schalten von Transition t in Markierung M_i auf Stelle s_j 'übrigbleiben'.

Falls $lf\text{-}frozen(\mu_k, m_{ij})$ gilt, dann gibt es eine positive Mindestanzahl gefrorener Marken vom Typ μ_k auf Stelle s_j in Markierung M_i:

$$F_k^{\min}(\ m_{ij}) := \min\{F_k(\ m_{ij}, t)\ |\ t \in T_\Sigma\}$$

DEFINITION 8.2 : Global schalt-gefrorene Marken (global firing-frozen tokens)

Sei $\mu_k \in \mu$, $M_i \in RS_\Sigma$, $s_j \in S_\Sigma$.

$$gf\text{-}frozen(\ \mu_k, m_{ij}\ ) \ :\Longleftrightarrow\ \forall M_r \in succ^*(M_i): \ lf\text{-}frozen(\mu_k, m_{rj})$$

Falls $gf\text{-}frozen(\mu_k, m_{ij})$ gilt, dann gibt es eine minimale, positive Mindestanzahl gefrorener Marken vom Typ μ_k auf Stelle s_j für alle M_i-Folgemarkierungen:

$$G_k^{\min}(\ m_{ij}) := \min\{F_k^{\min}(\ m_{rj})\ |\ M_r \in succ^*(M_i)\}$$

BEMERKUNG 8.2

- Ab Markierung M_i bleiben $G_k^{\min}(\ m_{ij})$ Marken vom Typ μ_k *unendlich lange* gefroren.

- Definition 8.2 bieten gute Ansatzpunkt zum Entwurf eines Algorithmus zur Entdeckung gefrorener Marken. Zunächst ist klar, daß die Nachfolger-Markierungen von M_i nicht mehr auf die Existenz von gefrorenen Marken vom Typ μ_k überprüft werden müssen, wenn bereits $gf\text{-}frozen(\mu_k, m_{ij})$ nachgewiesen ist. Man wird daher stets an der Entdeckung einer 'frühesten' Markierung interessiert sein, wobei damit eine Markierung gemeint ist, die gefrorene Marken enthält, und die mit einer Transitions-Schaltfolge minimaler Länge von der Anfangsmarkierung erreicht werden kann. Eine solche Markierung $M_i \in RS_\Sigma$ kann charakterisiert werden durch:

  -- $gf\text{-}frozen(\mu_k, m_{ij})$, und

  -- $succ^*(M_i) \neq RS_\Sigma \implies \forall M_q \in pred(M_i): \neg\ lf\text{-}frozen(\mu_k, m_{qj})$

- Definition 8.2 ist hinreichend, aber nicht notwendig zur Existenz unendlich lange gefrorener Marken: Es kann in einer echten Markierungs-Teilmenge von $succ^*(M_i)$ eine zyklische Schaltfolge geben, die zu gefrorenen Marken führt [LUME85]. An dieser Stelle sind noch weitere Untersuchungen erforderlich.

DEFINITION 8.3 : Lokal schritt-gefrorene Marken (local step-frozen tokens)

Sei $\mu_k \in \mu$, $M_i \in RS_\Sigma$, $s_j \in S_\Sigma$.
Sei f ein Schritt in Markierung M_i (in M_i aktivierbare Transitions-Multimenge). Dann betrachten wir den maximalen Schritt

$$f_i^{\max} := \max \{ f \in (I\!N_o)^p \mid \exists M'_i \in RS_\Sigma : M_i \to_f M'_i \}$$

Damit definieren wir

$$ls\text{-}frozen(\, \mu_k\,, m_{ij}\,) \; :\!\Longleftrightarrow$$

$$F_k(m_{ij}, f_i^{\max}) > 0, \quad wobei$$

$$F_k(m_{ij}, f_i^{\max}) := a_k(m_{ij}) - \sum_{t \in s_j^\bullet} \;\; \sum_{\alpha_i \in FEASIBLE(t) \neq \varnothing} f_i^{\max}(t) \cdot a_k(A_F(s_j, t) : \alpha_i)$$

(Entsprechend Def. 8.2 können auch global schritt-gefrorene Marken definiert werden.)

BEMERKUNG 8.3

Jede der folgenden Bedingungen kann zu gefrorenen Marken führen:

- Jede Marke in einer Deadlock-Markierung oder einer Stelle s ohne Output-Transition (d.h. $s^\bullet = \varnothing$) ist trivialerweise unendlich lange gefroren.

- In einer Markierung, in der ein trivialer Livelock durch eine Transition t besteht, ist jede Marke gefroren, die auf einer Stelle $s \notin {}^\bullet t$ liegt.

Auch wenn keine Deadlocks, trivialen Livelocks und Stellen ohne Output-Transitionen existieren, kann es trotzdem gefrorene Marken geben, z.B. in folgenden Fällen:

- Ist eine Transition t nicht lebendig, d.h. existiert eine Markierung, ab welcher t nie mehr aktiviert werden kann, dann sind Marken auf allen t-Inputstellen, die nicht von anderen Transitionen abgezogen werden können, unendlich lange gefroren.

Auch starke Lebendigkeit aller Transitionen ist nicht hinreichend, um gefrorene Marken in einem PRT-Netz zu verhindern:

- Unvollständigkeit von Schaltvorbedingungen (Guards) von Transitionen, die gemeinsame Inputstellen haben.

BEISPIEL 8.3

Abb. 10.9-9 zeigt hierzu ein Beispiel.

Obwohl dieses Netz stark lebendig ist, ist Marke ⟨2⟩ auf Stelle s in allen Markierungen global gefroren.

10.9 Abbildungen der Beispiele

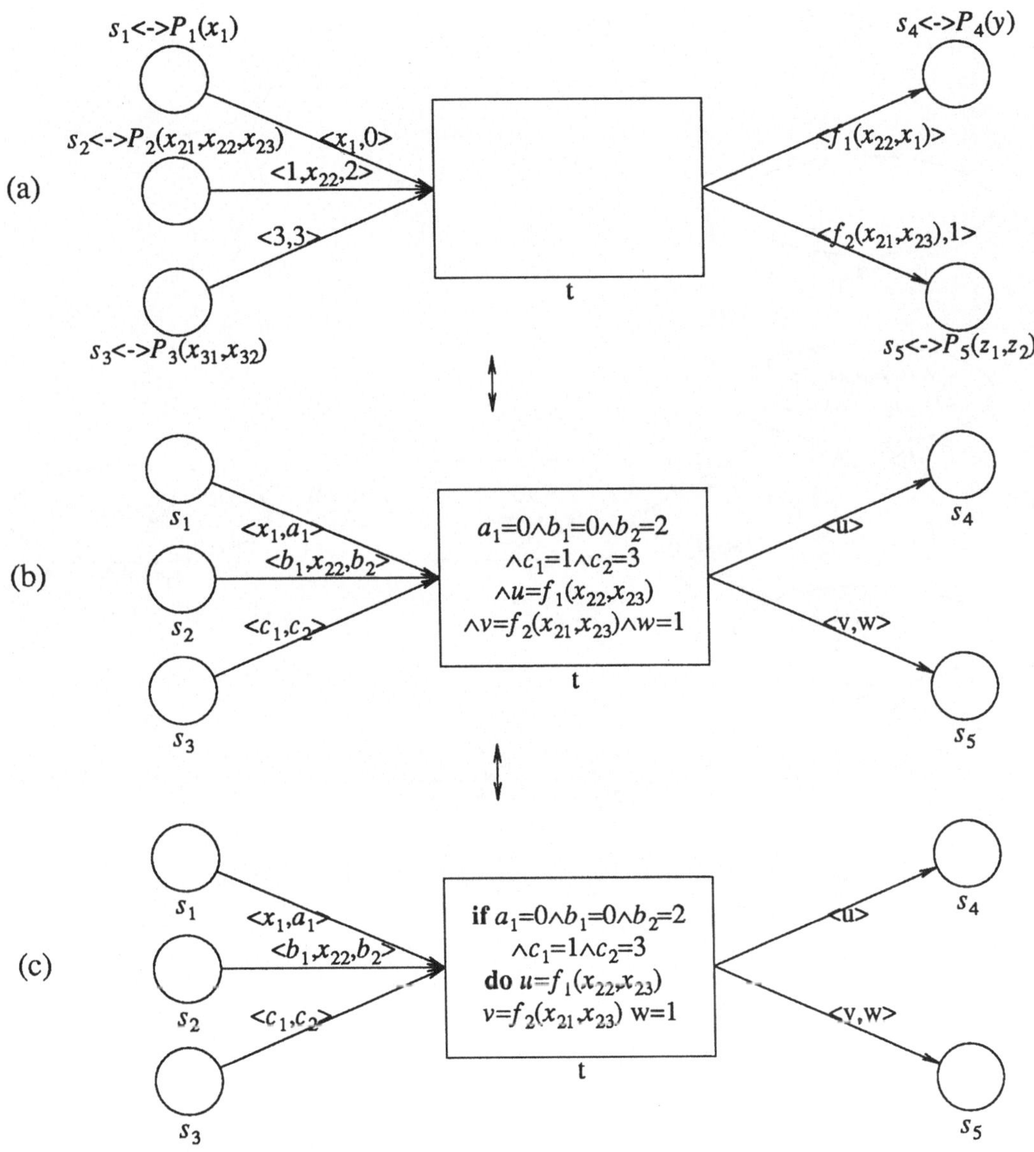

Abb. 10.9–1 : Äquivalente Darstellungsarten von Kanten- und Transitions-Inschriften eines Prädikat/Transitions-Netzes

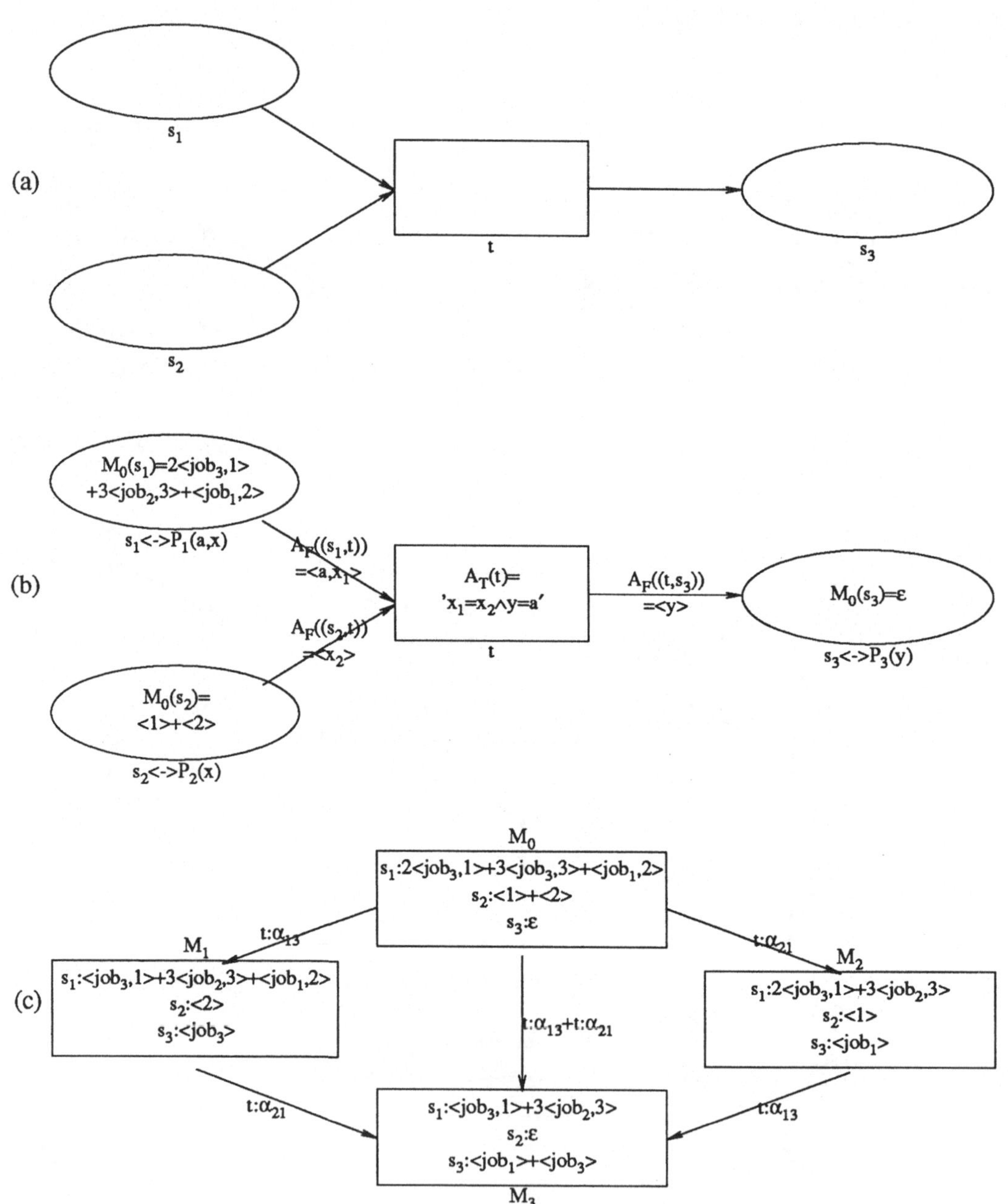

Abb. 10.9–2 : Ein Prädikat/Transitions-Netz und dessen Erreichbarkeits-Graph

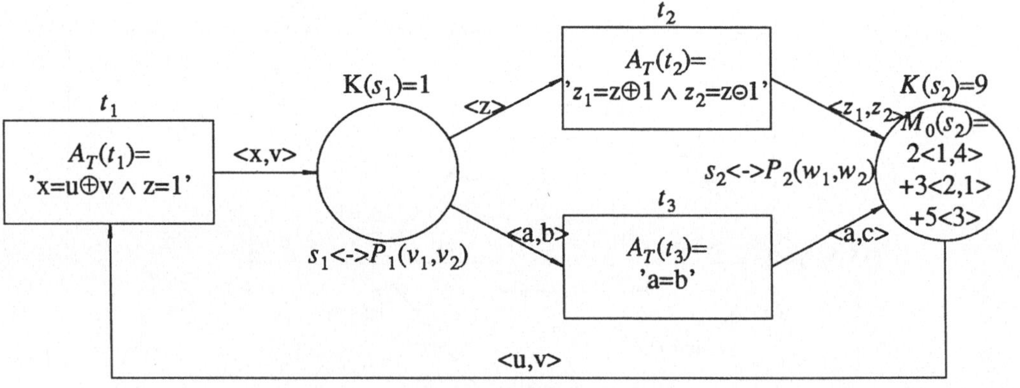

Abb. 10.9–3 :   Ein inkonsistentes Prädikat/Transitions-Netz

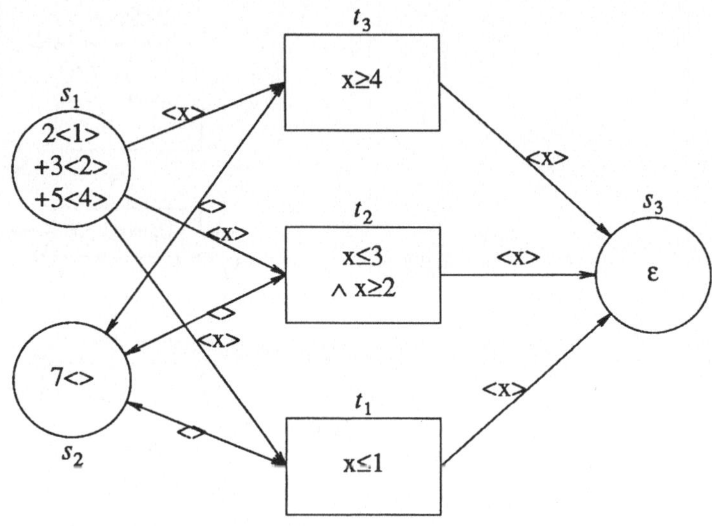

Abb. 10.9–4 :   Ein stark nebenläufiges Prädikat/Transitions-Netz

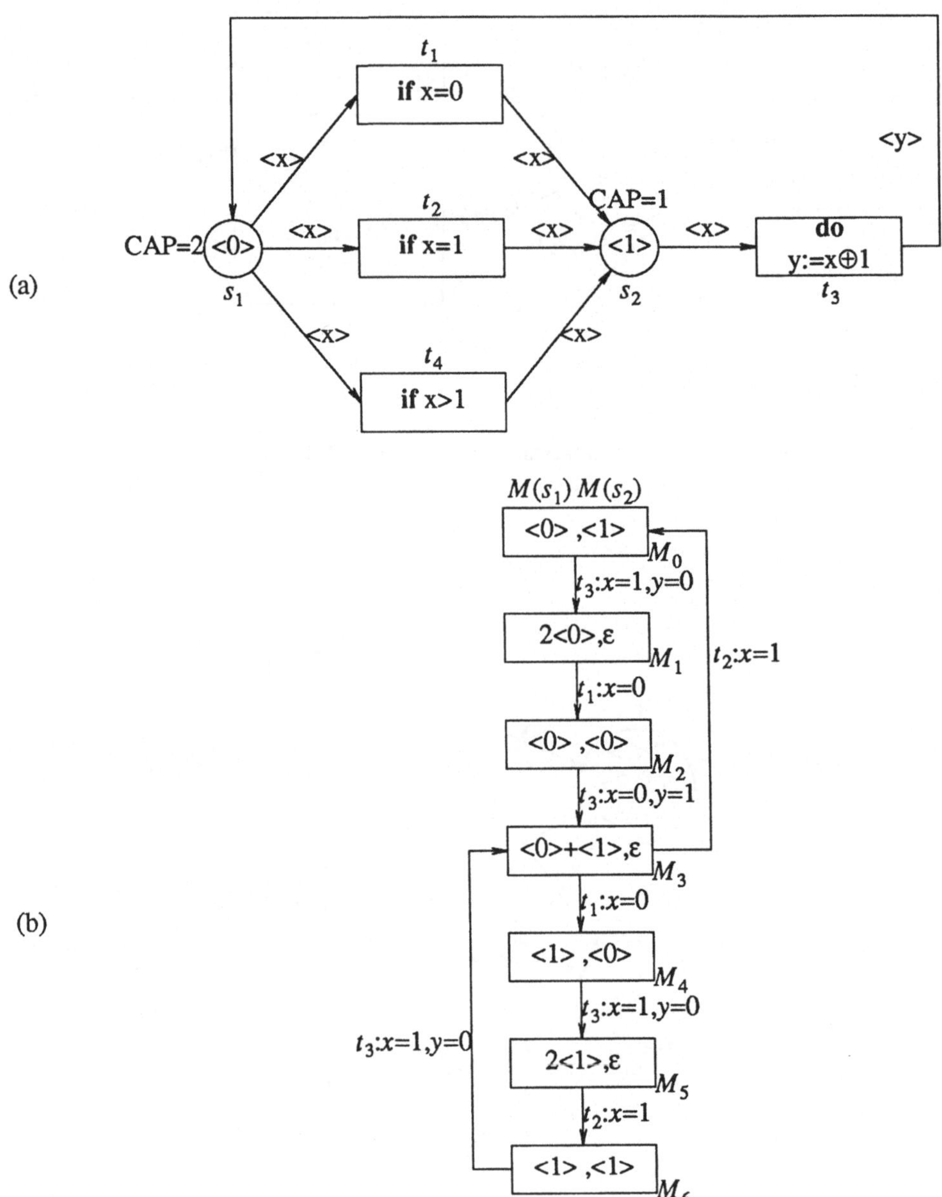

Abb. 10.9–5 : Ein Prädikat/Transitions-Netz. ⊕ ist die modulo-2-Addition

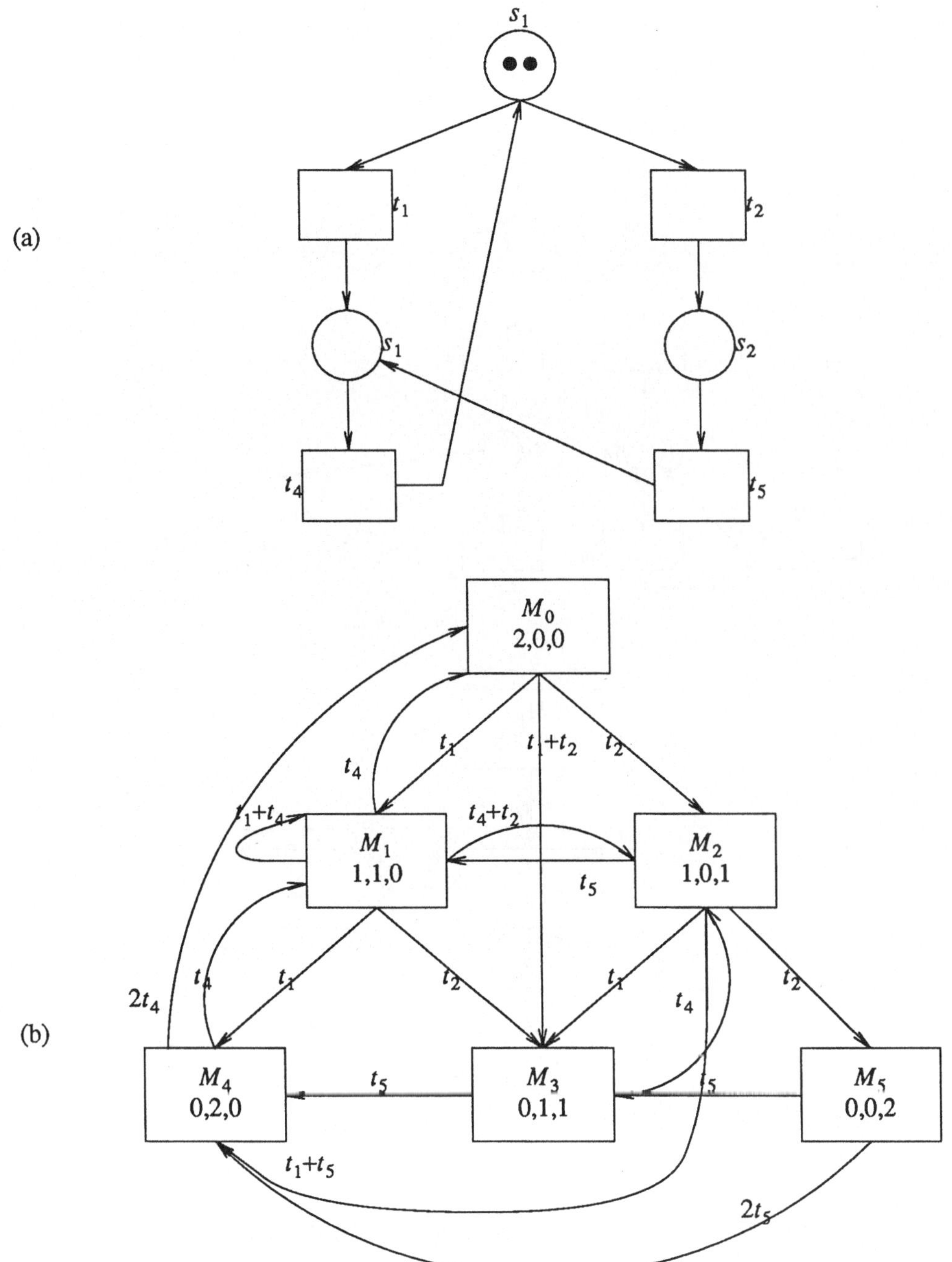

Abb. 10.9–6 : Ein Stellen/Transitions-Netz

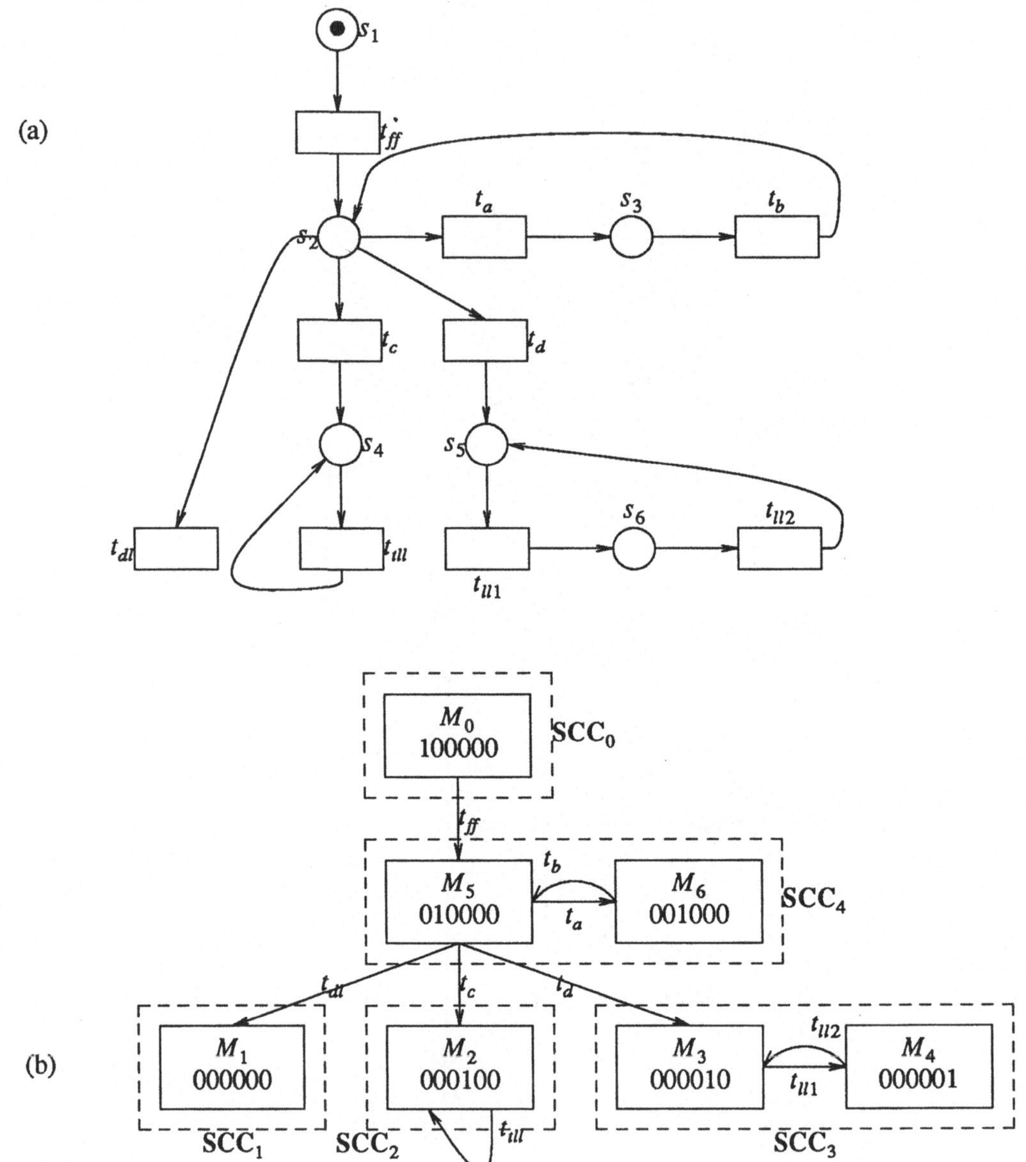

Abb. 10.9–7 : Ein nicht verklemmungsfreies Stellen/Transitions-Netz

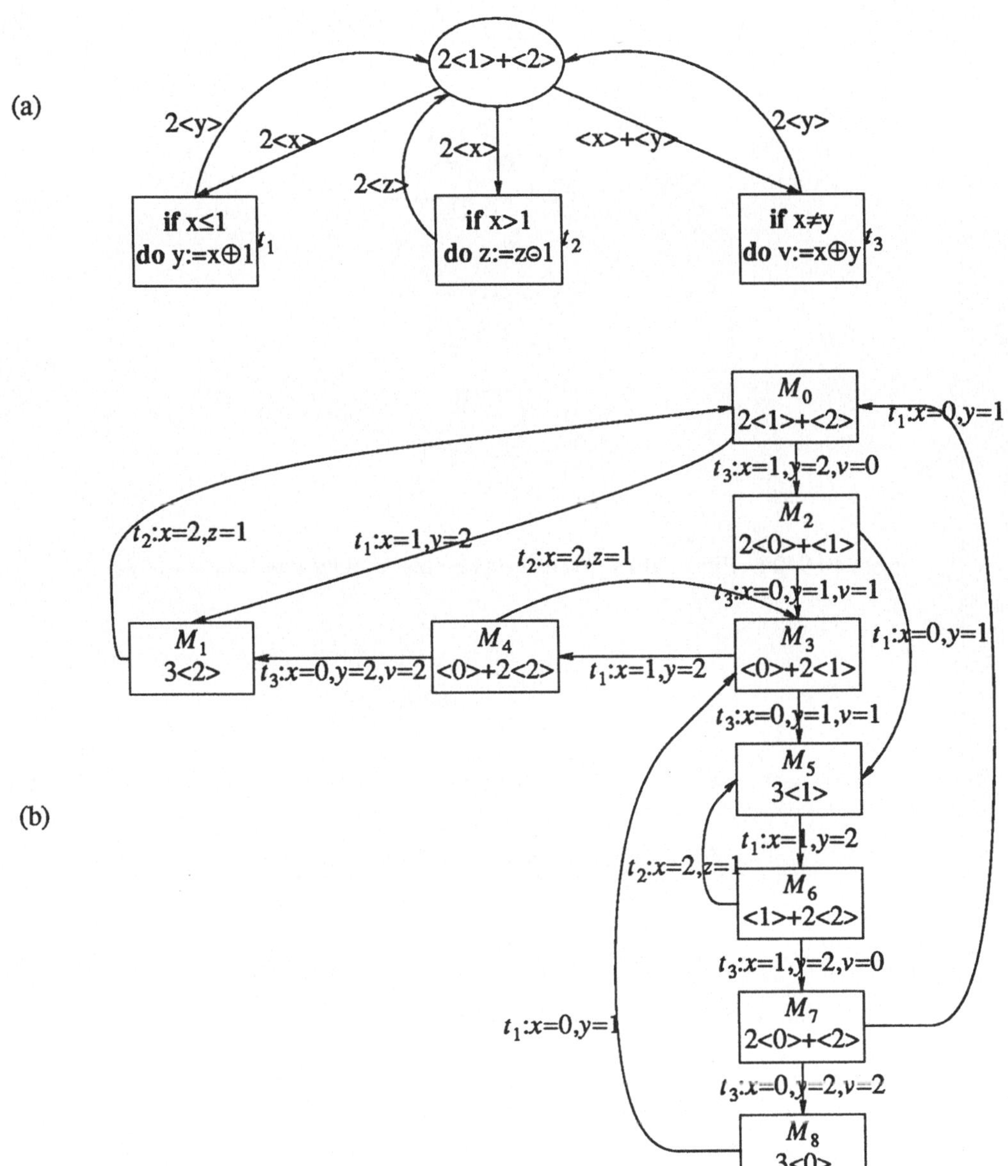

Abb. 10.9–8 : Ein konflikt-behaftetes, lebendiges, schwach faires Prädikat/Transitions-Netz. ⊕ ist die modulo-3-Addition, ⊖ die modulo-3-Subtraktion

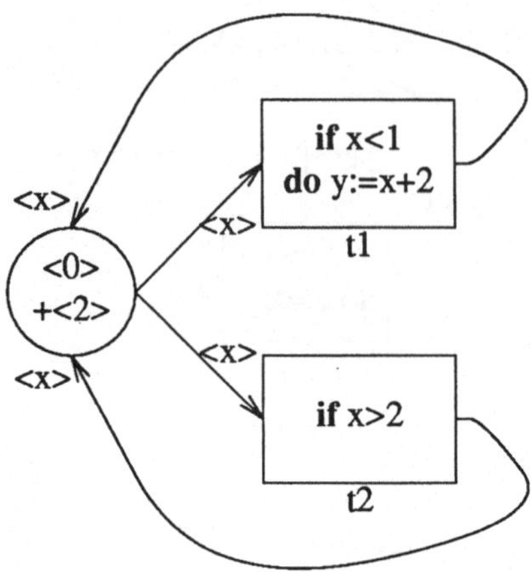

Abb. 10.9–9 :   Ein Prädikat/Transitions-Netz mit einer gefrorenen Marke

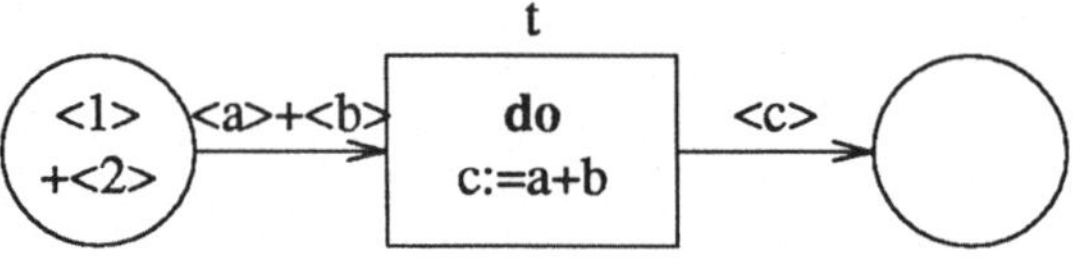

Abb. 10.9–10 :   Beispiel zur Äquivalenz von Substitutionen

ANHANG D   GLOSSAR

Die Schlagworte sind teilweise mit Quellenangabe versehen (s. Literaturverzeichnis).
Alle Querverweise sind *kursiv* angegeben.

Seite

Aktivierbarkeit   188

Eigenschaft einer Transition t in einer gegebenen *Markierung* M, die schalten kann
(s. Schaltregel). Die Aktivierbarkeit (engl.: enabledness) von t in M setzt die
Erfüllung einer Aktivierungs-Bedingung voraus.

Die Definition dieser Bedingung hängt von der jeweiligen *Petri-Netzklasse* ab.
Bei *Stellen/Transitions-Netzen* hängt die Bedingung allein von der Markierung,
der *Stellen-Kapazität* und den *Kantengewichten* ab. Diese Bedingung wird
beschränkt, wenn zusätzlich Transitions-Attribute wie *Schaltprioritäten* oder
Nebenläufigkeits-Grad definiert sind.

Bei Netzen mit *individuellen Marken* hängt die Bedingung auch davon ab, ob
zulässige *Variablen-Substitutionen* existieren. Hierbei wird die Bedingung
beschränkt, wenn zusätzlich *Schaltvorbedingungen* für die Transition t definiert
sind.

Blatt-SCC   201

Eine *starke Zusammenhangs-Komponente* (strongly connected component, SCC),
die keine *Folgemarkierungen* in anderen SCCs hat.

Dokumentation, entwicklungsbegleitende [EGG87a]   24,136

Basiert auf dem übergeordneten Prinzip, in dem alle weiteren Prinzipien einer er-
folgreichen Software-Entwicklung enthalten sind.

Erreichbarkeit   190

Eine *Markierung* M2 ist von einer Markierung M1 aus erreichbar, falls es eine
Schaltfolge von Transitionen gibt, die M1 durch sukzessive Aktivierung von Transitionen in M2 überführt.

Erreichbarkeits-Analyse 29

Menge aller *Validations-Methoden*, deren Analyse-Prinzip auf dem *Erreichbarkeits-Graph* basiert, z.B. Nachweis der (Nicht)*Erreichbarkeit*, Ermittlung von *Homezuständen*, *Verklemmungen*, *Fairness-* und *Lebendigkeits-Eigenschaften*, sowie *quantitative Validation* durch *Markovketten-Analyse*. Die Ergebnisse sind prinzipiell nur für eine gegebene Anfangs-Markierung des untersuchten *Petri-Netzes* gültig.

Erreichbarkeits-Graph [JEVA87] 29,194

Ein gerichteter, beschrifteter, oft zyklischer Graph (engl.: reachability graph, RG), der aus einem *Petri-Netz* konstruiert werden kann. Die Knotenmenge des Graphen wird durch die *Erreichbarkeits-Menge* gebildet, mit der Anfangsmarkierung als Wurzel. Die von einer Markierung M ausgehenden gerichteten Kanten ergeben sich aus den in M aktivierbaren Transitionen. Eine Kante wird mit dem Transitions-Namen (bei *höheren Petri-Netzen* auch: mit der zugehörigen *Variablen-Substitution*) beschriftet.

Das Konzept des Erreichbarkeits-Graphen kann verallgemeinert werden auf die Einbeziehung von Kanten, die sich aus allen möglichen *Schritten* in jeder Markierung ergeben.

Erreichbarkeits-Menge [JEVA87] 194

Menge aller von der gegebenen Anfangs-Markierung M0 aus *erreichbaren* Markierungen eines *Petri-Netzes* (engl.: reachability set, RS). Die Erreichbarkeits-Menge wird oft auch als "Zustandsraum" des Netzes bezeichnet.

Fairness 33,214

Eigenschaft eines *Petri-Netzes*, in dem alle Transitionen *fair behandelt* werden.

FIFO-Zugriffsmodus 14,165

Ein *Marken-Zugriffsmodus* von Marken einer Stelle s eines *höheren Petri-Netzes*, bei dem bei Aktivierung einer s-Outputtransition Marken auf s in der Reihenfolge ihres Eintreffens auf s (in first-in/first-out Reihenfolge) entfernt werden.

Folgemarkierung 196

Eine *Markierung*, die von einer gegebenen Markierung aus *erreichbar* ist.

Folgemarkierung, gemeinsame   120,209

Menge von *Markierungen*, die von allen Elementen einer gegebenen Markierungs-Teilmenge aus *erreichbar* sind.

Formale Summe

Siehe *Multimenge*.

Homezustand   32,119,207

Menge von *Markierungen*, die von allen Markierungen der *Erreichbarkeits-Menge* aus *erreichbar* sind.

Kantengewicht   10

Eine positive ganzzahlige Gewichtung für jede Kante eines *Petri-Netzes* zwischen einer Stelle s und einer Transition t bzw. umgekehrt, die angibt, wieviele Marken beim Schalten von t aus s entfernt bzw. auf s abgelegt werden.

Bei einem *höheren Petri-Netz*, z.B. einem *Prädikat/Transitions-Netz*, können Kantengewichte aus *formalen Summen* aus freien Variablen bestehen, die für die Aktivierung von t spezifizieren, wieviele Marken welchen Typs von bzw. nach s zu transferieren sind.

Konflikt   121,197

Ein Konflikt ist eine Eigenschaft einer gegebenen *Markierung* M eines *Petri-Netzes*, die für zwei unterschiedliche *Multimengen* von Transitionen bestehen kann: Jede Multimenge kann in M nebenläufig (d.h. in einem *Schritt*) aktiviert werden, jedoch nicht die Summe aus beiden Multimengen nebenläufig in M.

Bei einem Konflikt im engeren Sinne [BEFE86] besteht jede der beiden Multimengen aus genau einer Transition.

Konfliktauflösungs-Verteilung   20

Legt für ein *zeitattribuiertes Petri-Netz* fest, mit welcher Relativrate alternative Transitions-Aktivierungen vorgenommen werden. Siehe auch *Konfliktmenge*.

Konfliktmenge 20

Eine Menge von midestens zwei Transitionen eines *zeitattributierten Petri-Netzes*, von denen jede in einer gewissen *Markierung* aktiviert werden kann. Aus den den Transitionen zugeordneten Schaltwahrscheinlichkeiten kann bestimmt werden, mit welcher Wahrscheinlichkeit eine Transition aus der Konfliktmenge schalten kann.

Kontakt 102,199

Ein Kontakt in einer *Markierung* M für eine Transition t liegt vor, falls die Aktivierung von t allein wegen zu geringer *Stellen-Kapazität* einer *Output-Stelle* von t verhindert wird.

Lebendigkeit 32

Eigenschaft eines *Petri-Netzes*, in dem jede Transition *stark lebendig* ist.

Marke, gefrorene [LUME85] 134,219

Eine Marke auf einer gegebenen Stelle s in einer gegebenen Markierung M, die niemals mehr durch die Aktivierung einer Transition in M oder einer M-*Folgemarkierung* von s entfernt werden kann.

Marke, individuelle 12

Marke eines *höheren Petri-Netzes*. Jede individuelle Marke besitzt eine eindeutige Identifikation (manchmal Farbe genannt). I.d.R. sind mehrere Marken mit derselben Identifikation möglich. Hat die individuelle Marken eine Internstruktur, dann wird sie als *strukturierte Marke* bezeichnet.

Marke, strukturierte 12

Spezielle *individuelle Marke*, die ein Objekt z.B. in *Prädikat/Transitions-Netzen* bildet. Näheres s. *Markentyp*.

Marken-Zugriffsmodus 14

Optionales Attribut einer *höheren Petri-Netzes*, das die Entnahme-Reihenfolge von Marken aus einer t-Inputstelle beim Schalten einer Transition t spezifiziert. Siehe auch *FIFO-Zugriffsmodus, PRIO-Zugriffsmodus*.

Markentyp · 12

Menge abstrakter strukturierter Objekte, die aus n endlichen, geordneten Objektbereichen (n≥0) zusammengesetzt sind. Einzelne Objekte werden als n-Tupel oder *strukturierte Marken* bezeichnet.

Markierung · 187

Ein Element der *Erreichbarkeits-Menge* eines *Petri-Netzes*. Eine Markierung wird oft auch als "Zustand" des Netzes bezeichnet.

Markovketten-Analyse · 33

Eine *quantitative Validations-Methode*, um das stationäre bzw. transiente zeitliche Verhalten eines *stochastischen Petri-Netzes* zu untersuchen. Dabei wird der *Erreichbarkeits-Graph* des Netzes auf eine Markovkette abgebildet, die anschließend mit Hilfe bekannter Verfahren analysiert wird.

Multimenge · 178

Eine Funktion f von einer abzählbaren nichtleeren Menge D in nichtnegative ganze Zahlen. Dabei bedeutet jeder auf ein Element d von D angewandter Funktionswert f(d) die Anzahl der Vorkommen dieses Elements in der Multimenge. Ist D endlich, dann kann jede Multimenge als sog. formale Summe dargestellt werden werden, deren Summanden die Form f(d)*d haben.

Bei einem *Prädikat/Transitions-Netz* werden formale Summen über der Menge aller n-Tupeln benötigt.

Nebenläufigkeits-Grad · 7

Optionales Attribut einer Transition, das eine Obergrenze für die Anzahl nebenläufiger Aktivierungen der Transition spezifiziert.

Netzeditor · 24

Ein *Petri-Netz-Werkzeug* zur Erstellung, Änderung und Verwaltung von *Netzspezifikationen*.

Netzeditor, graphischer · 24

Ein *Netzeditor*, der Hardware- und Software-Merkmale einer graphischen Arbeitsstation zur effizienteren und anschaulicheren *Netzspezifikation* nutzt.

Netzgenerierung 37

Automatische Transformation eines *Petri-Netzes* aus einem Programm in einer task-orientierten bzw. nebenläufigen Programmiersprache.

Netzmorphismus, eigenschafts-bewahrender 131

Ein spezieller Netzmorphismus [GEST80], der nach Anwendung auf ein *Petri-Netz* N1 zu einem Netz N2 führt, in dem gewisse erwünschten funktionalen Eigenschaften (z.B. *Lebendigkeit, Erreichbarkeit*) von N1 in N2 erhalten bleiben. Ziel dabei ist, das Prinzip der *hierarchischen Netz-Konstruktion* effizient anwenden zu können, indem wesentliche, auf Entwurfsebene E(i) validierten Eigenschaften auch auf Ebene E(i+1) gelten und nicht nochmal überprüft werden brauchen.

Netzreduktion 38

Automatische Transformation eines *Petri-Netzes* N1 in ein topologisch reduziertes Netz N2, wobei gewisse erwünschten funktionalen Eigenschaften (z.B. *Lebendigkeit, Erreichbarkeit*) von N1 in N2 erhalten bleiben. Ziel dabei ist, den Validierungsaufwand zur Ermittlung dieser Eigenschaften zu minimieren.

Netzspezifikation 24

Eine *Spezifikation* mit einem *Petri-Netz*. Im engeren Sinne ist damit ein Spezifikations-Objekt gemeint, das im Rahmen des Entwurfsprozesses eines Systems entsteht. Ausgehend von einer informellen Anforderungs-Spezifikation resultiert der Entwurfsprozeß in einem Petri-Netz, welches einen Teilentwurf des Gesamtsystems darstellt.

Netzspezifikation, hierarchische 26

Eine *Netzspezifikation*, die aus mehreren, miteinander in einer Beziehung stehenden Teilen (Ebenen) besteht. Dabei können Netzelemente der Ebene E(i) (d.h. Transitionen bzw. Stellen) zu separaten Teilnetzen auf Ebene E(i+1) verfeinert werden, oder es werden umgekehrt *Subnetze* der Ebene E(i) zu Netzelementen der Ebene E(i-1) vergröbert. Eine Vergröberung kann ein *Netzmorphismus* sein, der u.U. *eigenschafts-bewahrend* ist.

PDL 148

PDL (Predicate/transition net Description Language) ist eine formale, textuelle Sprache zur Erstellung von *Netzspezifikationen* im *Petri-Netz-Werkzeug PROVER*.

Petri-Netz [BEFE86] 182

Petri-Netze stehen für eine Methode, diskrete Systeme formal und leicht verständlich spezifizieren zu können. Zwei endliche Mengen S (genannt Stellen) und T (genannt Transitionen) mit einer Relation F (genannt Flußrelation) bilden ein Petri-Netz, wenn S und T disjunkt sind, die Vereinigung von S und T nicht leer ist, und durch F nur Elemente unterschiedlicher Mengen verknüpft sind.

Jedes Petri-Netz kann durch einen gerichteten Graph repräsentiert werden, indem Stellen als runde Symbole, Transitionen als eckige Symbole und Elemente der Relation F als gerichtete Kanten von Stellen zu Transitionen bzw. umgekehrt dargestellt werden.

In der gebräuchlichsten Interpretation beschreiben Stellen passive, d.h. Information speichernde und nicht verändernde Systemelemente, während Transitionen aktive, d.h. Information verändernde und nicht speichernde Systemelemente beschreiben. Typische Interpretation im Software-Bereich ist, Systempuffer durch Stellen und Prozeduren durch Transitionen zu beschreiben.

Im engeren Sinn wird unter einem Petri-Netzen ein *Stellen/Transitions-Netz* verstanden.

Petri-Netz, höheres 5

Klasse aller *Petri-Netze* mit *individuellen Marken*.

Petri-Netz, stochastisches 23

Klasse aller *Petri-Netze*, bei denen Transitionen stochastischen (d.h. mit einer gegebenen Verteilung bei unterschiedlichen Aktivierungen variierenden, i.d.R. nicht-konstanten) *Zeitverbrauch* aufweisen.

Petri-Netz, zeitattributiertes 23

Eine Klasse von *Petri-Netzen*, bei denen Transitionen *Zeitverbrauch* aufweisen. Im engeren Sinne ein Petri-Netz mit deterministischen (d.h. konstanten) Zeitverbrauchs-Werten.

Petri-Netzklasse 5,22

Formaler Spezifikations-Ansatz, der auf der Basis der *Stellen/Transitions-Netze* diese konzeptionell erweitert, z.B. um *individuelle Marken, Verbotskanten, Zeitverbrauch* für Transitionen, oder *Schaltpriorität* für Transitionen. Viele dieser zusätzlichen Merkmale haben zur Folge, daß wesentliche Konzepte der Petri-Netz-Theorie wie *Schaltregel* oder *Markierung* für die jeweilige Netzklasse gesondert zu definieren sind.

Petri-Netz-Werkzeug 39

Ein auf einem Rechner implementiertes Software-System zur Unterstützung der Entwurfs-*Spezifikation* und/oder *-Validation* mittels einer auf *Petri-Netzen* basierenden Sprache zur *formalen Spezifikation*.

PRIO-Zugriffsmodus 14,165

Ein *Marken-Zugriffsmodus* von Marken einer Stelle s eines *Petri-Netzes* mit *strukturierten Marken*, bei dem bei Aktivierung einer s-Outputtransition Marken aus s entsprechend einer gegebenen, u.U. mehrstelligen Halbordnungs-Relation entfernt werden. Dabei können die kleinsten bzw. größten Elemente der Relation entfernt werden.

Programmgenerierung 37

Automatische Transformation eines *Petri-Netzes* in ein lauffähiges Programm in einer task-orientierten oder nebenläufigen Programmiersprache.

PROVER 73

PROVER (**PR**edicate/Transition net Oriented **VER**ification system) ist ein in Pascal realisiertes *Petri-Netz-Werkzeug* zur Entwurfs-*Validation* auf der Basis von *Prädikat/Transitions-Netzen*. Die formale Beschreibungssprache für solche Netze heißt *PDL*. Die realisierten Validations-Methoden basieren auf *Erreichbarkeits-Analyse*.

Prädikat/Transitions-Netz [GELA81, GEN86a]   182

Prädikat/Transitions-Netze (engl.: predicate/transition nets, PRT-Netze) sind die am besten untersuchte Klasse *höherer Petri-Netze*. PRT-Netze operieren auf *strukturierten Marken*.

Spezielle Merkmale der klassischen Definition der PRT-Netze [GELA81] sind konstante symbolische *Kantengewichte*, konstante Stelligkeit aller strukturierten Marken auf einer Stelle und optionale *Schaltvorbedingungen*.

Spezielle Merkmale der Definition der "dynamischen" PRT-Netze nach [GEN86a] sind variable (d.h. markierungs-abhängige) symbolische Kantengewichte, und eine *partielle Schaltregel*.

Reproduzierbarkeit, schwache   32,115,206

Eigenschaft eines *Petri-Netzes*, in dem für eine gegebene Teilmenge von *Markierungen* für jede darin enthaltene Markierung eine *zyklische Schaltfolge* existiert, die mindestens die Länge zwei hat.

Reproduzierbarkeit, starke   115,206

Eigenschaft eines *Petri-Netzes*, in dem für eine gegebene Teilmenge von *Markierungen* jede darin enthaltene Markierung M *schwach reproduzierbar* ist, und M selbst von jeder M-*Folgemarkierung* aus *erreichbar* ist.

Rücksetzkante   11

Spezieller Kantentyp eines *Petri-Netzes* zwischen einer Stelle s und einer Transition t, wobei bei der Aktivierung von t alle Marken aus s entfernt werden.

S-Invariante   28

Ein nicht-negativer ganzzahliger Stellen-Wichtungs-Vektor, sodaß für jede beliebige Markierung M die mit diesem Vektor gewichtete Markensumme auf allen von M belegten Stellen konstant bleibt.

Die Ermittlung von S-Invarianten ist eine strukturelle *Validations-Methode*, d.h. die Ergebnisse können für alle möglichen Anfangs-Markierungen eines *Petri-Netzes* verwendet werden.

Schaltfolge

Eine nicht notwendig endliche Folge von Transitionen (engl.: firing sequence), die
ausgehend von einer gegebenen *Markierung* bei sukzessivem Schalten einzelner
Transitionen der Folge eine Markierungsfolge erzeugt. Jede Markierung der Markierungsfolge ist ein Element der *Erreichbarkeits-Menge*. Das Schalten jeder Transition der Schaltfolge setzt deren *Aktivierbarkeit* voraus.

Die Verallgemeinerung von Aktivierungen einzelner Transitionen auf *Schritte*
führt zum Konzept der Schrittfolge.

190

Schaltfolge, Länge

Anzahl von Transitionen innerhalb einer *Schaltfolge*.

190

Schaltfolge, zyklische

Eine *Schaltfolge*, die eine gegebene *Markierung reproduziert*.

190

Schaltpriorität

Optionales Attribut einer Transition, das einen Vorrang von Aktivierungen bei
mehreren aktivierbaren Transitionen spezifiziert.

8

Schaltregel

Eine formale Regel (engl.: firing rule), die für eine Transition t in einer bestimmten
Markierung M festlegt, wieviele (bei *höheren Petri-Netzen* auch: welche) Marken
von *Input-Stellen* und auf *Output-Stellen* der Transition transferiert werden sollen.

Das Schalten von t setzt voraus, daß t in M *aktivierbar* ist. Im allgemeinen kann
eine aktivierbare Transition schalten, muß aber nicht. Spezielle Annahmen, z.B.
eine *Schaltregel mit endlicher Verzögerung*, erzwingen promptes Schalten.

Wieviele Marken beim Schaltvorgang transferiert werden, hängt primär von
den *Kantengewichten* an der Schnittstelle der zu schaltenden Transition ab. Die
Transferanzahl kann von der aktuellen Markierung abhängen, wenn variable Kantengewichte vorliegen, oder auch bei einer *partiellen Schaltregel*.

Welche Marken bei einem höheren Petri-Netz transferiert werden, hängt primär
vom Ergebnis der *Variablen-Substitution* ab. Die Markenauswahl kann auch durch
Schaltvorbedingungen und *Marken-Zugriffsmodus* beeinflußt werden.

189

Schaltregel mit endlicher Verzögerung [SILV87]   214

Jede aktivierbare Transition wird sofort aktiviert, und die Aktivierung wird in endlicher Zeit beendet. Diese Schaltregel wird z.B. bei der Klasse der *zeitattribu-tierten Petri-Netze* angenommen.

Schaltregel, faire [VALK86]   214

Jede *aktivierbare* Transition schaltet nach einer beschränkten Anzahl von Eintreten der Aktivierungs-Bedingung. Diese Schaltregel wird bei der Klasse der *zeitattribu-tierten Petri-Netze* implizit durch die Definition von *Konfliktauflösungs-Verteilungen* erreicht.

Schaltregel, partielle   16

Bei Aktivierung einer Transition t kann evtl. nur eine Teilmenge der t-Outputstellen mit Marken belegt.

Schaltvorbedingung   16

Optionale boolesche Teilformel der Transitions-Inschrift eines *Prädikat/Transitions-Netzes*, die bei Nichterfüllbarkeit in einer gewissen *Markierung* zur Verhinderung der Aktivierung dieser Transition führt (engl.: Guard).

Schichten-Reduktion   31

Eine *funktionale Validations-Methode*, die aus einem *Erreichbarkeits-Graph* das dynamische, kausale Verhalten eines Subsystems ableitet, das durch eine Teilmenge aller Transitionen einer Netzspezifikation repräsentiert wird.

Schritt [REI85b]   191

Eine *Multimenge* von Transitionen, die zusammen nebenläufig in einer gegebenen *Markierung aktivierbar* sind (engl.: step). Falls *Schaltprioritäten* definiert sind, haben alle Transitionen eines Schritts gleiche Priorität.

Schrittfolge [REI85b]

Siehe *Schaltfolge*.

Simulation, diskrete

Eine *quantitative* oder *funktionale Validations-Methode* für Systeme mit diskretem (d.h. aufzählbarem) Zustandsraum, die z.B. durch ein *Petri-Netz* spezifiziert werden können. Die Ergebnisse sind prinzipiell nur für eine gegebene Anfangs-Markierung des untersuchten *Petri-Netzes* gültig.

Simulation, interaktive

Eine *funktionale Validations-Methode* für diskrete Systeme, bei der alternative Aktivierungen spezifizierter Systemteile (bei einer *Netzspezifikation*: Aktivierungen von Transitionen) interaktiv durch den Benutzer ausgewählt werden. Ziel dabei ist es, einen Einblick in ein partielles dynamisches Verhalten einer Spezifikation zu erhalten. (Im Gegensatz dazu liefert ein *Erreichbarkeits-Graph* eine volständige Information über das mögliche Systemverhalten.)

Im Gegensatz zur interaktiven Simulation werden alternative Aktivierungen bei einer *stochastischen Simulation* entsprechend einer gegebenen statistischen Verteilung ausgewählt.

Simulation, stochastische

Eine *quantitative Validations-Methode* für diskrete nicht-deterministische Systeme, die z.B. durch ein *zeitattributiertes Petri-Netz* spezifiziert sind. Ziel dabei ist ein möglichst exakte Schätzung gegebener quantitativer Zielgrößen wie Antwortzeit und Durchsatz.

Software-Produktionsumgebung, integrierte [BALZ87]

Eine organisatorische und rechnergestützte Umgebung, die alle Tätigkeiten der Software-Entwicklung und des Software-Managements umfaßt. Wesentliche Komponenten sind Software-Werkzeuge, Datenhaltung und Benutzeroberfläche. Ziel dabei ist, die Qualität von Software-Systemen als auch die Effizienz der Software-Entwicklung zu optimieren.

Spezifikation

Symbolische Beschreibung eines Objekts (genauer: des externen und internen Verhaltens und der Struktur eines zu entwerfenden Systems) in einer gegebenen Beschreibungssprache, die von allen möglichen Implementierungen des Systems abstrahiert.

Spezifikation, ausführbare   2

Spezifikation, die trotz der Implementierungs-Unabhängigkeit eine Ausführung (d.h. eine teilautomatisierte Umsetzung in eine Implementierung) von Teilen des geplanten Systems erlaubt.

Spezifikation, formale   1

Spezifikation in einer Beschreibungssprache mit eindeutiger mathematischer Grundlage durch Vorgabe strikter syntaktischer und semantischer Regeln für diese Sprache.

Stelle, Input-/Output-   191

Stelle eines *Petri-Netzes*, die mit einer Kante mit einer gegebenen Transition verbunden ist (Input-Stelle), bzw. umgekehrt (Output-Stelle).

Stelle, tote   104

Es gibt keine Transition, die in irgendeiner Markierung eine Marke von dieser Stelle entfernt bzw. eine Marke auf der Stelle ablegt.

Stellen-Kapazität   7

Maximale Anzahl von Marken, die auf der Stelle in jeder *Markierung* vorkommen darf. Falls Stellen-Kapazitäten als Attribut einer *Petri-Netzklasse* vorkommen, kann es zu *Kontakten* kommen.

Stellen/Transitions-Netz [BEFE86]   5

Eine *Petri-Netzklasse* mit *Kantengewichten*, *Stellen-Kapazitäten* und einer Anfangs-Markierung M0, d.h. Belegung einer Stellen-Teilmenge durch (anonyme) Marken. Auf einem solchen Petri-Netz ist eine *Schaltregel* definiert, deren sukzessive Anwendung, ausgehend von M0, die Beschreibung aller möglichen dynamischen Verhalten des Netzes erzeugt. Diese Beschreibung kann als *Erreichbarkeits-Graph* repräsentiert werden.

Subnetz [BEFE86]   26

Besteht aus einer Teilmenge von Transitionen und Stellen eines Petri-Netzes, zusammmen mit allen zwischen Netzelementen dieser Teilmenge bestehenden Kanten.

Substitution

Siehe *Variablen-Substitution*

Substitutions-Konflikt 121

Ein Konflikt zwischen zwei oder mehr Transitionen in einem *Prädikat/Transitions-Netz*, der allein wegen unterschiedlichen *Variablen-Substitutionen* bei der Aktivierung dieser Transitionen besteht.

T-Invariante 28

Ein Transitions-Schaltanzahl-Vektor mit folgender Eigenschaft: Es gibt eine Markierung M und eine Aktivierungs-Reihenfolge von Transitionen in diesem Vektor, sodaß die Aktivierung dieser Transitionen, ausgehend von M, die Markierung M reproduziert.

Die Ermittlung von T-Invarianten ist eine strukturelle *Validations-Methode*, d.h. die Ergebnisse können für alle möglichen Anfangs-Markierungen eines *Petri-Netzes* verwendet werden.

Transition, beschränkt aktivierbare 90,209

Eigenschaft einer Transition t, die in keiner *zyklischen Schaltfolge* vorkommt und damit nicht unendlich oft aktiviert werden kann.

Transition, fair behandelte 90,214

Eigenschaft einer Transition t, die in jeder *zyklischen Schaltfolge* enthalten ist. Bei Annahme einer *Schaltregel mit endlicher Verzögerung* kann dann die Aktivierung von t nicht unendlich lange verzögert werden.

Transition, Input-/Output- 191

Transition eines *Petri-Netzes*, die mit einer Kante mit einer gegebenen Stelle verbunden ist (Input-Transition), bzw. umgekehrt (Output-Transition).

Transition, k-fair behandelte 216

Eigenschaft einer Transition t, die *fair behandelt* wird und in der die längste *Schaltfolge*, die t nicht enthält, eine Länge von höchstens k hat.

Transition, schwach fair behandelte 217

Eigenschaft einer Transition t, sodaß es in jeder *zyklischen Schaltfolge* eine *Markierung* gibt, in der t *aktivierbar* ist. Bei Annahme einer *fairen Schaltregel* kann dann die Aktivierung von t nicht unendlich lange verzögert werden.

Transition, schwach lebendige 205

Transition, die nicht *tot* ist.

Transition, stark lebendige 90,211

Transition, die in mindestens einer *Folgemarkierung* jeder *Markierung* der *Erreichbarkeits-Menge aktivierbar* ist.

Transition, tote 90

Transition, die in keiner Markierung *aktivierbar* ist.

Validation 1

Nachweis der funktionalen und/oder zeitlichen Korrektheit einer Entwurfs-Spezifikation gegenüber der Anforderungs-Spezifikation oder einer vergröberten Entwurfs-Spezifikation.

Validation, funktionale

Nachweis der funktionalen, d.h. durch das kausale Systemverhalten beschriebenen, Korrektheit einer Spezifikation.

Validation, quantitative

Nachweis der quantitativen, d.h. durch das zeitliche Systemverhalten beschriebenen, Korrektheit einer Spezifikation. Ziel dabei ist die approximative (s. *stochastische Simulation*) oder exakte (s. *Markovketten-Analyse*) Untersuchung des voraussichtlichen Leistungs- bzw. Zuverlässigkeits-Verhaltens des spezifizierten Systems.

Variablen-Substitution 176

Allgemein definiert als simultane Ersetzung aller Variablen eines symbolischen Ausdrucks durch Konstanten.

Bei Ausführung der *Schaltregel* einer Transition t eines *Prädikat/Transitions-Netzes* werden alle Variablen in symbolischen Summen von Kanten in der Umgebung von t durch Konstanten ersetzt. Hierbei wir eine konsistente Substitution ausgeführt, d.h. gleich Variablen werden durch gleiche Konstanten ersetzt.

Die jeweilige Ersetzung ist von der aktuellen *Markierung* und von der Transitions-Inschrift abhängig.

Verbotskante 10

Spezieller Kantentyp eines *Petri-Netzes* zwischen einer Stelle s und einer Transition t, wobei t nur dann schalten kann, wenn auf s weniger Marken als eine vordefinierte Anzahl liegen.

Verfeinerung 26

Siehe *hierarchische Netzspezifikation.*

Verklemmung, dynamische 32,204

Eine Menge von *Markierungen*, die zusammen ein *Blatt-SCC* mit mehr als einem Element bilden, wobei die Anfangs-Markierung kein Element dieser SCC ist (engl.: livelock).

Verklemmung, statische 32,203

Eine *Markierung*, die nicht Anfangs-Markierung ist und in der es keine *aktivierbare* Transition gibt (engl.: deadlock).

Verklemmung, triviale 108,203

Eine *Markierung*, die nicht Anfangs-Markierung ist und in der es mindestens eine *aktivierbare* Transition t gibt, sodaß das Schalten von t diese Markierung nicht verläßt.

Zeitverbrauch   18,19

Zeitverbrauch ist ein Attribut vorzugsweise von Transitionen eines *zeitattribuierten Petri-Netzes*. Es besteht aus zwei Teilattributen:

Der Zeitverbrauchs-Typ legt fest, ob ein Zeitverbrauch zu Transitions-Schaltdauern (Dauer der Aktivierung, firing duration) bzw. zu deren Schaltbereitschafts-Dauern (Dauer der Erfüllung der Aktivierungs-Bedingung, enabling duration) zugeordnet wird.

Die Zeitverbrauchs-Verteilungsfunktion spezifiziert die statistische Verteilung von Schalt- bzw. Schaltbereitschafts-Dauern von Transitionen.

Zusammenhangs-Komponente, starke   93,200

Eine Menge von *Markierungen* im *Erreichbarkeits-Graph*, die wechselseitig *erreichbar* sind (engl.: strongly connected component, SCC).

LITERATURVERZEICHNIS

[ACPN86]   W. Brauer, W. Reisig, and G. Rozenberg, (ed.), *Advanced Course on Petri Nets (Springer-Verlag, LNCS-254/-255)*, Bad Honnef, September 1986.

[ATPN82]   C. Girault and W. Reisig, (ed.), "1st and 2nd European Workshop on Application and Theory of Petri Nets," *IFB 52*, Springer-Verlag, 1982.

[ATPN83]   A. Pagnoni and G. Rozenberg, (ed.), "3rd European Workshop on Application and Theory of Petri Nets," *IFB 66*, Springer-Verlag, 1983.

[ATPN85]   G. Rozenberg, (ed.), "4th and 5th European Workshop on Application and Theory of Petri Nets," *LNCS 188*, Springer-Verlag, 1985.

[ATPN86]   G. Rozenberg, (ed.), "6th European Workshop on Application and Theory of Petri Nets," *LNCS 222*, Springer-Verlag, 1986.

[BALZ87]   H. Balzert, "Vom singulären Werkzeug zur integrierten Software-Entwicklungs-Umgebung," *ANGEWANDTE INFORMATIK*, no. 5, pp. 175-184, 1987.

[BDM86]   E. Battiston, F. DeCindio, and G. Mauri, "OBJSA Nets: A Class of high-level Nets having Objects as Domains," *Interner Bericht*, Uni Mailand, September 1986.

[BEAU85]   M. Beaudouin, "PETRIPOTE -- a graphic System for Petri Net Design and Simulation," in *[ATPN85]*, 1985.

[BEFE86]   E. Best and C. Fernandez, "Notations and Terminology on Petri Net Theory," *Petri Net Newsletter*, no. 1, pp. 21-46, April 1986.

[BERL86]   G. Berthelot, "Transformations and Decompositions of Nets," in *[ACPN86]*, 1986.

[BOCU84]   A. Bobbio and A. Cumani, "Discrete-state stochastic systems with Phase-Type Distributed Transition Times," *Proc. Int. AMSE Conf. "Modelling & Simulation"*, Athen, Juni 1984.

[BRAU80]   W. Brauer, (ed.), "Net Theory and Applications," *LNCS 84*, Springer-Verlag, 1980.

[BRM85b]   G. Bruno and G. Marchetto, "An Integrated Software Production Environment for Automation Systems," *Proc. COMPSAC*, Chicago, Oktober 1985.

[BRM86]   G. Bruno and G. Marchetto, "Process-translatable Petri Nets for Rapid Prototyping of Process-Control Systems," *IEEE Trans. Software Eng.*, vol. SE-12, no. 2, pp. 346-357, 1986.

[BUD86a]   A. Budde et al, "Prototypenbau bei der Systemkonstruktion - Konzepte der Systementwicklung," *ANGEWANDTE INFORMATIK*, no. 5, pp. 198-204, 1986.

[BWW88a]   J. Billington et al, "PROTEAN: A high-level Petri Net Tool for the Specification and Verification of Communication Protocols," *IEEE Trans. on Software*, no. 14, pp. 301-316, 1988.

[CHIO85]   G. Chiola, "A Software Package for the Analysis of Generalized Stochastic Petri Net Models," in *[TPN85]*, 1985.

[CHIO86]   G. Chiola, "GreatSPN User's manual," in *[ACPN86]*, 1986.

[CHON86]   Y. Chong-Yi, "Synchronic Distances in Condition/Event-Systems," in *[ATPN86]*, 1986.

[CMS86]   J.M. Colom, J. Martinez, and M. Silva, "Packages for validating Discrete Production Systems Modeled with Petri Nets," *Proc. IMACS-IFAC Symp. on Modelling and Simulation for Control of Lumped and Distributed Parameter Systems*, Villeneuve, Juni 1986.

[CUMA85]   A. Cumani, "ESP - A Package for the Evaluation of Stochastic Petri Nets with Phase-Type Distributed Transition Times," in *[TPN85]*, 1985.

[DAEH87]   J. Dähler et al, "A graphical tool for the design and prototyping of distributed systems," *ACM SIGSOFT Software Eng. Notes*, vol. 12, no. 3, pp. 25-36, Juli 1987.

[DIAZ82]   M. Diaz, "Modeling and Analysis of Communication and Cooperation Protocols Using Petri Net based Models," *Computer Networks*, vol. 6, pp. 419-441, 1982.

[ECPR84]   H. Eckert and R. Prinoth, "Produktnetze -- Definition eines PROSIT-Beschreibungsmittels," *GMD-Arbeitspapiere 92*, GMD Darmstadt, 1984.

[ECPR85]   H. Eckert and R. Prinoth, "Grundsätzliche Betrachtungen und Bemerkungen zu den Produktnetzen," *GMD-Studien Nr. 106*, Sankt Augustin, Dezember 1985.

[EGG78]   H. Eggert, "Eine Anwendung von Petri-Netzen für eine partielle Prozeßbeschreibung und deren Abbildung auf Echtzeitelemente von PEARL," *Dissertation*, TU Berlin, 1978.

[EGG87a]   H. Eggert, "Strukturen und Merkmale einer offenen Software-Produktionsumgebung," *Unveröffentlichter Bericht*, Kernforschungszentrum Karlsruhe - IDT, Oktober 1987.

[EGG87b]   H. Eggert, "Dokumentstruktur (schwache Standardisierung)," *Unveröffentlichter Bericht*, Kernforschungszentrum Karlsruhe - IDT, Oktober 1987.

[FIME83]   A. Finkel and G. Memmi, "FIFO Nets: A new Model of Parallel Computation," *Proc. 6th GI-Conf. on Theor. Comp. Science*, vol. LNCS 145, Springer-Verlag, 1983.

[FJT86]   P. Fraisse, C. Johnen, and N. Treves, "SERPE - an extensible structure for Analysis of Petri Nets," in *[ACPN86]*, September 1986.

[FLOR86]   G. Florin et al, "RDPS: A Software Package for the Validation and Evaluation of Dependable Computer Systems," *Proc. 5th IFAC Workshop on Safety of Computer Systems*, Sarlat, Oktober 1986.

[GELA81]   H.J. Genrich and K. Lautenbach, "System Modeling with high-level Nets," *THEOR. COMPUTER SCIENCE*, no. 13, pp. 109-136, North-Holland, 1981.

[GEN86a]   H.J. Genrich, "Predicate/Transition Nets," in *[ACPN86]*, 1986.

[GESH83]   H.J. Genrich and R.M. Shapiro, "A Diagram editor for Line Drawings with Inscriptions," in *[ATPN83]*, 1983.

[GEST80]   H.J. Genrich and E. Stankiewicz-Wiecho, "A Dictionary of some basic Notions of Net Theory," in *[BRAU80]*, 1980.

[GODB83]   H.P. Godbersen, *Funktionsnetze -- eine Modellierungskonzeption zur Entwurfs- und Entscheidungsunterstuetzung*, Ladewig-Verlag, Birkach, 1983.

[GROZ85]   R. Groz et al, "Attacking a complex Distributed Algorithm from different Sides: an Experience with complementary Validation Tools," *COMPUTER NETWORKS*, vol. 10, pp. 245-257, Dezember 1985.

[GRHE86]   U. Grude and C.A. Heuser, "Towards good relations among Net Classes," *Petri Net Newsletter*, no. 24, pp. 4-12, August 1986.

[GRRU85]   P. Graubmann and E. Rudolph, "Prozessanalyse und Testdatengewinnung fuer Vermittlungssysteme mit Hilfe von Petrinetzen," *Entwurf grosser SW-Systeme (Bericht des Germ. Chapt. of the ACM 19)*, Teubner, Stuttgart, 1985.

[GRUE84]   R. Gruetzner, "Konzeptionelle Grundlagen der Modellierung und Simulation von Software auf der Basis modifizierter Petri-Netze," *Dissertation*, Humboldt-Universitaet, Ost-Berlin, Mai 1984.

[HABE87]   S. Haddad and J.-M. Bernard, "Specification and validation by the software tool 'ARP' (in French)," *Interner Bericht, Lab. MASI, Univ. P. et M. Curie*, Paris, 1987.

[HJLI86]   P. Hjort and M. Lindqvist et al, "PRENA - Predicate/Transition-Net Analyzer," in *[ACPN86]*, 1986.

[HOSA76]   E. Horowitz and S. Sahni, *Fundamentals of data structures*, Computer Science Press, Potomac, 1976.

[HOST85]   K. Hoffmann, "Untersuchung der Verwendbarkeit von Petri Netzen zur semantischen Beschreibung konkurrenter Konstrukte der Programmiersprache CHILL," *unveröffentlichter Bericht*, TH Darmstadt, 1985.

[HOVE85]   M.A. Holliday and M.K. Vernon, "A Generalized Timed Petri Net Model for Performance Analysis," in *[TPN85]*, 1985.

[HUBE86]   P. Huber et al, "Reachability Trees for High-level Nets," *Theor. Computer Science*, vol. 45, pp. 261-292, 1986.

[JEN83]   K. Jensen, "High-Level Petri Nets," in *[ATPN83]*, 1983.

[JEN85]   K. Jensen, "The Design of a Program Package for an Introductory Petri Net Course," in *[ATPN85]*, 1985.

[JEN86a]   K. Jensen, "Coloured Petri Nets," in *[ACPN86]*, 1986.

[JEN86c]   K. Jensen, "Computer Tools for Construction, Modification and Analysis of Petri Nets," in *[ACPN86]*, 1986.

[JEVA87]   E. Jessen and R. Valk, *Rechensysteme: Grundlagen der Modellbildung*, Springer-Verlag, 1987.

[JSW86]   J.M. Janas, L. Schmitz, and H.R. Wiehle, "Systemdarstellung mit Hilfe eines programmbeschrifteten Netzmodells in der DIN 66265," *Informatik Forschung und Entwicklung*, vol. 1, no. 4, pp. 181-198, 1986.

[KELE82]   B.W. Kernighan and M.E. Lesk, "UNIX Document Preparation," in *Document Preparation Systems*, ed. J. Nievergelt, G. Coray, J.D. Nicoud, A.C. Shaw, North Holland, 1982.

[KORC88]   W. Korczynski, "An algebraic characterization of Concurrent Systems," *erscheint in: Fundamenta Informaticae, North-Holland*, 1988.

[KRA85a]   B. Kraemer, "Stepwise Construction of Non-sequential Software Systems using a Net-based Specification Language," in *[ATPN85]*, 1985.

[KRA85b]   B. Kraemer, "Formal and Semi-Graphic Specification of Non-Sequential Systems," *Entwurf grosser SW-Systeme (Bericht des Germ. Chapt. of the ACM 19)*, Teubner-Verlag, Stuttgart, 1985.

[KULI84]   R. Kujansuu and M. Lindqvist, "Efficient Algorithms for Computing S-Invariants for Predicate/Transition-Nets," *Internal Report No. 29 (Series B)*, Digital Systems Lab., Helsinki University, November 1984.

[LASH84]   S.S. Lam and A.U. Shankar, "Protocol verification via projections," *IEEE Trans. on Software Eng.*, vol. SE-10, no. 4, pp. 325-342, Juli 1984.

[LAU73]   K. Lautenbach, "Exakte Bedingungen der Lebendigkeit fuer eine Klasse von Petri-Netzen," *GMD-Bericht 82*, 1973.

[LEFA85]   K. Lee and J. Favrel, "Hierarchical Reduction Method for Analysis and Decomposition of Petri Nets," *IEEE Trans. on Systems, Man, and Cybernetics*, vol. SMC-15, no. 2, pp. 272-280, 1985.

[LEGO85]   M. Leszak and H.P. Godbersen, "DAEMON -- A Tool for Performance-Availability Evaluation of Distributed Systems," in *[TPN85]*, 1985.

[LES86a]   M. Leszak, "Modellierungs- und Simulationsinstrumentarium fuer fehlertolerante verteilte Systeme angewendet auf verteilte Datenbank-Verwaltungssysteme," *Dissertation*, TU Berlin, April 1986.

[LES86b]   M. Leszak, "DEMON: A tool for Distributed System Specification and Analysis based on high level Stochastic Petri Nets," in *[ACPN86]*, September 1986.

[LES86c]   M. Leszak, "Petri-Netz-Analysemethoden und -Werkzeuge fuer integrierten Software-Entwurf und -Validation," *Unveröffentlichter Bericht*, Kernforschungszentrum Karlsruhe - IDT, Dezember 1986.

[LESW87]   M. Leszak and H.-J. Schwarz, "Entwurf von Erweiterungen des Petri-Netz-Werkzeugs PROVER," *Unveröffentlichter Bericht*, Kernforschungszentrum Karlsruhe - IDT, Mai 1987.

252

[LIND86]   M. Lindqvist, *Private Kommunikation*, November 1986.

[LUME85]   W. Lu and A. Merceron, "The meaning of frozen token," *Proc. Int. Symp. on Circuits & Systems*, Kyoto, Juni 1985.

[MACH86]   M. A.-Marsan and G. Chiola, "On Petri Nets with Deterministic and Exponential Transition Firing Times," *Proc. 7th Europ. Workshop on Application and Theory of Petri Nets*, Oxford, Juni/Juli 1986.

[MASI82]   J. Martinez and M. Silva, "A simple and fast Algorithm to obtain all Invariants of a generalized Petri Net," in *[ATPN82]*, 1982.

[MBC87a]   M. A.-Marsan, G. Balbo, G. Chiola, and G. Conte, "Modeling the Software Architecture of a Prototype Parallel Machine," *Proc. ACM SIGMETRICS Conf.*, Banf/Alberta, Canada, Mai 1987.

[MBC87b]   M. A.-Marsan, G. Balbo, G. Chiola, and G. Conte, "Generalized Stochastic Petri Nets revisited," *Proc. Int. Workshop on Petri nets and performance models*, Madison, August 1987.

[MCB84]   M. A.-Marsan, G. Conte, and G. Balbo, "A Class of Generalized Stochastic Petri Nets for the Performance Evaluation of Multiprocessor Systems," *ACM Trans. on Computer Systems*, vol. 2, no. 2, pp. 93-122, 1984.

[MEBE84]   G. Memmi and P. Behm, "RAFAEL: A Real-time System Analysis Tool," *Proc. 2nd Conf. on Software Engineering*, Nizza, 1984.

[MEVA86]   G. Memmi and J. Vautherin, "Advanced Algebraic Techniques," in *[ACPN86]*, 1986.

[MORA87]   E.T. Morgan and R.R. Razouk, "Interactive State Space Analysis of Concurrent Systems," *IEEE Trans. on Software Eng.*, vol. SE-13, no. 10, Oktober 1987.

[MORE86]   C.S. Moreno, "GALILEO - Model, language, and tools," *ITT International Communication*, 1986.

[NIVI85]   S. Niehuis and F. Victor, *Prädikats/Transitions-Netze und PROLOG*, Diplomarbeit, Uni Bonn, 1985.

[PAEC86]   C. Paule and H. Eckert, "Programme zur Netzanalyse und Verifikation von Kommunikationsprotokollen," *Interner GMD-Bericht*, GMD Darmstadt, Mai 1986.

[PEEB81]   J. Perl and J. Ebert, "Reachability Homomorphisms on Nets," *Proc. Graph-theoretic Concepts in Computer Science*, LNCS 100, Springer-Verlag, 1981.

[PETE81]   J.L. Peterson, *Petri Net Theory and the Modeling of Systems*, Prentice-Hall, Englewood Cliffs, 1981.

[PNOR86]   *Seminar 'Applicability of Petri Nets to Operations Research'*, Universita Commerciale Luigi Bocconi, Mailand, Mai 1986.

[QICH85]   X. Qiu and T. Cheung, "PNPUO - A Petri-net based Software Package for Protocol Validation," *Proc. IFIP WG6 Conf. on Computer Network Usage*, Budapest, October 1985.

[RAHI85]   R.R. Razouk and D.S. Hirschberg, "Tools for Efficient Analysis of Concurrent Software Systems," *Proc. SOFTAIR II (Software Development Tools, Techniques and Alternatives)*, San Francisco, Dezember 1985.

[RAPH84]   R.R. Razouk and C.V. Phelps, "Performance Analysis using Timed Petri Nets," *Proc. 4th Int. Workshop on Protocol Specification, Testing, and Verification*, Skytop, Juni 1984.

[REI85a]   W. Reisig, *Systementwurf mit Netzen*, Springer-Verlag, 1985.

[REI85b]   W. Reisig, "On the Semantics of Petri Nets," *Proc. Formal Models in Programming*, North-Holland, 1985.

[REI86a]   W. Reisig, *Petrinetze -- Eine Einfuehrung (2., ueberarb. u. erw. Aufl.)*, Springer-Verlag, 1986.

[RIMA82]   E. Riedemann and U. Mayer, "Verallgemeinerte, modifizierte Petri-Netze," *Forschungsbericht No. 143*, Uni Dortmund, Abt. Informatik, 1982.

[SCW86a]   H.-J. Schwarz, "Simulation von Zeit-Prädikat-Transitionsnetze in Prolog und ihre Anwendung am Modell eines verteilten Echtzeit-Systems," *Diplomarbeit*, Universität Karlsruhe, Februar 1986.

[SHAP86]   R. Shapiro, "DESIGN: A powerful Graphics and Text handling Program for the Analysis and Design of complex Systems," in *[ACPN86]*, 1986.

[SILV86]   M. Silva, "A Software Environment for Design with High-Level Petri Nets and their Implementation," in *[PNOR86]*, pp. 95-127.

[SILV87]   M. Silva, "Towards a synchrony theory for PT-nets," in *Concurrency and Nets*, ed. K. Voss, H.J. Genrich, G. Rozenberg, pp. 435-460, Springer-Verlag, 1987.

[SKUP86]   W. Skupin, "NETLAB," in *[ACPN86]*, 1986.

[STVI85]   R. Steinmetz and A. Villmow, "Die Petri-Netz-Beschreibungssprache PELAN (Version 5.0)," *Forschungsbericht Nr. 115*, TU Darmstadt, 1985.

[SWLE87]   H.-J. Schwarz and M. Leszak, "Formal specification and validation of a multi-tasking monitor using the Petri net tool PROVER," *Unveröffentlichter Bericht*, Kernforschungszentrum Karlsruhe - IDT, Juni 1987.

[TARJ72]   R. Tarjan, "Depth-first Search and linear Graph Algorithms," *SIAM J. Computing*, vol. 1, no. 2, pp. 146-160, Juni 1972.

[TOOL86]   F. Feldbrugge and K. Jensen, "Petri Net Tool Overview 1986," in *[ACPN86]*, 1986.

[TPN85]   M. A.-Marsan, (ed.), *Int. Workshop on Timed Petri Nets*, IEEE, Juli 1985.

[VALK86]   R. Valk, "Infinite behaviour and fairness," in *[ACPN86]*, 1986.

[VOGL86]   W. Vogler, "Behaviour-preserving refinements of Petri nets," in *Proc. Graph-theoretic concepts in Computer Science*, ed. G. Tinhofer, G. Schmidt, vol. LNCS 246, Springer-Verlag, 1986.

[WHEE85]   G.R. Wheeler, "Numerical Petri Nets -- A Definition," *Research Report 7780*, Telecom Australia, Mai 1985.

[WHEE86]   G.R. Wheeler et al, ''Protocol Analysis using Numerical Petri Nets,'' in *[ATPN86]*, 1986.

[WINK85]   P. Winkler, ''Anforderungsbeschreibung und Simulation mit NET-Modellen,'' *Proc. Seminar ''Spezifikationstechniken''*, Stuttgart, 1985.

[ZENI85]   A. Zenie, ''Colored Stochastic Petri Nets,'' in *[TPN85]*, 1985.

[ZUBE85]   W.M. Zuberek, ''Enhanced M-Timed Petri Nets -- Modeling and Performance Evaluation,'' *Techn. Report No. 8514*, Dptm. of Computer Science, Memorial Univ. of Newfoundland, Juli 1985.

Informatik-Fachberichte 197

Herausgegeben von W. Brauer
im Auftrag der Gesellschaft für Informatik (GI)

Informatik — Fachberichte

Band 105: G. E. Maier, Exceptionbehandlung und Synchronisation. IV, 359 Seiten. 1985.

Band 106: Österreichische Artificial Intelligence Tagung. Wien, September 1985. Herausgegeben von H. Trost und J. Retti. VIII, 211 Seiten. 1985.

Band 107: Mustererkennung 1985. Proceedings, 1985. Herausgegeben von H. Niemann. XIII, 338 Seiten. 1985.

Band 108: GI/OCG/ÖGJ-Jahrestagung 1985. Wien, September 1985. Herausgegeben von H. R. Hansen. XVII, 1086 Seiten. 1985.

Band 109: Simulationstechnik. Proceedings, 1985. Herausgegeben von D. P. F. Möller. XIV, 539 Seiten. 1985.

Band 110: Messung, Modellierung und Bewertung von Rechensystemen. 3. GI/NTG-Fachtagung, Dortmund, Oktober 1985. Herausgegeben von H. Beilner. X, 389 Seiten. 1985.

Band 111: Kommunikation in Verteilten Systemen II. GI/NTG-Fachtagung, Karlsruhe, März 1985. Herausgegeben von D. Heger, G. Krüger, O. Spaniol und W. Zorn. XII, 236 Seiten. 1985.

Band 112: Wissensbasierte Systeme. GI-Kongreß 1985. Herausgegeben von W. Brauer und B. Radig. XVI, 402 Seiten, 1985.

Band 113: Datenschutz und Datensicherung im Wandel der Informationstechnologien. 1. GI-Fachtagung, München, Oktober 1985. Proceedings, 1985. Herausgegeben von P. P. Spies. VIII, 257 Seiten. 1985.

Band 114: Sprachverarbeitung in Information und Dokumentation. Proceedings, 1985. Herausgegeben von B. Endres-Niggemeyer und J. Krause. VIII, 234 Seiten. 1985.

Band 115: A. Kobsa, Benutzermodellierung in Dialogsystemen. XV, 204 Seiten. 1985.

Band 116: Recent Trends in Data Type Specification. Edited by H.-J. Kreowski. VII, 253 pages. 1985.

Band 117: J. Röhrich, Parallele Systeme. XI, 152 Seiten. 1986.

Band 118: GWAI-85. 9th German Workshop on Artificial Intelligence. Dassel/Solling, September 1985. Edited by H. Stoyan. X, 471 pages. 1986.

Band 119: Graphik in Dokumenten. GI-Fachgespräch, Bremen, März 1986. Herausgegeben von F. Nake. X, 154 Seiten. 1986.

Band 120: Kognitive Aspekte der Mensch-Computer-Interaktion. Herausgegeben von G. Dirlich, C. Freksa, U. Schwatlo und K. Wimmer. VIII, 190 Seiten. 1986.

Band 121: K. Echtle, Fehlermaskierung durch verteilte Systeme. X, 232 Seiten. 1986.

Band 122: Ch. Habel, Prinzipien der Referentialität. Untersuchungen zur propositionalen Repräsentation von Wissen. X, 308 Seiten. 1986.

Band 123: Arbeit und Informationstechnik. GI-Fachtagung. Proceedings, 1986. Herausgegeben von K. T. Schröder. IX, 435 Seiten. 1986.

Band 124: GWAI-86 und 2. Österreichische Artificial-Intelligence-Tagung. Ottenstein/Niederösterreich, September 1986. Herausgegeben von C.-R. Rollinger und W. Horn. X, 360 Seiten. 1986.

Band 125: Mustererkennung 1986. 8. DAGM-Symposium, Paderborn, September/Oktober 1986. Herausgegeben von G. Hartmann. XII, 294 Seiten, 1986.

Band 126: GI-16. Jahrestagung. Informatik-Anwendungen – Trends und Perspektiven. Berlin, Oktober 1986. Herausgegeben von G. Hommel und S. Schindler. XVII, 703 Seiten. 1986.

Band 127: GI-17. Jahrestagung. Informatik-Anwendungen – Trends und Perspektiven. Berlin, Oktober 1986. Herausgegeben von G. Hommel und S. Schindler. XVII, 685 Seiten. 1986.

Band 128: W. Benn, Dynamische nicht-normalisierte Relationen und symbolische Bildbeschreibung. XIV, 153 Seiten. 1986.

Band 129: Informatik-Grundbildung in Schule und Beruf. GI-Fachtagung, Kaiserslautern, September/Oktober 1986. Herausgegeben von E. v. Puttkamer. XII, 486 Seiten. 1986.

Band 130: Kommunikation in Verteilten Systemen. GI/NTG-Fachtagung, Aachen, Februar 1987. Herausgegeben von N. Gerner und O. Spaniol. XII, 812 Seiten. 1987.

Band 131: W. Scherl, Bildanalyse allgemeiner Dokumente. XI, 205 Seiten. 1987.

Band 132: R. Studer, Konzepte für eine verteilte wissensbasierte Softwareproduktionsumgebung. XI, 272 Seiten. 1987.

Band 133: B. Freisleben, Mechanismen zur Synchronisation paralleler Prozesse. VIII, 357 Seiten. 1987.

Band 134: Organisation und Betrieb der verteilten Datenverarbeitung. 7. GI-Fachgespräch, München, März 1987. Herausgegeben von F. Peischl. VIII, 219 Seiten. 1987.

Band 135: A. Meier, Erweiterung relationaler Datenbanksysteme für technische Anwendungen. IV, 141 Seiten. 1987.

Band 136: Datenbanksysteme in Büro, Technik und Wissenschaft. GI-Fachtagung, Darmstadt, April 1987. Proceedings. Herausgegeben von H.-J. Schek und G. Schlageter. XII, 491 Seiten. 1987.

Band 137: D. Lienert, Die Konfigurierung modular aufgebauter Datenbanksysteme. IX, 214 Seiten. 1987.

Band 138: R. Männer, Entwurf und Realisierung eines Multiprozessors. Das System „Heidelberger POLYP". XI, 217 Seiten. 1987.

Band 139: M. Marhöfer, Fehlerdiagnose für Schaltnetze aus Modulen mit partiell injektiven Pfadfunktionen. XIII, 172 Seiten. 1987.

Band 140: H.-J. Wunderlich, Probabilistische Verfahren für den Test hochintegrierter Schaltungen. XII, 133 Seiten. 1987.

Band 141: E. G. Schukat-Talamazzini, Generierung von Worthypothesen in kontinuierlicher Sprache. XI, 142 Seiten. 1987.

Band 142: H.-J. Novak, Textgenerierung aus visuellen Daten: Beschreibungen von Straßenszenen. XII, 143 Seiten. 1987.

Band 143: R. R. Wagner, R. Traunmüller, H. C. Mayr (Hrsg.), Informationsbedarfsermittlung und -analyse für den Entwurf von Informationssystemen. Fachtagung EMISA, Linz, Juli 1987. VIII, 257 Seiten. 1987.

Band 144: H. Oberquelle, Sprachkonzepte für benutzergerechte Systeme. XI, 315 Seiten. 1987.

Band 145: K. Rothermel, Kommunikationskonzepte für verteilte transaktionsorientierte Systeme. XI, 224 Seiten. 1987.

Band 146: W. Damm, Entwurf und Verifikation mikroprogrammierter Rechnerarchitekturen. VIII, 327 Seiten. 1987.

Band 147: F. Belli, W. Görke (Hrsg.), Fehlertolerierende Rechensysteme / Fault-Tolerant Computing Systems. 3. Internationale GI/ITG/GMA-Fachtagung, Bremerhaven, September 1987. Proceedings. XI, 389 Seiten. 1987.

Band 148: F. Puppe, Diagnostisches Problemlösen mit Expertensystemen. IX, 257 Seiten. 1987.

Band 149: E. Paulus (Hrsg.), Mustererkennung 1987. 9. DAGM-Symposium, Braunschweig, Sept./Okt. 1987. Proceedings. XVII, 324 Seiten. 1987.

Band 150: J. Halin (Hrsg.), Simulationstechnik. 4. Symposium, Zürich, September 1987. Proceedings. XIV, 690 Seiten. 1987.

Band 151: E. Buchberger, J. Retti (Hrsg.), 3. Österreichische Artificial-Intelligence-Tagung. Wien, September 1987. Proceedings. VIII, 181 Seiten. 1987.

Band 152: K. Morik (Ed.), GWAI-87. 11th German Workshop on Artificial Intelligence. Geseke, Sept./Okt. 1987. Proceedings. XI, 405 Seiten. 1987.

Band 153: D. Meyer-Ebrecht (Hrsg.), ASST'87. 6. Aachener Symposium für Signaltheorie. Aachen, September 1987. Proceedings. XII, 390 Seiten. 1987.

Band 154: U. Herzog, M. Paterok (Hrsg.), Messung, Modellierung und Bewertung von Rechensystemen. 4. GI/ITG-Fachtagung, Erlangen, Sept./Okt. 1987. Proceedings. XI, 388 Seiten. 1987.

Band 155: W. Brauer, W. Wahlster (Hrsg.), Wissensbasierte Systeme. 2. Internationaler GI-Kongreß, München, Oktober 1987. XIV, 432 Seiten. 1987.

Band 156: M. Paul (Hrsg.), GI – 17. Jahrestagung. Computerintegrierter Arbeitsplatz im Büro. München, Oktober 1987. Proceedings. XIII, 934 Seiten. 1987.

Band 157: U. Mahn, Attributierte Grammatiken und Attributierungsalgorithmen. IX, 272 Seiten. 1988.

Band 158: G. Cyranek, A. Kachru, H. Kaiser (Hrsg.), Informatik und „Dritte Welt". X, 302 Seiten. 1988.

Band 159: Th. Christaller, H.-W. Hein, M. M. Richter (Hrsg.), Künstliche Intelligenz. Frühjahrsschulen, Dassel, 1985 und 1986. VII, 342 Seiten. 1988.

Band 160: H. Mäncher, Fehlertolerante dezentrale Prozeßautomatisierung. XVI, 243 Seiten. 1987.

Band 161: P. Peinl, Synchronisation in zentralisierten Datenbanksystemen. XII, 227 Seiten. 1987.

Band 162: H. Stoyan (Hrsg.), Begründungsverwaltung. Proceedings, 1986. VII, 153 Seiten. 1988.

Band 163: H. Müller, Realistische Computergraphik. VII, 146 Seiten. 1988.

Band 164: M. Eulenstein, Generierung portabler Compiler. X, 235 Seiten. 1988.

Band 165: H.-U. Heiß, Überlast in Rechensystemen. IX, 176 Seiten. 1988.

Band 166: K. Hörmann, Kollisionsfreie Bahnen für Industrieroboter. XII, 157 Seiten. 1988.

Band 167: R. Lauber (Hrsg.), Prozeßrechensysteme '88. Stuttgart, März 1988. Proceedings. XIV, 799 Seiten. 1988.

Band 168: U. Kastens, F. J. Rammig (Hrsg.), Architektur und Betrieb von Rechensystemen. 10. GI/ITG-Fachtagung, Paderborn, März 1988. Proceedings. IX, 405 Seiten. 1988.

Band 169: G. Heyer, J. Krems, G. Görz (Hrsg.), Wissensarten und ihre Darstellung. VIII, 292 Seiten. 1988.

Band 170: A. Jaeschke, B. Page (Hrsg.), Informatikanwendungen im Umweltbereich. 2. Symposium, Karlsruhe, 1987. Proceedings. X, 201 Seiten. 1988.

Band 171: H. Lutterbach (Hrsg.), Non-Standard Datenbanken für Anwendungen der Graphischen Datenverarbeitung. GI-Fachgespräch, Dortmund, März 1988, Proceedings. VII, 183 Seiten. 1988.

Band 172: G. Rahmstorf (Hrsg.), Wissensrepräsentation in Expertensystemen. Workshop, Herrenberg, März 1987. Proceedings. VII, 189 Seiten. 1988.

Band 173: M. H. Schulz, Testmustergenerierung und Fehlersimulation in digitalen Schaltungen mit hoher Komplexität. IX, 165 Seiten. 1988.

Band 174: A. Endrös, Rechtsprechung und Computer in den neunziger Jahren. XIX, 129 Seiten. 1988.

Band 175: J. Hülsemann, Funktioneller Test der Auflösung von Zugriffskonflikten in Mehrrechnersystemen. X, 179 Seiten. 1988.

Band 176: H. Trost (Hrsg.), 4. Österreichische Artificial-Intelligence-Tagung. Wien, August 1988. Proceedings. VIII, 207 Seiten. 1988.

Band 177: J. Pliquett, L. Voelkel, Signaturanalyse. 224 Seiten. 1988.

Band 178: H. Göttler, Graphgrammatiken in der Softwaretechnik. VIII, 244 Seiten. 1988.

Band 179: W. Ameling (Hrsg.), Simulationstechnik. 5. Symposium. Aachen, September 1988. Proceedings. XIV, 538 Seiten. 1988.

Band 180: H. Bunke, O. Kübler, P. Stucki (Hrsg.), Mustererkennung 1988. 10. DAGM-Symposium, Zürich, September 1988. Proceedings. XV, 361 Seiten. 1988.

Band 181: W. Hoeppner (Hrsg.), Künstliche Intelligenz. GWAI-88, 12. Jahrestagung. Eringerfeld, September 1988. Proceedings. XII, 333 Seiten. 1988.

Band 182: W. Barth (Hrsg.), Visualisierungstechniken und Algorithmen. Fachgespräch, Wien, September 1988. Proceedings. VIII, 247 Seiten. 1988.

Band 183: A. Clauer, W. Purgathofer (Hrsg.), AUSTROGRAPHICS '88. Fachtagung, Wien, September 1988. Proceedings. VIII, 267 Seiten. 1988.

Band 184: B. Gollan, W. Paul, A. Schmitt (Hrsg.), Innovative Informations-Infrastrukturen. I. I. I. – Forum, Saarbrücken, Oktober 1988. Proceedings. VIII, 291 Seiten. 1988.

Band 185: B. Mitschang, Ein Molekül-Atom-Datenmodell für Non-Standard-Anwendungen. XI, 230 Seiten. 1988.

Band 186: E. Rahm, Synchronisation in Mehrrechner-Datenbanksystemen. IX, 272 Seiten. 1988.

Band 187: R. Valk (Hrsg.), GI – 18. Jahrestagung I. Vernetzte und komplexe Informatik-Systeme. Hamburg, Oktober 1988. Proceedings. XVI, 776 Seiten.

Band 188: R. Valk (Hrsg.), GI – 18. Jahrestagung II. Vernetzte und komplexe Informatik-Systeme. Hamburg, Oktober 1988. Proceedings. XVI, 704 Seiten.

Band 189: B. Wolfinger (Hrsg.), Vernetzte und komplexe Informatik-Systeme. Industrieprogramm zur 18. Jahrestagung der GI, Hamburg, Oktober 1988. Proceedings. X, 229 Seiten. 1988.

Band 190: D. Maurer, Relevanzanalyse. VIII, 239 Seiten. 1988.

Band 191: P. Levi, Planen für autonome Montageroboter. XIII, 259 Seiten. 1988.

Band 192: K. Kansy, P. Wißkirchen (Hrsg.), Graphik im Bürobereich. Proceedings, 1988. VIII, 187 Seiten. 1988.

Band 193: W. Gotthard, Datenbanksysteme für Software-Produktionsumgebungen. X, 193 Seiten. 1988.

Band 194: C. Lewerentz, Interaktives Entwerfen großer Programmsysteme. VII, 179 Seiten. 1988.

Band 195: I. S. Bátori, U. Hahn, M. Pinkal, W. Wahlster (Hrsg.), Computerlinguistik und ihre theoretischen Grundlagen. Proceedings. IX, 218 Seiten. 1988.

Band 197: M. Leszak, H. Eggert, Petri-Netz-Methoden und -Werkzeuge. XII, 254 Seiten. 1989.